教育部人文社会科学研究"规划基金项目"资助

中山大学国际问题研究文库

国家·发展·公平：
东南亚国家的比较研究

STATE, DEVELOPMENT AND EQUITY:
A COMPARATIVE STUDY OF
SOUTHEAST ASIAN COUNTRIES

黄云静　张胜华　著

中国社会科学出版社

图书在版编目（CIP）数据

国家·发展·公平：东南亚国家的比较研究／黄云静，张胜华著．—北京：中国社会科学出版社，2016.12
ISBN 978 - 7 - 5161 - 9094 - 4

Ⅰ.①国…　Ⅱ.①黄…②张…　Ⅲ.①发展战略—对比研究—东南亚　Ⅳ.①D733

中国版本图书馆 CIP 数据核字（2016）第 241556 号

出 版 人　赵剑英
责任编辑　宋燕鹏
责任校对　刘　娟
责任印制　李寡寡

出　　　版　中国社会科学出版社
社　　　址　北京鼓楼西大街甲 158 号
邮　　　编　100720
网　　　址　http://www.csspw.cn
发 行 部　010 - 84083685
门 市 部　010 - 84029450
经　　　销　新华书店及其他书店

印刷装订　北京明恒达印务有限公司
版　　次　2016 年 12 月第 1 版
印　　次　2016 年 12 月第 1 次印刷

开　　本　710×1000　1/16
印　　张　18
插　　页　2
字　　数　308 千字
定　　价　68.00 元

目　录

导　言

一　问题的提出

半个多世纪以来，特别是冷战结束后，"发展"成为世界性的热门话题，亦成为当代社会流行频率极高的概念。

持续半个多世纪的"发展热"有着深刻的历史背景。第二次世界大战结束后，亚洲和非洲大批殖民地半殖民地国家纷纷独立。这些国家在取得民族独立后，均面临着发展问题，各国纷纷聚焦于此。冷战结束后，意识形态的对立缓和，战争的威胁降低，发展中国家可以更加专注民生问题，各国均把发展经济列入政府的工作重点。于是，在全球化的时代，在现代化的语境中，发展中国家几乎争先恐后谋发展。

然而，几十年过去了，少数发展中国家取得了一定的发展成就，但更多国家遭遇了"现代化陷阱"（trap of modernization），[①] 甚至出现"反发展"（reverse development）[②] 现象。"部分'第三世界'国

---

① "现代化陷阱"（trap of modernization）有多种表现，其中最常见的是"中等收入陷阱"。2007 年，世界银行在主题报告《东亚复兴：关于经济增长的观点》（*An East Asian Renaissance*：*Ideas for Economic Growth*）首先提出"中等收入陷阱"（middle income trap）概念。"中等收入陷阱"是指当一个国家的人均收入达到中等水平后，由于不能顺利实现发展战略和发展方式转变，导致新的增长动力特别是内生动力不足，导致经济处于停滞不前的状态；同时，经济快速发展所造成的社会矛盾和社会问题集中爆发，反过来又影响经济发展。此后，"中等收入陷阱"成为经济学界及发展中国家领导人广泛关注的话题。

② "反发展"（reverse development）是指发展的结果与发展的目标相违。德尼·莱古认为，如果一个社会的"发展"培养了新的压迫和结构性奴役，那就是"反发展"。见〔美〕德尼·古莱《残酷的选择：发展理念与伦理价值》，高铦、高戈译，社会科学文献出版社 2008 年版，第 206 页。

家得到了成功的发展，特别是东亚的新兴工业化国家和地区（中国台湾、韩国、中国香港和新加坡），而其他国家则没有（如拉丁美洲、南亚和撒哈拉以南非洲地区），其原因迄今仍是个谜。"①

为了解开这个谜，不同领域的学者从不同的视角进行了探讨。学者们发现，那些成功了的新兴工业化国家，在现代化发展过程中，国家发挥了重要作用。但是，为何一些国家的政府能够发挥作用，其他的国家却不能？塞缪尔·亨廷顿（Samuel Huntington）在《变化社会中的政治秩序》中提出"有效能的国家"，并对"有效能的国家"的要素进行了阐释，学者们称之为"强大政府论"②。亨廷顿认为，只有强大的政府才能履行政府功能，维持社会稳定和经济发展。福山进一步发展亨廷顿的强大政府理论，提出了"国家能力"理论，他指出：发展中国家的秩序失范、政治衰败问题，根本原因在于这些国家把太多注意力放到民主政治、政府制衡上了。他认为，在制衡政府之前，必须首先让政府强大。"对世界上许多人来说，现代政治的中心问题是如何约束强大、唯我独尊乃至暴虐的政府……结果是，政治发展的讨论最近几年均集中于约束制度——法治和民主负责制。但政府在受到约束之前，要有实际做事的能力，换句话说，国家必须能够施政。"③

在过去几十年中，东南亚地区 11 个国家中，新加坡、马来西亚取得了较大的发展成就，越南目前的发展势头也不错。不过，大多数东南亚国家遭遇这样、那样的发展困境，菲律宾更是成为常常被学者视为陷入发展陷阱的典型案例。为了了解国家在东南亚各国发展中的作用，笔者提出以下三方面的问题，希望就这些问题进行探讨。

（一）问题之一：发展观和改革理念如何影响地区均衡发展？

"世界有南北，国家亦有南北。"当今世界存在南北发展差异，

---

① ［美］费景汉、古斯塔夫·拉尼斯：《增长与发展》，洪银兴、郑江淮等译，商务印书馆 2014 年版，第 4 页。

② ［美］塞缪尔·亨廷顿：《变革社会中的政治秩序》，王冠华等译，生活·读书·新知三联书店 1989 年版，沈宗美所作中译本序，第 5 页。

③ ［美］弗朗西斯·福山：《政治秩序与政治衰败：从工业革命到民主全球化》，毛俊杰译，广西师范大学出版社 2015 年版，第 56 页。

而大多数国家亦存在南北发展差异。地区不平衡发展，有两重含义：第一重含义指的是一种手段，即诸多发展中国家现代化起步时所采用的集中资源优先发展优势区域，以此形成增长极，带动其他区域发展，最终实现全国各地区的平衡发展；第二重含义指的是一种事实，即各国内部各地区之间存在发展差异的状况。各国在处理地区发展差异问题上各有成败得失。要解决地区发展差异问题，必须首先弄清楚其源头，对症下药方能取得成效。

发展中国家的发展属于外源的、后发的，而且是由政府主导的发展，一般有着明确的观念先行和理论引导的过程。各国的地区发展差异的原因千差万别，主要包括历史的原因、政策的原因以及市场自动调节的结果。其中历史的因素已经不可追，市场调节不可控，但政策的因素是可控的。因此，各国在平衡地区发展的因素差异，往往出在政策上。那么，又是什么因素在影响着一国政府的政策呢？不同国家的决策模式下，其影响因素大不相同。在民主政治模式下，通常要经过利益集团博弈的程序和环节，最后强势利益集团胜出，对决策产生决定性影响。当然，如果制度设计复杂一些，决策模式复杂一些，弱势利益集团的诉求可能在一定程序上可以影响决策，否则也可能出现被代表甚至无代表的现象。而在权力相对集中或一元权力模式下，决策者往往是少数精英，少数精英把持决策权力。无论哪种政治制度，政府决策主要受到决策者的价值理念和现实利益的影响。

具体到发展问题，发展观和发展理念对发展的整体影响正引起越来越广泛的关注，各国政府均在不同场合提及或表达其发展理念。发展观是对现代化的本质和价值取向的根本看法。[①] 无论是政府的发展战略和政策举措，抑或学者所提出的发展理论，均建立于某种发展观的基础之上，或者说蕴含着某些发展理念。就发展中国家而言，从第二次世界大战后至今，经历了四代发展观的变迁，第一代发展观把经济增长与发展画等号，第二代发展观强调经济与政治、社会的综合发展，第三代发展观强调可持续发展，提出了"绿色 GDP"等概念，

---

① 庞元正、丁冬红：《发展理论论纲》，中共中央党校出版社 2000 年版，第 17 页。

而第四代发展观更是集中关注人的发展，提出"幸福指数"等概念。除了第一代发展观，后来的发展观均不同程度地强调了发展中的公平和平等，其中包含了地区平衡发展。

在东南亚国家中，越南和泰国在现代化起步和发展进程中均面对地区不平衡发展问题，经过一个时期的发展，两国均取得不俗的经济发展成就，泰国在 20 世纪 90 年代中期成为中等收入国家，1996 年其人均 GDP 为 3056 美元。[①] 而越南亦在 21 世纪步入中低收入国家行列，2014 年人均 GDP 为 2111 美元，[②] 正在迈向中等收入国家行列。这说明，两国政府均有较强的行动能力。

但是，同样有着较强的行动能力并取得经济发展成就的两个国家，在地区平衡发展方面存在差距。泰国存在严重的地区发展失衡问题，越南却在发展过程中实现相对均衡的地区发展。是什么原因造成了这种差距？泰国政府有能力推动经济持续高速发展并步入中等收入国家行列，却没有解决地区发展差异过大甚至失衡问题，显然不是政府能力问题，或者说主要不是政府能力问题，合理的解释应该是不作为。那么政府为何不作为？这就与发展的价值取向有关，涉及发展观和发展理念问题。因此，发展观如何影响泰国和越南地区均衡发展，值得进行深入研究。

（二）问题之二：国家结构形式如何影响现代国家建构？

国家结构形式是指国家各部分领土的政治权力之间的关系，主要包括中央政府与地方政府的权力关系。现代国家的结构主要分为两种：单一制与复合制，复合制又按其整合程度分为联邦制和邦联制。[③]

根据亨廷顿和福山等人的观点，一个国家要在现代化发展中发挥作用，必须是强国家。如何构建强国家，是现代国家构建的重大课

---

① GDP per capita（current US $），http：//data. worldbank. org/indicator/NY. GDP. PCAP. CD？end = 2015&page = 3&start = 1996.

② GDP per capita（current US $），http：//data. worldbank. org/indicator/NY. GDP. PCAP. CD？end = 2015&page = 3&start = 2014.

③ 张千帆：《宪法学导论》（第二版），法律出版社 2008 年版，第 209 页。

题。派伊指出，现代国家构建面临六种危机，即认同危机、合法性危机、贯彻危机、参与危机、整合危机和分配危机。[①] 其中第一种危机是认同危机，指的是族群认同和地方认同与国家认同相抵触。要解决这种危机，必须强化地方和族群对国家的认同，而这项工作涉及中央和地方关系问题，亦即国家结构形式问题。其他五种危机亦在不同程度上涉及中央和地方关系问题。因此，国家结构形式对现代国家的影响非常大。

现代国家对于权力的分割大体可以被划为两大类：横向分权与纵向分权。前者主要体现为在不同层面对各级国家机构的权力分配，而后者则通常体现为对中央政府与地方政府之间的权限划分。横向分权是指国家权力的横向配置形式，即立法权力、行政权力和司法权力的结构形式；纵向分权是指国家权力的纵向配置形式，即中央权力和地方权力的结构形式。

在纵向权力结构的角度看来，当代的国家实际上都可被归入单一制（unitary system）或者联邦制（federal system）其中一个范畴。单一制是指由若干行政区域构成单一主权国家的国家结构形式。从理论上来看，在单一制下，主权完全掌握在中央政府手中，地方政府的权力来源于中央政府，各地方机构和自治单位均接受中央政府的领导，通常实行一院制议会制度。而在联邦制下，联邦政府与联邦成员政府分享主权，即公共事务的最终决定权，各级政府的责任和权力都在宪法中作详尽的列举，一般实行两院制议会制度，州政府的发言权通常由议会制度中的上院来实现，并通过上院与联邦政府建立联系制度。但是，在现代国家的建构实践中，两种不同制度分权的程度在实践中常常不存在明显的鸿沟。在单一制国家中，我们看到高度集权的法国，亦有高度地方自治的英国；在联邦制国家中，有不断倾向于中央集权的美国，亦有典型的、赋予地方极大自治权力的印度联邦制度。比利时原来为单一制国家，为了弥合国内不同语言族群的矛盾，从

---

① ［美］鲁恂·W. 派伊：《政治发展的面面观》，任晓、王元译，天津人民出版社2009年版，第80—85页。

1993 年起改为联邦制度；在东南亚国家中，马来西亚和印尼，虽然名义上是两种不同的政体，但联邦制的马来西亚的中央集权程度远超当前正处于民主化阶段的印尼，尽管后者是一个单一制的共和国。

这里提出的问题是，纵向权力配置如何影响现代国家建构？或者说，现代国家的中央和地方关系应该是怎么样的？现代国家的特征之一是拥有主权，而主权的行使——分权制衡体现了现代国家的另一特征。现代国家建构的主要目标就是拥有强大的国家能力，而国家能力主要体现为中央政府的行动能力。具体到纵向分权而言，是指拥有强大的中央政府和自由而且充满活力的地方政府。那么，单一制和联邦制对现代国家建构有哪些影响？单一制度和联邦制度哪种结构形式更有利于现代国家建构？换言之，哪种国家结构形式更有利于建构强大的中央政府和自由而且充满活力的地方政府？本书将通过对马来西亚的联邦制度和印尼的单一制度进行比较，回答上述问题。

（三）问题之三：国家能力如何影响发展中的社会公平？

1955 年，经济学家库兹涅茨（Simon Kuznets）提出了经济增长与社会公平的变化呈现抛物线进程的假设：在经济起飞阶段，不平等会加剧；然后随着经济发展会处于稳定状态，最后，随着经济发展水平提高，不公平现象会呈现下降趋势。这就是倒"U 形"曲线的假设。[1] 库兹涅茨曲线是令人信服的，因为它有着清晰的内在演绎逻辑，农业和工业不同部门之间的转变将导致现代化早期的不平等上升，它也有可靠的基础直觉分析：工业有代价。然而，综观各国的发展实践，经济增长与不平等之间并不存在必然的联系。在一些发展中国家，经济增长并不导致不平等上升。[2] 那么，少数公平的增长与不公平增长之间存在什么差异？换言之，为何少数国家能够实现公平的增长，而其他多数国家不能？

随着东亚第一批新兴工业化国家的兴起，人们关注国家在发展中

---

[1]　S. Kuznets, "Economic growth and income inequality," *American Economic Review*, No. 45（1955）: 1 - 28.

[2]　Erik Martinez Kuhonta, *The Institutional Imperative: The Politics of Equitable Development in Southeast Asia*, C. A.: Stanford University Press, 2011, p. 4.

的作用。福山指出，"世界在政治上缺少的不是国家，而是有能力的、非人格化的、组织良好和能够自主的现代国家。发展中国家的许多问题，不过是它们的国家软弱低效的副产品"①。越南是少数实现了公平发展的国家，菲律宾则是反面的典型。在造就这两个正、反典型过程中，国家的作用值得研究。

二　文献回顾

（一）关于泰国和越南地区发展不平衡问题的研究

关于泰国地区发展不平衡问题的研究成果比较丰富。英文代表作有以下两部：Chris Dixon 在《泰国的经济：不平衡发展与国际化》②一书中把泰国发展置于国际化背景下进行考察，并就地区发展差异进行探讨。他指出，泰国的不平衡发展集中体现在首都曼谷与其他地区的发展差异，认为泰国的现代化只是发展了首都曼谷，而泰国政府面对地区发展不平衡问题无所作为；虽然在国家发展计划中提到要缩小地区发展差异，但实际上做得很少，导致地区不平衡问题越来越严重。Michael J. G. Parnwell 主编的《泰国的不平衡发展》③是一本论文集，收集了来自欧美和泰国学者的论文，就泰国的不平衡发展问题进行了研究。学者从各个不同的角度展开探讨，既有对泰国不平衡发展问题的总体研究，论述泰国不平衡发展问题及其根源，泰国发展的经验教训等；亦有个案分析，就个别地区发展问题进行了研究。中文代表作有周方冶发表的关于泰国发展问题的系列论著，例如《20 世纪中后期以来泰国发展模式变革的进程、路径与前景》④一文，对泰国第二次世界大战后的发展模式进行了研究，认为从 20 世纪 50 年代至

---

① ［美］弗朗西斯·福山：《政治秩序与政治衰败：从工业革命到民主全球化》，毛俊杰译，广西师范大学出版社 2015 年版，第 32 页。

② Chris Dixon, *The Thai Economy：Uneven Development and Internationalisation*, London：Routledge, 1999.

③ Machael J. G. Parnwell ed. , *Uneven Development in Thailand*, England：Ashgate publishing Ltd. , 1996.

④ 周方冶：《20 世纪中后期以来泰国发展模式变革的进程、路径与前景》，《东南亚研究》2015 年第 5 期。

90 年代中期, 泰国经历了三次发展模式的变迁: "军人威权体制—民营化进口替代道路"——"半民主—外向型产业升级道路"——"全面自由化"。前两种发展模式推动了经济发展, 而后一种模式则未取得预期效果, 反而引发金融危机。1997 年金融危机发生后泰国进入调整期, 至今仍未形成新的发展模式。周方冶认为泰国要构建稳定、有序、可持续的发展模式, 必须完善协商机制, 兼顾各方利益集团, 形成发展共识。在《全球化进程中泰国的发展道路选择——"充足经济"哲学的理论、实践与借鉴》① 一文中, 周方冶探讨了泰国"充足经济"理论及其政策转化过程中引发的问题, 指出由于利益需求的不同, 泰国各派政治力量在"充足经济"哲学的政策解读方面产生了分歧与矛盾, 并因缺乏有效的政治协调机制, 甚至引发了既得利益集团与革新同盟之间的政治冲突。另外, 在《泰国政治持续动荡的结构性原因与发展前景》② 一文中, 周方冶则从政治系统运作的"利益结构—权力结构—制度结构"关系视角, 对泰国政治近年来持续动荡的原因进行了分析, 认为影响政治和解的障碍主要有三个: 存量改革引发利益分歧; 政治格局有待"再平衡"; 宪政体制缺乏民主协商。他指出, 中泰战略合作有助于泰国在"增量改革"过程中弥合社会裂痕, 进而平稳有序地促成政治和解。

关于越南地区不平衡发展, Melanie Beresford 和 Bruce McFarlane 合撰的《越南和中国地区差异与地方主义》③ 就中国和越南在现代化进程中的地区发展差异进行了比较研究, 认为两国的地区发展差异是历史造成的, 两国均经历过殖民统治, 与国际经济体系的联系导致了中国内陆与沿海地区、越南南部和北部的地区发展差异。第二次世界大战后, 中国地区发展主要受到"三线"战略布局的影响, 东部沿海地区与西部地区出现发展差异; 而越南受到战争的影响, 南方实行资

---

① 周方冶:《全球化进程中泰国的发展道路选择——"充足经济"哲学的理论、实践与借鉴》,《东南亚研究》2008 年第 6 期。

② 周方冶:《泰国政治持续动荡的结构性原因与发展前景》,《亚非纵横》2014 年第1 期。

③ Melanie Beresford, Bruce McFarlane, "Regional Inequality and Regionalism in Vietnam and China," *Journal of Contemporary Asia*, Vol. 25, No. 1 (1995): 50 – 72.

本主义制度，北方实行社会主义制度；南方工商业比较发达，北方则以农业为主。中国和越南先后在 20 世纪七八十年代进行改革开放，中国优先发展东部沿海地区，造成东西差异加剧；而越南优先发展南部地区，导致南北差异加剧。两国的落后地区都以少数族群地区为主，而现代化进程中出现的地区发展差异有可能引发社会冲突，加剧地区对立和地方主义，削弱中央政府权威，因此，值得关注和深入探讨。武俊英在《越南的地区贫困差异》① 一文对越南减贫与地区贫困差异进行了考察，指出经济增长是改善民众生活和减少绝对贫困的首要和基本的因素。他基于 CBMS 数据对越南贫困的各个面向的地区差异进行深入探讨，并提出用一种复合的地区贫困指数对地区贫困进行比较研究。黄云静在《全国统一后越南政府消除南北发展差异的措施及其效果》② 一文探讨了越南南北发展差异的由来，以及越南全国统一后，共产党所推行的平衡南北发展差异的举措，指出越南政府主要通过制度的统一来消除地区差异。为了实现地区平衡发展，在全国统一之后，越南政府曾经采取激进的改革措施，试图消除地区之间的差异。而当时的主要措施是制度的统一，改革南方的经济社会制度，开展社会主义改造，并在全国推行统一的发展计划。但这种激进的社会变革导致经济严重衰退，加上其他因素的影响，激进的改革宣告失败。

Erik Martinez Kuhonta 的《制度性强制力：东南亚公平发展的政治学》③ 一书对越南、马来西亚、泰国和菲律宾发展中的社会公平进行了专题探讨，把越南和马来西亚列为成功的案例，而泰国和菲律宾则被视为失败的案例，认为制度在其中发挥重要的作用。书中重点比较研究泰国和马来西亚的成败得失，书末亦分析了越南的经验，认为越南和马来西亚一样有着制度化的政党和行动能力较强的政府，这是

① Vu Tuan Anh, "Regional Poverty Disparity in Vietnam," *Socio-Economic Development Centre, Hanoi, Vietnam*, http://www.pep-net.org/sites/pep-net.org/files/typo3doc/pdf/files_events/anh_pap.pdf, pp. 1 - 29.

② 黄云静：《全国统一后越南政府消除南北发展差异的措施及其效果》，《南洋问题研究》2010 年第 1 期。

③ Erik Martinez Kuhonta, *The Institutional Imperative: The Politics of Equitable Development in Southeast Asia*, C. A.: Stanford University Press, 2011.

其成功的重要原因。

已有的中英文论著中，暂时未发现专门就越南和泰国地区不平衡发展问题进行比较研究的内容，本书将进行这方面的研究工作。

（二）关于马来西亚和印尼国家结构形式的研究

在关于马来西亚联邦制度的文献中，B. H. Shafruddin 的《马来西亚半岛政府与政治中的联邦因素》① 是一本代表性的著作。该书比较全面和深入研究了联邦制度在马来半岛地区的发展和具体运作。作者首先论述了宪法的联邦理念，然后就联邦政府和州政府的财政关系、行政关系，各政党的联邦主义主张进行了探讨。书中既有对马来半岛各州与联邦政府的整体关系的探讨，亦有个案研究。个案研究主要对吉打州、彭亨州、吉兰丹州与联邦政府的关系进行了深入探讨。作者还论述了 1957 年以后中央权力增长的事实，例如 1984 年对宪法有关条文的修改，削弱了州苏丹的权力；紧急状态法令长期实施也导致中央集权的加强。作者也指出，联邦政府的集权增长并非一帆风顺，亦遇到州政府的抵制。该书的不足之处是使用了一些过时的资料。Francis E. Hutchinson 的《马来西亚的联邦制度：显性与隐性的中央集权》② 一文指出，当其他国家都在逐步走向分权自治的时候，马来西亚在独立建国后的几十年里，不断追求中央集权。其根源可以追溯到独立前各族群精英与英国就独立后国家结构形式所作的安排，双方均倾向于建立中央集权的联邦制度；独立后，这些精英长期掌握国家政权，中央集权的思想得以在实践中不断强化。作者还分析了其他直接或间接影响马来西亚联邦制度的中央集权倾向的其他因素。Regina Lim 在《Berjaya 政府时期沙巴州与马来西亚联邦的关系》③ 一书中主要探讨了沙巴人民团结党 Berjaya 执政时期（1976—1985），沙巴州与马来西亚联邦政府的关

① B. H. Shafruddin, *The Federal Factor in the Government and Politics of Peninsular Malaysia*, New York : Oxford University Press, 1987.

② Francis E. Hutchinson, "Malaysia's Federal System: Overt and Covert Centralisation," *Journal of Contemporary Asia*, Vol. 44, No. 3, (2014): 422 – 442.

③ Regina Lim, *Federal-State Relations in Sabah, Malaysia: The Berjaya Administration, 1976 – 1985*, Singapore: ISEAS-Yusof Ishak Institute, 2008.

系。书中探讨了 Berjaya 如何应对来自联邦政府的压力和来自当地土著的自治诉求，涉及后殖民时代沙巴所面临的联邦主义、族群政治和政治经济发展问题三大主题。作者指出，当沙巴经济发展良好，得到本地土著的支持，它在联邦政府中的话语权也在增长；反之，则下降。中文文献方面，黄云静在《马来西亚联邦体制特点及其成因》① 一文中首先探讨了马来西亚联邦制度的特点，指出中央集权倾向以及联邦制度下各州的地位差异是其两大特点。接着，论文就这些特点的成因进行了分析，认为马来亚独立宪法的制定者里德委员会各位法学专家对马来亚联邦的中央集权构想、马来亚独立后和马来西亚联邦发展过程中面对的挑战、政党制度等因素影响了马来西亚联邦制度的中央集权倾向。而各州地位的差异则与殖民地时期英国在马来西亚实行的"分而治之"政策有关，也与马来西亚联邦建立过程中各州加入联邦时间的先后有关。

有关印尼国家结构形式的研究文献比较丰富，尤其是随着近十多年来印尼地方自治的推进，学者对相关问题的探讨不断深入。Audrey R. Kahin 主编的论文集《印尼革命的地方动力：多元的统一》，② 书中收录的论文集中探讨了第二次世界大战后荷兰卷土重来，各地方反抗荷兰的斗争及其影响。各位论文作者分别就八个地区（包括苏门答腊的亚齐、爪哇的万丹、东印尼的苏拉威西等地）反抗荷兰的斗争，置于全国和国际的背景下进行探讨。研究结论显示，印尼地方革命受到民族主义的影响，是民族主义在地方的变异，而地方多样性的反抗殖民统治的斗争又影响了印尼统一国家的构建。Colin MacAndrews 主编的《印尼中央政府与地方发展》③ 也是一本论文集，探讨了苏哈托统治时期行政和公共政策的变迁，聚焦强化中央政府和向地方放权的相关问题。对于苏哈托通过厘清中央和地方权力关系，同时完善地方行政管理制度，形成中央、

① 黄云静：《马来西亚联邦体制特点及其成因》，《东南亚研究》1996 年第 5 期。

② Audrey R. Kahin, ed., *Regional Dynamics of the Indonesian Revolution: Unity from Diversity*, Honolulu: University of Hawaii Press, 1985.

③ Colin MacAndrews, ed., *Central Government and Local Development in Indonesia*, New York: Oxford University Press, 1986.

省、区、次区的层级行政管理体系，作者认为这是一体两面的问题，在单一制度下，地方权力机构为中央政府的派出机构，地方行政体系的建立与完善，实际上强化了中央政府对地方的渗透力。Maribeth Erb, Priyambudi Sulistiyanto 和 Carole Faucher 主编的论文集《后苏哈托时期的地方主义》① 探讨了印尼分权与地方自治的一系列问题，特别聚焦不同的地方背景下的自治问题。全书由三部分构成，第一部分聚焦印尼地方自治的政治学；第二部分关注文化、认同和权力方面的冲突；第三部分探讨地方自治与环境问题。书中涉及的主题涵盖族群对立与暴力，腐败、裙带关系、行政机构重组、新网络的促进、重塑文化认同、新生社会阶层、环境利用的新冲突等。Edward Aspinall 和 Greg Fealy 主编的《印尼的地方权力与政治：分权与民主化》② 是一本论文集，收集了学者对后苏哈托时期印尼地方自治与分权及民主化的研究，论述了分权、民主化及其影响，有的直接讨论中央政府的影响，有的探讨国家与社会关系，有的则涉及国家强制力，即分权对军队的影响。其中既有整体的研究，例如 Edward Aspinall 和 Greg Fealy 的论文对印尼分权与民主化以及地方的崛起进行了研究，Ryaas Rasyid 的《印尼的地方自治与地方政治》（*Regional Autonomy and Local Politics in Indonesia*）和 Jr. Arellano A. Colongon 的《印尼分权的进展》（*The Progress of Decentralisation*）亦属整体性的探讨；也有个案研究，例如 Vedi R. Hadiz 的《北苏门答腊的权力与政治：未完成的改革》（*Power and Politics in North Sumatra：the Uncompleted Reformasi*）、Rodd McGibbon 的《在权利与压制之间：巴布亚的特别自治》（*Between Rights and Repression：The Politics of Special Autonomy in Papua*）；还有从制度变革与社会的关系进行研究的，Hana A. Satriyo《印尼的分权与妇女：退一步，进两步》（*Decentralisation and Women in Indonesia：One Step Back，Two Steps Forward?*）研究了分权对妇女地位的影响。直接涉及分权在国家层面影响的是 Marcus Mietzner

---

① Maribeth Erb, Priyambudi Sulistiyanto and Carole Faucher, eds., *Regionalism in Post-Suharto Indonesia*, New York：Routledge Curzon, 2005.

② Edward Aspinall and Greg Fealy, ed., *Local Power and Politics in Indonesia：Decentralization & Democratization*, Singapore：ISEAS-Yus of Ishak Institute, 2003.

的《一切如常：后苏哈托时代印尼军队与地方政治》（*Business as Usual? The Indonesian Armed Forces and Local Politics in the Post-Soeharto Era*），作者在书中论述了 1998 年苏哈托下台后印尼分权的进展，指出随着民主进程的推进，政党领导人希望控制地方组织，地方政治遂受到官僚和商业化权力掮客的支配，有影响的商人与官僚竞逐政治职位，他们一旦当选，就可以拥有相对于新秩序时期更大的独立与中央政府的权力。不过，他们也是脆弱的，政治联盟是不牢固的，可以成就他们的统治，也可以威胁他们的统治；地方立法机构可以在地方领导人当选数周之后就抛弃他们，贿赂是维持统治的唯一有效手段。虽然 2004 年印尼国会禁止军人担任行政职务，但军队在地方的大部分权力得到维持，军队在地方的重要性几乎没有减少。新秩序时期军队渗透到地方各个领域，后苏哈托时期，军队利用分权改革维持它在地方的势力。[1]

对于印尼民主化时期的地方自治和分权改革，评价各异，苏西洛总统认为地方自治改革是成功的，他认为近年来印尼经济社会较快发展就是有力的证据。[2] 有学者称赞哈比比的地方自治改革，使印尼"从一个世界上最专权和集权的国家之一，转向最民主和高度分权的国家之一"[3]。还有学者认为，新的自治法案的实施使地方政府层面有更多的文官代表走上政治舞台，更多的女性开始担任地方领导职务，[4] 以及许多地方上的村民对参与当地政治表现出极大的热情。[5]

---

[1] Marcus Mietzner, "Business as Usual? The Indonesian Armed Forces and Local Politics in the Post-Soeharto Era," in Edward Aspinall and Greg Fealy, ed. , *Local Power and Politics in Indonesia: Decentralization & Democratization*, Singapore: ISEAS-Yusof Ishak Institute, 2003, pp. 245 – 258.

[2] Erwida Maulia, "Yudhoyono Declares Regional Autonomy a Success," http: //www. faithbasednetworkonwestpapua. org/news_ release/yudhoyono_ declares_ regional_ autonomy_ a_ success.

[3] Simon Butt, Tim Lindsey, *The Constitution of Indonesia: A Contextual Analysis*, Oxford: Hart Publishing, 2012, p. 161.

[4] M. Ryaa Rasyid, "Regional Autonomy and Local Politics in Indonesia," in Edward Aspinall and Greg Fealy, eds. , *Local Power and Politics in Indonesia: Decentralization & Democratization*, Singapore: ISEAS-Yusof Ishak Institute, 2003, p. 65.

[5] Hans Antlov, "Not Enough Politics! Power, Participation and the New Democratic Polity," in Edward Aspinall and Greg Fealy, eds. , *Local Power and Politics in Indonesia: Decentralization & Democratization*, Singapore: ISEAS-Yusof Ishak Institute, 2003, p. 80.

也有一些学者认为印尼民主化时期的地方自治改革存在很多问题，^①而印尼前内务部长和地方自治的主要设计者甚至认为自治改革是失败的。^②

已有的文献中，就马来西亚和印尼国家结构形式及其对现代国家构建的影响进行比较研究的文献很少，Syed Farid Alatas 在《马来西亚与印尼的民主与威权主义：后殖民国家的崛起》^③ 一书中论述了两种不同的后殖民国家类型，认为马来西亚是更民主的类型，但又不完全照搬西方的自由民主制度，而印尼则是威权主义类型。他认为三种因素导致了不同现代国家类型的形成：精英内聚力、内部国家力量与军队的阻力。没有军队的阻力、内部强大的国家和具有高度内聚力的精英是马来西亚民主制度形成的原因。反之，军队的阻力、弱国家和派系化的精英导致了印尼的威权主义政治。不过，Syed Farid Alatas 只探讨了马来西亚和印尼的横向分权对现代国家类型的影响。就马来西亚和印尼国家结构形式进行比较研究的文献比较少见，比较这两个国家结构形式对现代国家建构的影响的文献更是少见。本书将就此问题进行探讨。

（三）关于越南和菲律宾国家能力与社会公平问题的研究

较早关注菲律宾国家能力的是美国学者 David Wurfel，他在1988 年出版的《菲律宾政治：发展与衰朽》^④ 一书就菲律宾的政治发展与政治衰朽进行了探讨，特别对菲律宾作为殖民地的历史遗产、家族政治文化及其对当代菲律宾的政治发展的影响进行了较为深入的探讨，是一部政治现代化理论经典著作。David Wurfel 在书中界定了"政治衰朽"，指出"政治衰朽"是制度合法性的衰减，它

---

① Lorraine V. Aragon, "Elite Competition in Central Sulawesi," in Henk Schulte Nordholt & Gerry van Klinken, eds., *Renegotiating Boundaries: Local Politics in Post-Suharto Indonesia*, Leiden: KITLV Press, 2007, pp. 40 – 41.

② Anita Rachman, "Regional Autonomy Has 'Failed'," Jakartaglobe, http: //jakarta-globe. beritasatu. com/archive/regional-autonomy-has-failed/.

③ Syed Farid Alatas, *Democracy and Authoritarianism in Indonesia and Malaysia: The Rise of the Post-colonial State*, New York : St. Martin's Press, 1997.

④ David Wurfel, *Filipino Politics: Development and Decay*, Ithaca: Cornell University Press, 1988.

削弱了政权的两种能力——执行政策和倾听社会不同群体诉求、寻
求变革的能力。[①] 他认为，菲律宾之所以出现政治衰朽，主要是受
到传统家族政治文化影响以及西班牙殖民统治和美国殖民统治遗产
的影响。家族文化源于前殖民统治时期菲律宾传统社会，在西班牙
和美国殖民统治时期得到了强化。制度的依赖使殖民统治遗产长期
影响菲律宾政治发展，导致了政治衰朽。Antoinette R. Raquiza 的著
作《东南亚的国家结构、政策形成与经济发展：泰国和菲律宾的政
治经济学》[②] 探讨了国家在经济发展中的作用。作者指出，东亚第
一批新兴工业化国家都具有较强的国家能力，利用广泛的政策影响
现代化进程。而东南亚一些国家则相反，需要依赖经济势力维持政
府运作。不过，东南亚国家之间亦存在差别，作者比较分析了泰国
和菲律宾的政府在经济发展中的作用，把泰国政府界定为官僚政体
（bureaucratic polity），菲律宾政府界定为有产者政体（proprietary
polity）。他指出，泰国在 1932 年从君主制度转向君主立宪制度后，
政治精英进入体制内，形成官僚政体，在这种政体下，军人在决策
中起决定性作用，政治精英与经济精英合作，强化了政府权威，促
进经济发展。而在菲律宾的有产者政体下，精英凭借个人财富和社
会地位获取权力，不仅不能强化政府权威，反而绑架政府，使政府
服务于政客私利；政府领导人不仅利用政策来获利，而且利用政策
来打击政治对手的经济利益。Rodolfo Severino 和 Lorraine Salazar 主
编的《21 世纪的菲律宾往何处去？》[③] 是一本论文集，收集了来自
菲律宾和欧美及其他国家学者的论作，分别就菲律宾的政治、经
济、社会等方面的问题进行探讨。例如 Jose V. Abueva 在他的题为
"面向善治与国家建构的宪政改革建议" 的论文中就 2004—2006 年

---

① David Wurfel, *Filipino Politics: Development and Decay*, Ithaca: Cornell University
Press, 1988, p. 274.

② Antoinette R. Raquiza, *State Structure, Policy Formation, and Economic Development in
Southeast Asia: The Political Economy of Thailand and the Philippines*, New York: Routledge,
2011.

③ Rodolfo Severino and Lorraine Salazar, eds. , *Whither the Philippines in the 21st Century?*
Singapore: Institute of Southeast Asian Studies, 2007.

菲律宾各界发起的对 1987 年宪法改革的建议进行了研究，这些改革建议包括把总统制度改为议会内阁制度，改革政党制度和选举制度，从单一制度改为联邦制度等。论文对菲律宾现行制度的弊端进行了剖析，分析各种改革建议的可行性。[①] Arsenio M. Balisacan 则对菲律宾贫困问题长期得不到解决的现象进行了研究，他指出菲律宾的贫困率不仅高于东南亚其他国家，而且减贫速度非常缓慢，究其原因，主要是农业发展缓慢，贫困人口集中的农民无法通过经济发展摆脱贫困局面；另外，人口增长率过高也是其中一个重要的原因。[②] Carolina G. Hernandez 在《菲律宾政治中的军队：回顾与前瞻》一文中探讨了菲律宾军队干政的历史以及再民主化以来，菲律宾历届总统对军队的改革，他认为军队与政治的关系迄今未厘清，军队仍然构成对政治的挑战和威胁。[③]

研究越南共产党和越南政府的著作有不少。Gareth Porter 在《越南：官僚社会主义政治》[④] 一书中就越南的政治制度进行了比较全面和系统的研究，特别是对越南政府的威权形式、越南政治制度、领导人选举、决策模式等问题进行了比较深入的探讨。至于专门探讨越南国家能力，特别是探讨越南中央政府权威和能力的文献，以黎鸿协（Le Hong Hiep）的《基于政绩的合法性：越南共产党与革新开放的案例》[⑤] 一文较具代表性，他在论文中对越南共产党及其领导的政府在各个时期，特别是在革新开放时期的合法性进行了研究，指出由于实行革新开放，越南国内经济社会得到较为迅

---

① Jose V. Abueva, "Proposed Constitutional Reforms for Good Governance and Nation Building", in Rodolfo Severino and Lorraine Salazar, eds., *Whither the Philippines in the 21st Century?* Singapore: Institute of Southeast Asian Studies, 2007, pp. 43 – 77.

② Ibid., pp. 202 – 221.

③ Carolina G. Hernandez, "The Military in Philippine Politics: Retrospect and Prospects," in Rodolfo Severino and Lorraine Salazar, eds., *Whither the Philippines in the 21st Century?* Singapore: Institute of Southeast Asian Studies, 2007, pp. 78 – 99.

④ Gareth Porter, *Vietnam: the Politics of Bureaucratic Socialism*, Ithaca: Cornell University Press, 1993.

⑤ Le Hong Hiep, "Performance-based Legitimacy: The Case of the Communist Party of Vietnam and Doi Moi," *Contemporary Southeast Asia*, Vol. 34, No. 2 (2012): 145 – 172.

速的发展，越南的国际处境大为改善，越南共产党和政府得到民众的支持，提升了其合法性。这是革新开放中越南政府合法性的重要来源。另外，1992年越南修改宪法，把胡志明思想列入宪法，明确其为越南社会主义建设的指导思想，重新唤起越南民众对胡志明的情感，亦增加了共产党和政府的合法性。此外，越南政府在南海问题上对争端国家采取越来越强硬的立场，迎合了民众的民族主义情绪，亦有助于加强其统治的合法性。

就越南和菲律宾的政府施政能力及其对发展和社会公平影响进行专题研究的文献比较少，Erik Martinez Kuhonta 在《制度性强制力：东南亚公平发展的政治学》① 主要比较研究马来西亚和泰国的制度性强制力及其对公平发展的影响。他在书中分析了政治制度与发展中的社会公平的关系，认为制度性的权力与能力以及务实的意识形态，对公平的发展起着关键性的作用。"制度化、务实的政党和凝聚力、干涉主义改革，维持改革进程的能力连贯性，坚持意识形态的温和性，对于平衡的益贫增长与稳定是关键的。强有力的制度是公平发展的基础，因为它确保公共利益高于私人利益。"② 该书把马来西亚与泰国分别作为公平发展和不公平发展的典型案例展开研究，在书中最后部分对越南与菲律宾的制度差异与社会发展差异进行了简要的比较分析，作为验证其前面所得出研究结论的案例，指出"越南有着最有效之一的组织结构，而菲律宾则有着最弱之一的组织结构"③。

现有文献分别探讨了越南和菲律宾的政府与发展关系，但针对国家能力如何具体影响发展中的社会公平的相关研究成果较少，而就这个问题对越南和菲律宾进行比较研究的成果也很少，这正是本书希望进一步探讨的问题。

---

① Erik Martinez Kuhonta, *The Institutional Imperative*: *The Politics of Equitable Development in Southeast Asia*, C. A. : Stanford University Press, 2011.

② Ibid. , p. 4.

③ Ibid. , p. 237.

三 本书结构与特点

本书主要围绕发展观、国家建构、国家能力、社会公平等问题，运用比较研究的方法展开探讨。全书由三部分组成：第一章探讨发展观与发展理念对地区平衡（不平衡）发展的影响，选取越南和泰国进行比较研究。第二章探讨国家结构形式，即国家结构形式对现代国家建构的影响，选取马来西亚和印度尼西亚进行比较研究。第三章探讨国家能力对发展中的社会公平的影响，选取越南和菲律宾进行比较研究。

在第一章，笔者首先对主流发展观的变迁和区域不平衡发展理论和实践进行考察，同时就主流发展观对区域不平衡发展的影响进行了一般性的理论探讨。在此基础上，分别考察了泰国和越南的地区不平衡发展状况，分析发展观在其中的作用。最后比较两国不同的发展观如何影响两国地区不平衡发展。笔者认为，越南共产党政府持公平导向的发展观和温和渐进的改革理念，指导越南采取务实的平衡地区差异的发展战略，有计划有目标、稳步推进各地区实现均衡发展。越南共产党人的发展观受到传统文化和共产主义意识形态影响——越南传统的村社公田共产制度与社会主义制度有着共同的理念——公平、共享，共产党政府秉持富民、共享、均衡发展的理念，虽然实行市场化改革，但是不放弃政府的调控作用；虽然以地区不平衡发展作为实现平衡发展的手段，并先后建立四个重点经济区进行重点投资发展，但越南政府保持对重点经济区进行动态干预和调整，确保越南在发展过程中不出现大的地区差异和贫富差距。相反，泰国现代化进程中片面追求经济增长，采取效率优先的发展战略，导致发展失衡，尤其是地区发展严重失衡。泰国片面追求经济增长，把经济增长等同于发展，以自由主义的效率优先观念为指导，忽视公平问题。泰国的发展观主要受到当时的盟友美国的影响。第二次世界大战后，在当时冷战的环境下，由于当时东南亚地区共产主义运动蓬勃发展，地处战略中心位置的泰国便成为美国在东南亚建立反共堡垒的最佳选择。而泰国也出于防范共产主义势力的考虑，与美国一拍即合，结成盟友。泰国与美国结盟后，美国给予泰国大量经济援助，同时派出专家顾问指导泰国发展经济。西方自由主义思想和美国的经济专家顾问深刻影响了当时泰国的发展取向，泰国长期以效率优先的发展理念指导现代化发展，忽视均衡发展（包括地区利益均衡和群体利益均衡），最终导致严重的发展失衡。泰国几十年的发展实际上只是发展了首都曼谷及周边地区，中等收入国家的发展成果大都落在曼谷中产阶级和精英手中，农民被边缘化。1997 年，泰国发展问题集中爆发，金融危机从泰国开始，蔓延亚洲多个国家和地区。泰国掉入了发展陷阱，至今走不出困境。在 1997 年金融危机发生后，当泰国上下反思过去的发展理念和发展模式存在缺陷，试图进行社会改革，但又陷入不切实际的理想主义情怀——他信经济学欲把几十年的欠账一朝清算，毕其功于一役，采取激进的改革方案，劫富济贫，遭到既得利益集团强烈抵抗，引发剧烈的社会冲突和社会动荡。另一种改革思潮——"充足经济"的理念则更多停留在务虚层面，试图通过减轻人们对物质的欲望来缓解贫富阶层之间的紧张对立情绪，虽然也采取一些实际的措施帮助农民发展经济，但对解决地区失衡问题无法产生实质性的影响和作用。

在第二章，笔者就国家结构形式的理论进行了考察，认为国家结构两种类型——单一制度和联邦制度并非截然对立的关系，并不存在不可逾越的鸿沟。相反，在实践运行的经验中，无论是单一制还是联邦制，二者出现彼此趋同的现象，单一制在实际运行中可能呈现联邦制的特点，地方自治权力与联邦制相似；而联邦制可能出现中央集权的倾向，联邦政府拥有高度集中的权力。这些变异都是出于两个主要目的：维持民族国家的团结和统一，塑造中央政府的强大权威。在理论考察的基础上，本章对马来西亚和印尼的国家结构形式实际运行及其影响展开研究。马来西亚独立以来一直实行联邦制度，中央与地方关系从一开始就比较明确，中央政府一开始就被定位为拥有强大的权力，而且在运行过程中，联邦政府的权力不断扩大；同时，由于联邦政府施政能力较强，也具有较强的权威，能够在多元族群社会维持良好的政治秩序。总体来看，马来西亚的现代国家建构过程比较顺利。而印尼的经历比较曲折。独立初期，在荷兰人主持下，印尼实行联邦制度，但 1950 年荷兰人撤退后，印尼马上改行单一制。不过，印尼在维护国家统一、建立中央政府权力和权威的过程并不顺利。在苏加诺统治时期，中央和地方关系无明确界定，地方叛乱时有发生，政府经常需要运用军队进行镇压。1965 年苏哈托接管政权后，干脆实行军人统治，加强了中央政府权力，同时颁布多项法令，界定中央和地方关系。然而，中央政府颁布的有关地方制度的法令依然并非为了地方自治，而是为了强化中央对地方的管理和渗透。进入后苏哈托时期，地方自治开始得到真正落实，尤其是亚齐获得了高度自治的地位，长期困扰印尼中央政府的亚齐问题得到缓解。迄今所进行的地方自治放权，一方面给予地方更多人事权；另一方面给予地方更大的财权。例如在财税收入上赋予地方更多税收权益，在财政支出方面亦向地方倾斜。在宪法层面中，修改宪法，增强地方在中央机构的代表权，其中重要的举措就是在国会中成立地方代表理事会，代表地方利益，赋予地方立法权力。目前印尼的分权自治改革还在进行中，尚未完成和有待完善。分权改革对印尼现代国家建构的影响既有积极方面，亦有消极方面。首先，从积极的影响来说，分权改革缓和了中央和地方的矛盾，亦缓和了主体族群爪哇族和外岛其他族群的关系，有助于增强中央政府的合法性。同时，改革进一步厘清中央和地方权力关系，建立起制度化的国家结构形式，有助于增强国家能力。其次，改革调动了地方积极性，地方经济社会发展较快，进而带动全国经济社会发展。但是，分权自治改革亦带来一些负面影响，分权改革赋予地方更多自治权力，地方代表理事会被赋予代表地方的权力，这为地方精英和商业资本家掌控地方政权提供了便利，他们结盟通过选举进入政府，联合起来掌控公共资源，谋取私利，腐败问题更加严重了。另外，进入民主化时期，印尼军队在法理上逐步退出政治舞台，但在分权改革中，军队在地方的权力几乎不受影响，一如既往插手地方事务，地方政府施政离不开军队的支持，否则寸步难行。尽管有些消极影响并非分权改革直接带来的，而是间接的后果，但是分权改革为这些负面影响提供了土壤。地方政府腐败和军人干政，对中央政府的权威也产生影响，中央政府的政策也因此难以影响地方政府，渗透力大打折扣。印尼和马来西亚的纵向权力配置及其对现代国家建构影响的差异在于：印尼在不断向地方分权，希望赢得地方政府对中央政府的认同；马来西亚则不断集权，希望强化中央政府，维持对联邦成员的强制力。大体而言，两个国家都不同程度上达到了自己的目标。至于其发展趋势的差异，根源在于两国的国情不同，马来西亚的族群关系相对简单，只有三大族群，而印尼有三百多个族群；另外，马来西亚疆域较小，有利于中央政府控制，而印尼疆域辽阔，中央政府控制难度大。

在第三章，笔者考察了国家能力概念的界定，国家能力的影响因素以及国家能力对一个国家发展及社会公平的影响。在此基础上，比较分析了革新开放后越南的国家能力和再民主化后的菲律宾的国家能力，以及两国的国家能力对各自发展中的社会公平的影响。笔者认为，越南具有较强的国家能力，这是革新开放取得成功的关键因素，较强的国家能力能够清晰界定公共利益，关注穷人利益，并持续把穷人利益列入政策议题；同时有利于调动公共资源服务公共利益。例如，重视推动穷人集中的农村发展，通过农业发展，农民致富达到减贫的目的；另外，能力强的国家重视对公共领域的投入，尤其关注教育事业发展，使贫困家庭有机会通过接受教育增加就业机会，提高收入，摆脱贫困。除了上述间接减贫的举措，更重要的是，越南政府从革新开放初期就关注扶贫减贫工作，制定扶贫减贫目标，并为实现这些目标而采取有效的措施，包括对贫困地区和贫困群体的财政支持，对贫困家庭子女减免学费，等等。而菲律宾的国家能力比较弱，具体体现在制度化程度低、缺乏自主性、受到家族利益集团绑架，无法清晰界定公共利益和私人利益的界限，因而无法根据公共利益制定发展战略，忽视农业发展，导致贫困率长期居高不下。另外，由于受到家族利益集团的操控，菲律宾政府对公共领域的投入长期低于其他国家，不仅低于发达国家，而且低于同等发展水平的国家，甚至低于其他更低发展水平的国家。而且菲律宾政府缺乏对贫困问题长期的、一以贯之的减贫战略，每届政府都只是把扶贫议题当作装饰门面的点缀，一朝天子一朝臣，扶贫政策不具连贯性，多数半途而废，穷人并没有从扶贫政策中得到真实利益。本章最后对越南和菲律宾国家能力差异成因进行了分析，认为政治文化与制度依赖是导致两个国家能力差异的主要根源，越南传统的集体主义文化与共产党的集体主义有共同之处，集体主义政治文化有助于政府做出有利于公共利益的决策，同时共产党的社会基础有助于保持对穷人利益的关注，而这反过来可以增加政府的合法性，强化政府的权威。另外，越南共产党是一个经历了长期的革命斗争洗礼的政党，建立了严密的组织体系，该组织体系在横向层面通过祖国阵线这个统一战线组织，把各行各业和各个领域的力量联合起来；在纵向层面，共产党组织渗透到社会基层，尤其是广大农村。可以说，共产党把社会力量都联合在这个组织体系之中，因而具有较强的渗透能力和动员能力。而菲律宾的家族文化关心的则是家族和亲友的利益，而美国式的自由民主倡导个人利益，这二者的结合导致家族成为放大的个人，令家族利益凌驾于公共利益之上，公共利益和私人利益混淆，从而导致政府腐败现象十分严重。从西班牙殖民统治时期起，家族势力就渗透到政治、经济领域。到了美国统治时期，在民主选举制度被引进后，家族开始组织政党，并通过选举实现了对地方政府和中央政府的控制。菲律宾独立前未能建立起中央政府权威，独立后继续受到殖民统治遗产的影响，这种制度的路径依赖导致菲律宾政府长期处于低能低效的状态。

本书的主要特点在于运用比较研究的方法，就越南、马来西亚、泰国、印尼和菲律宾等国现代化进程中的国家构建、国家对发展和社会公平的影响，以及发展观对区域平衡发展的影响进行探讨。希望这项工作有助于加深读者对上述问题的理解。

由于上述议题涉及跨学科的理论知识，而作者受到知识结构和能力水平限制，书中一定有不足之处，甚至可能存在谬误，敬请同行们批评指正。

第一章　发展观与地区不平衡发展：
泰国和越南的比较

"世界有南北，国家也有南北。"这句话的意思是，随着经济全球化，世界各国之间出现了发展差距，北方国家比较富裕先进，南方国家比较贫穷落后，形成国际政治经济格局中的南北问题和南北格局。而一个国家在现代化进程中，内部各地区之间往往也存在先进和落后、贫穷和富裕的差异，而且多数国家的地区差异亦呈现南北地区差异，只是有些国家南方贫穷，北方富裕；有些国家则相反。因此，国家内部也有南北问题和南北格局。

越南和泰国两国在现代化进程中均取得某种程度上的成功，泰国在20世纪90年代被誉为"经济小虎"，越南则在革新开放中取得举世瞩目的成就。但是这两个国家在发展过程中均存在比较明显的地区发展差异，呈现南方富裕先进、北方贫穷落后的格局。不过，越南的地区差异维持在可控范围内，而且逐步缩小；而泰国则长期处于地区发展失衡状态，经济增长越是快速，失衡情况越是严重。越南较为成功处理了地区不平衡发展问题，而泰国则成为反面典型。如何认识两国在地区均衡发展问题上的得失和成败？笔者尝试从发展观（发展理念）的视角去探讨。因为两国在经济增长方面均取得成功，两国政府均为威权政府（泰国偶有民主政治的插曲，但长期处于威权政治模式，两国政府均有着较为强势的政府。一个强势的政府做不好一件事情，原因可能有三方面：一是没有意愿或者没有强烈的意愿去做这件事；二是不具备做好这事的条件；三是有意愿、条件也具备，但是方法不对头。具体看泰国的情形，在全面启动工业化进程的 1960—1990 年三十多年间，经济持续以较快速度增长，说明第二个、第三个原因不成立或不充分。那么我们可以尝试从第一方面的原因即发展观和发展理念着手探讨。这是本章研究的逻辑起点。

第一节　基本概念与理论

一　发展观及其变迁

现代化的核心问题是发展观问题，发展观是对现代化的本质和价值取向的根本看法。[①]

西方国家早期的现代化发展是一个内源的、自发的过程。熊彼特在 1912 年出版的《经济发展理论》中是这样定义"发展"的："我们所指的'发展'只是经济生活中并非从外部强加于它的，而是从内部自然发生的变化。"[②] 也就是说，西方国家早期的发展是一个自发的过程，并没有系统的发展理念作为前行指导。而发展中国家的发展属于外源的、后发的，而且是由政府主导的发展，绝大多数欠发达国家"都设立了计划委员会，通过制订五年计划来设计并协调全国的发展"[③]。可见，发展中国家的发展一般有着明确的观念先行和理论引导的过程。

那么，发展中国家的发展观如何形成的？可以说，主流发展观基本源自西方的经验和西方的理论，因为西方长期掌握发展话语权。迄今为止，主流发展理论经历了经济增长论、综合发展论和可持续发展论三个基本的发展阶段。与之相应，发展观也经历了唯经济论、以经济为中心的综合发展观和以人为中心的可持续发展观的

---

① 庞元正、丁冬红：《发展理论论纲》，中共中央党校出版社 2000 年版，第 17 页。
② ［美］约瑟夫·熊彼特：《经济发展理论》，何畏、易家详译，商务印书馆 1990 年版，第 70 页。
③ ［美］费景汉、古斯塔夫·拉尼斯：《增长与发展》，洪银兴、郑江淮等译，商务印书馆 2014 年版，第 38 页。

变迁。

（一）唯经济论（第二次世界大战后至 20 世纪 60 年代）

第二次世界大战后到 20 世纪 60 年代是当代发展理论形成的时期，其标志是经济增长型发展理论的形成。这一时期的理论，一是着重强调经济增长在整个社会中的根本作用和重要地位；二是只把工业化作为社会发展的根本动力；三是把人看作自然的主人。[①]

早期发展经济学的理论家和政策设计者均认为，发展中国家经济落后的原因就在于工业化程度不够，经济"馅儿饼"不大，而加快工业化步伐，提高工业化程度，把经济"馅儿饼"做大，就会引起经济增长和社会进步，故而把国民生产总值（GNP）及人均国民收入的增长作为评判发展的首要标准，把经济增长作为发展中国家发展的主要目标，把经济手段作为实现发展的主要手段。

唯经济论的主要代表人物是美国的经济学家沃尔特·罗斯托（Walt Whitman Rostow）和英属西印度群岛的经济学家威廉·阿瑟·刘易斯（William Arthur Lewis）。罗斯托基于西方国家的经验，认为现代化发展必须依次经过六个阶段：传统社会阶段、起飞准备阶段、起飞进入自我持续增长的阶段、成熟阶段、大众消费阶段和追求生活质量阶段，每个阶段的特征、条件、政策、可能出现的问题各不相同。[②] 刘易斯（William Arthur Lewis）也认为经济增长可以改变发展中国家的贫困和落后状况，在《经济增长理论》一书中提出了发展就是"总人口的人均产出"[③]。

唯经济论的发展观从经济视角，把发展看作走向工业化社会进而实现经济增长的过程，用公式表示就是：发展＝工业化＝经济增长。[④] 这种发展观视单向度的经济增长为发展，以为效率可以带来

---

① 杨鲁慧：《论科学发展观的理论渊源及发展》，《马克思主义研究》2004 年第 5 期。

② ［美］沃尔特·罗斯托：《经济成长的阶段——非共产党宣言》，国际关系研究所编辑室译，商务印书馆 1962 年版。

③ ［英］阿瑟·刘易斯：《经济增长理论》，周师铭等译，商务印书馆 1996 年版，第 5—6 页。

④ 庞元正、丁冬红：《发展理论论纲》，中共中央党校出版社 2000 年版，第 17—18 页。

公平，只要经济增长了，贫困等社会矛盾和社会问题自然而然就解决了。

不过，发展中国家"唯经济论"的实践证明，只有经济增长，并不必然带来社会的发展和进步。联合国倡导的第一个发展十年（1961—1970）未达到预期目标和效果，也促使人们对单一经济增长的发展理论和发展观进行反思和修正。

（二）以经济为中心的综合发展观（20 世纪七八十年代）

唯经济论的发展观没有认识到发展其实是人类社会的一个系统工程，它涉及政治、经济、社会等各方面的变迁：一方面，经济增长受到其他非经济因素的影响；另一方面，经济增长并不必然带来社会公平，"从长远的观点看来，经济增长对穷国来说是减少贫困的一个必要条件。但它不是充分条件"①。单向度的经济增长并不必然带来人类社会的进步和发展。

经济增长与社会公平、经济增长与政治变革这两对关系密切相关，社会公平取决于分配模式，分配模式公平与否取决于政府决策过程的民主程度，而一切制度都有路径依赖，受到传统文化的影响。因此，发展应该是全面的，是"集科技、经济、社会、政治和文化，即社会生活一切方面的因素于一体的完整现象"②。亨廷顿（Samuel P. Huntington）在《变动社会中的政治秩序》一书中说："现代化是一个多层面的进程，它涉及人类思想和行为所有领域的变革。"③

被誉为发展中国家代言人的瑞典经济学家缪尔达尔（Gunnar Myrdal, 1898—1987）在其《亚洲的戏剧：对一些国家贫困问题的研究》④ 一书中对经济增长等于发展的观点进行了批判，他通过对南亚

---

① ［美］塞缪尔·亨廷顿等：《现代化：理论与历史经验的再探讨》，罗荣渠主编，上海译文出版社 1993 年版，第 53 页。

② ［埃］阿卜杜勒—马利克等：《发展的新战略》，杜越等译，中国对外翻译出版公司 1990 年版，第 4 页。

③ ［美］塞缪尔·亨廷顿：《变化社会中的政治秩序》，王冠华等译，生活·读书·新知三联书店 1989 年版，第 30 页。

④ ［瑞典］缪尔达尔：《亚洲的戏剧：对一些国家贫困问题的研究》，谭力文、张卫东译，北京经济学院出版社 1992 年版。

和东南亚国家的考察，认为仅有国民收入的增长不等于发展，发展应
该是包括经济、社会和文化等领域综合性的进化过程。

　　经济学家 A. P. 瑟尔瓦尔（Thirlwall，A. P.）在 1972 年出版的
《增长与发展》一书，提出区别"增长"（growth）和"发展"（de-
velopment）概念，他认为"增长"只是经济指标的提高，而发展不
仅是物质的，也是精神的，不仅是一种可以用经济指标衡量的物质状
况，也是一种精神状态。当人们的基本需要有了改善，经济进步使国
家和个人有了较强的自尊意识，物质进步扩大了人的选择范围，才能
称得上是发展。①

　　总的来看，第二代发展观认识到了单纯的经济增长并非发展，经
济发展并不一定自然而然地带来政治和社会的现代化变迁。发展应该
是一个系统工程，是经济增长和环境保护的统一，是经济发展和政治
社会变革的统一，是效率和公平的统一，是社会政治、经济、文化、
人以及自然环境各个要素和谐平衡发展的过程。不过，这个阶段的发
展观仍然以经济为中心，认为没有经济增长，根本谈不上发展。

　　（三）以人为中心的可持续发展观（20 世纪 90 年代以来）

　　发展中国家在第二次世界大战后几十年的发展实践表明，无论
是单一的经济增长，还是以经济为中心的综合发展，都不能给发展
中国家带来它们所期待的繁荣、稳定、公平、正义，许多国家贫困
率依然很高，贫富差距没有得到根本改善，社会矛盾和冲突不断。
理论家们通过对发展中国家发展实践的反思，提出了"以人为中
心"的发展观。

　　早在 1972 年，罗马俱乐部著名的研究报告《增长的极限》，清
醒地提出了"全球性问题"，即人口问题、工业化的资金问题、粮食
问题、不可再生的资源问题、环境污染问题。罗马俱乐部跳出了单纯
的经济角度，开辟了认识未来和发展的新角度。然而，在当时陶醉于
高增长、高消费的"黄金时代"的西方世界，人们根本听不进这一

---

　　① ［英］A.P. 瑟尔瓦尔著，金碚等编：《增长与发展》，中国人民大学出版社 1992
年版，第 9—10 页。

关于"人类困境"的天才预言。①

"可持续发展"的理论和观点首次出现在 1987 年世界环境与发展委员会的报告《我们共同的未来》中，报告提出"可持续发展"是"既满足当代人的需要，又不对后代人满足其需要的能力构成危害的发展"②。从此，可持续发展受到越来越广泛的关注和重视。

美国现代化心理学家阿列克斯·英格尔斯（Alex Inkeleș）在《从传统人到现代人：六个发展中国家中的个人变化》一书中，把人的现代化提到一个新高度："在发展过程中一个基本的因素是个人，除非国民是现代的，否则一个国家就不是现代的。"③

联合国开发计划署于 1990 年出版了以人类发展为主题的第一本年度《人类发展报告》，首次提出了人文发展指数（Human Develpment Index，HDI），④ 即以"预期寿命、教育水准和生活质量"三项基础变量按照一定的计算方法组成的综合指标衡量一国之发展水平。这是对传统以 GNP、GDP 衡量发展的挑战。在 1991 年的《人类发展报告》中，又增加了环境破坏和居民自由程度两个考量因素。自 1990 年以来，联合国开发计划署每年都发布世界各国的人文发展指数（HDI），在世界许多国家或地区颇有影响。

1995 年 3 月在哥本哈根召开的世界发展首脑会议上正式将"以人为中心"的观念提高到发展观高度，在会议通过的宣言和行动纲领中指出，我们面临的挑战是建立一个以人为中心的社会发展框架，人民是发展的中心，我们的经济要更有效地为人的需要服务，社会的发展要以人为中心，社会发展的最终归宿是人民生活质量的提高。

二十多年来，联合国每年都会发表人类发展报告，以此考察各国发展情形及发展差异，作为发展战略调整的依据。

---

① 周穗明：《西方绿色思潮与后物质主义价值观》，《岭南学刊》2002 年第 5 期。

② 世界环境与发展委员会编著：《我们共同的未来》，湖南教育出版社 2009 年版，第 79 页。

③ ［美］阿列克斯·英克尔斯、戴维·H. 史密斯：《从传统人到现代人：六个发展中国家中的个人变化》，顾昕译，人民大学出版社 1992 年版，第 10 页。

④ Human Development Index（HDI），http://hdr.undp.org/en/content/human-development-index-hdi.

以"人为中心"的可持续发展观是对以往以 GDP 为核心的发展观的纠偏，引导发展中国家关注 GDP 以外的发展指标，关注人类的可持续发展，这是人类发展观的巨大进步。

二　区域平衡与不平衡发展理论

区域平衡与不平衡发展理论是关于产业和区域经济发展的理论流派，经历了从古典理论到现代理论的转变。

平衡发展理论主张在各产业、各地区之间平衡部署生产力，实现产业和区域经济的协调发展。该理论认为，采取这样的发展战略既促进各产业、各部门协调发展，改善供给状况，又可以在各产业、各地区之间形成相互支持性投资的格局，不断扩大需求。平衡发展理论的代表学者及其代表性理论包括：罗森斯坦—罗丹（P. N. Rosenstein-Rodan）的"大推进理论"（big push）、罗格纳·纳克斯（R. Nurkse）的"贫困恶性循环论和平衡增长理论"（vicious circle of poverty）、理查德·R. 纳尔森（Nelson R. R）的"低水平陷阱论"（low level equilibrium trap）、克拉克·爱德华兹的"平衡增长战略"（strategies for balanced growth）。1943 年，罗森斯坦—罗丹在《东欧和东南欧的工业化问题》[1] 一文中首先提出"大推进"理论。1961 年他又在《关于大推进理论的说明》[2] 中进一步完善其理论。罗森斯坦—罗丹认为，发展中国家摆脱贫困、实现经济发展的途径是工业化，而要实现工业化，必须对各个工业部门全面地、大规模地投入资本，这样才能推动经济发展。美国经济学家罗格纳·纳克斯系统地考察了发展中国家贫困的原因和摆脱贫困的途径，提出贫困恶性循环理论。罗格纳·纳克斯认为落后国家存在两种恶性循环：第一种恶性循环是供给不足的恶性循环：低生产率——低收入——低储蓄——资本供给不足——低生产率。第二种

---

[1]　P. N. Rosenstein-Rodan, "Problems of Industrialization in Eastern and Southern-eastern Europe," he Economic Journal, Vol. 53, No. 210/211 (1943): 202 – 211.

[2]　P. N. Rosenstein-Rodan, "Notes on the Theory of the Big Push," in Howard S. Ellis, ed., Economic Development for Latin America, Palgrave Macmillan, 1961.

是需求不足的恶性循环：低生产率——低收入——消费需求不足——投资需求不足——低生产率。[①] 罗格纳·纳克斯认为，要打破上述供需的恶性循环，必须采取平衡增长方式，在各行业同时大规模的投资，形成个行业之间的相互需求，促进经济发展。克拉克·爱德华兹在《发展中国家的平衡增长战略》[②] 一书中把发展中国家的经济划分为传统农业、现代农业、乡村工业和城市工业四大部门，论述了平衡发展对社会和经济的意义，并提出了平衡发展的手段，即采用新技术和扩大投资、增加市场容量、进行社会改革等。

总的来看，区域平衡发展理论强调产业和区域之间平衡投资，同步发展，认为随着生产要素的区际流动，最终能够实现区域经济的平衡发展。但是，平衡发展战略"没有把区域经济的平衡发展建立在生产力发展的客观规律上，生产力的平衡配置带有极强的主观性和片面性……所追求的实际上是一种低水平的平衡"[③]。发展中国家普遍缺乏资金和技术，若把有限的资金均衡投资于各产业与各区域，最终难以产生规模效应，弱势产业和区域的经济不仅得不到发展，原有优势产业和优势区域的发展可能也因为投入不足而无法发挥其优势。"区域均衡发展理论显然是从理性观念出发，采用静态分析方法，把问题过分简单化了，与发展中国家的客观现实距离太大，无法解释现实的经济增长过程，无法为区域发展问题找到出路。"[④]

不平衡发展理论强调区域经济发展的不平衡性以及由不平衡发展向平衡发展的过程。主要代表学者和理论流派有：艾尔伯特·赫希曼（A. Hirschman）的不平衡增长论（theory of non-equilibrium develop-

① Ragnar Nurkse, *Problems of Capital Formation in Underdeveloped Countries*, New York: Oxford University Press, 1961. And see Hans H. Bass, "Ragnar Nurkse's Development Theory: Influences and Perceptions," in Rainer Kattel, Jan Kregel, Erik S. Reinert, eds., *Ragnar Nurkse (1907 - 2007): Classical Development Economics and its Relevance for Today*, London: Anthem Press, 2011, pp. 183 - 202.

② Clark Edwards, *Strategies for Balanced Growth in Developing Countries*, Economic Research Service, U. S. Dept. of Agriculture, 1977.

③ 杨秋宝：《宏观区域经济发展战略 50 年：从平衡发展到非均衡协调发展的转换》，《中共中央党校学报》2000 年第 2 期。

④ 高志刚：《区域经济差异理论述评及研究新进展》，《经济师》2002 年第 2 期。

ment)、冈纳·缪尔达尔（G. Myrdal）的循环累积因果论（circular and cumulative causation）、弗朗索瓦·佩鲁（Francois Perroux）的增长极理论（theory of economic growing polar），等等。艾尔伯特·赫希曼于 1958 年在《经济发展战略》[①] 一书中论述了不平衡增长理论，提出经济增长的不平衡是经济发展的前提条件，发展中国家应集中有限的资源和资本，优先发展少数"主导部门"，尤其是"直接生产性活动"部门；不平衡的经济增长可以产生"极化效应"（induced polarization effect）和"涓滴效应"（渗漏效应，trickling-down effect）。在经济发展的初期阶段，极化效应占主导地位，因此区域差异会逐渐扩大；但从长期看，"涓滴效应"将缩小区域差异。[②] 冈纳·缪尔达尔是瑞典经济学家，他于 1957 年在《经济理论与不发达区域》[③] 一书中提出了"循环累积因果论"理论，他认为，经济发展过程在空间上并不是同时产生和均匀扩散的，而是从一些条件较好的地区开始，一旦这些区域由于初始优势而比其他区域超前发展，则由于既得优势，这些区域就通过累积因果过程，不断积累有利因素继续超前发展，从而进一步强化和加剧区域间的不平衡；区域间的不平衡导致增长区域和滞后区域之间发生空间相互作用，由此产生两种相反的效应：一是"回流效应"（back wash effect），表现为各生产要素从不发达区域向发达区域流动，使区域经济差异不断扩大；二是"扩散效应"（spread effect），表现为各生产要素从发达区域向不发达区域流动，使区域发展差异得到缩小。在市场机制的作用下，回流效应远大于扩散效应，即发达区域更发达，落后区域更落后。因此，政府干预十分必要，在经济发展初期，政府应当优先发展条件较好的地区，以寻求较好的投资效率和较快的经济增长速度，通过扩散效应带动其他地区的发展，但当经济发展到一定水平时，也要防止累积循环因果造

---

① Albert Otto Hirschman, *The Strategy of Economic Development*. New Haven: Yale University Press, 1958.

② 参阅胡艳君、莫桂青《区域经济差异理论综述》，《生产力研究》2008 年第 5 期；高志刚《区域经济差异理论述评及研究新进展》，《经济师》2002 年第 2 期。

③ Karl Gunnar Myrdal, *Economic Theory and Underdeveloped Regions*, London : Methuen, 1957.

成贫富差距的无限扩大，政府必须制定一系列特殊政策来刺激落后地区的发展，以缩小经济差异。① 佩鲁是法国经济学家，他于 1955 年在《略论"增长极"的概念》② 一文中首次提出的"增长极"概念和理论，并在此基础上形成增长极理论。"增长极"概念有两种含义：一是在经济意义上特指推进型主导产业部门；二是在地理意义上特指区位条件优越的地区。增长极理论主张通过政府的作用来集中投资，加快若干条件较好的区域或产业的发展，进而带动周边地区或其他产业发展。

不平衡发展理论从发展中国家的现实出发，遵循了经济不平衡发展的规律，强调集中配置资源，重点发展某些产业和地区，有利于提高资源配置的效率。这种理论具有可操作性，比较适合发展中国家起步阶段的发展。"在经济发展的初级阶段，非均衡发展理论对发展中国家更有合理性和现实指导意义。"③ 因此，在现代化发展中，特别是初期发展阶段，大多数发展中国家采用不平衡发展战略。

三 发展观与地区不平衡发展

自从进入经济全球化以来，国际经济格局呈现南北差异，"南方"成为落后贫困的代名词，"北方"则成为发达富裕的代名词。而进入现代化发展的国家也逐渐出现明显的南北差异。地区发展差异与不平衡问题，是诸多发展中国家现代化起步乃至整个发展过程均需面对的问题。地区不平衡发展由多种原因造成，如历史文化因素、制度因素等；可能是市场规律作用的结果，也可能是政策的影响。如何处理地区发展差异问题，直接关系到发展的成败。多数国家采取不平衡发展战略，但是有的成功，有的失败。为何同样实施不平衡发展战略

---

① 何雄浪、李国平：《国外区域经济差异理论的发展及其评析》，《学术论坛》2004 年第 1 期。

② Francois Perroux, "A Note on the Notion of Growth Pole", *Applied Economy*, 1955 (1/2), pp. 307–320, 转引自段学军、虞孝感、Josef Nipper《从极化区的功能探讨长江三角洲的扩展范围》，《地理学报》2009 年第 2 期。

③ 高志刚：《区域经济差异理论述评及研究新进展》，《经济师》2002 年第 2 期。

的国家，一些国家的地区发展差异问题得到了缓解，而其他一些国家地区发展失衡却恶化了？假如剔除其他因素的影响，发展观在其中起什么作用？

如前所述，无论是政府的发展战略和政策举措，抑或学者所提出的发展理论，均建立于某种发展观的基础之上，或者说蕴含着某些发展理念。有什么样的发展观（发展理念）就有什么样的发展理论、发展目标、发展战略和发展手段以及由此带来的相应结果（后果）。不平衡发展理论是发展理论中的一种，是关于区域不平衡发展问题的理论。不平衡发展战略是基于不平衡发展理论而提出来的，而不平衡发展理论与战略的先行观念就是发展观。

由于发展中国家的发展由西方国家所引发，其发展观深受西方国家影响，这一方面由于西方现代化成就的示范影响；另一方面是因为西方政府和学者不遗余力地向发展中国家推行其发展理念。

西方主流的发展观，其核心价值是自由主义，即由市场规律主导经济发展。发展中国家虽然建立起计划委员会，但计划委员会的作用各不相同，有的全盘接受自由主义，由市场规律调节经济发展；有的则加强干预，政府与市场合力作用于市场经济发展。前一种情况往往导致不可持续的经济发展；而后一种情况则视干预者的利益导向而定，如果只是为少数利益集团而干预，会导致分配不公平，经济发展亦是不可持续的；若是为公共利益而干预，则有可能实现可持续的发展。

具体到处理地区发展差异问题，不同的发展观在其中的影响非常大。前面提到，大多数发展中国家在面对地区发展差异的问题时都采用不平衡发展战略，但是，同样采用不平衡发展战略，在不同国家的效果却相差甚大，有的通过不平衡战略的实施，实现了地区发展的相对平衡；而有的国家则因为不平衡战略的实施而加剧了地区发展差异。为什么会出现这种情况？发展观可以为我们提供认识这个问题的一个新视角。

效率导向的发展观希望通过不平衡发展战略，让市场规律发挥作用，促进经济增长。其特点之一：把效率置于公平之上，地区平衡发展不一定列入其目标, 即使列入了, 也只是寄希望于在不平衡发展战略中, 透过市场规律的调节, 从发达地区向不发达地区产生溢出和扩散效应, 最终自动实现地区平衡发展。在这种发展观指导下, 政府忽视均衡发展的目标。

公平导向的发展观希望通过不平衡发展战略, 由国家和市场共同发挥作用, 最终实现经济增长与地区发展平衡。其特点之一是公平与效率并重, 甚至公平优先于效率。在这种发展观指导下, 均衡发展持续成为政府关注的政策议题。

不同的发展观导致不同的地区不平衡发展战略和举措, 从而导致不同的结果。效率导向的发展观主导下的不平衡发展战略对地区发展差异的作用是不确定的, 往往导致不可持续的发展; 而公平导向的发展观主导下的不平衡发展战略则有可能在实现经济增长的同时缩小地区发展差距, 实现可持续的发展。

越南和泰国面对地区发展差异问题存在着不同的理念, 在两种不同的发展理念指导下, 虽然两国同样实施地区不平衡发展战略, 却有着不同的结果。

第二节 发展观与泰国地区发展差异问题

泰国是东南亚唯一没有沦为殖民地的国家, 从 19 世纪中后期起, 泰国王室推动现代化变革。第二次世界大战后, 泰国现代化进程加快, 尤其是从 20 世纪 60 年代开始全面工业化进程。受到当时盟友美国派遣的经济顾问的影响, 泰国政府对发展的认知与前面提到的第一代发展观相同, 即把经济增长等同发展, 追求经济效率, 忽视了均衡发展, 导致地区发展严重失衡。在 1997 年金融危机发生后, 泰国政府虽然力图纠正以往发展观的偏差, 但又走向了另一极端——激进主义和理想主义, 地区发展失衡问题仍然未能得到有效的缓解。

一 泰国现代化进程中的地区发展差异

泰国在地理上一般被分为曼谷、中部、南部、北部和东北部五个地区，有时也分为七个地区：曼谷、中部、东部、西部、南部、北部、东北部。首都曼谷是唯一的府级直辖市。

泰国的地区发展差异主要在现代化进程中形成。为了维持国家的独立，同时也为了经济发展，泰国从 19 世纪中期起，与英国、美国等西方列强签订了一系列通商条约，允许西方列强在泰国从事自由贸易。首都曼谷由于地理位置优越、交通便利，吸引了来自世界各国和泰国各地的商人，人口密度也逐渐增大。至第二次世界大战前，曼谷已经成为泰国的经济中心，与泰国其他从事传统农业生产区域的差异开始形成。而泰国显著的地区发展差异则出现在 20 世纪 60 年代全面启动工业化进程之后。

泰国全面启动工业化进程始于沙立（Sarit Thanarat）统治时期。1957 年泰国军人沙立发动军事政变，推翻銮披汶政权。1959 年 2 月，沙立正式出任泰国政府总理。沙立执政期间政府首次在全国推行经济社会发展计划，从 1961 年起制订发展计划，[①] 正式、全面启动工业化进程。从此，泰国经济迅速发展，至 1997 年金融危机爆发前，人均 GDP 已经达到中等收入水平。

但是，区域经济不平衡发展问题伴随着泰国整体经济的飞速发展日渐凸显。泰国的经济发展长期集中于曼谷及周边地区，忽视其他地区。当曼谷已经达到较高的现代发展水平时，其他地区仍然处于比较贫困落后的状况。英国学者克里斯·迪克孙对泰国的经济发展这样评价：泰国所谓"近似的新兴工业化国家"的称号具有更多新兴工业化城市而不是新兴工业化国家的特点，因为曼谷及其周边地区在各方面主导着泰国的整体经济。[②]

从收入分配来看，1961 年泰国实施第一个六年发展计划时，最富裕的曼谷与最贫困的东北部地区相比，人均收入相差将近 5 倍，

---

① 第一个发展计划为六年计划（1961—1966），此后为五年计划。详情参见泰国国民经济与社会发展委员会官方网站：http：//www. nesdb. go. th/nesdb_ en/main. php？filename = develop_ issue。

② Machael J. G. Parnwell eds. , *Uneven Development in Thailand*, England：Ashgate publishing Ltd. , 1996，p. 2.

1981 年下降到 2 倍多（见表 1 - 1）。但随着 20 世纪 80 年代末经济发展速度加快，地区发展不平衡加剧，当 1996 年泰国经济发展达到顶峰时，泰国最富裕的曼谷与最贫困的东北部人均收入相差接近 8 倍（见表 1 - 2）。

表 1 - 1　　　　　20 世纪 60—80 年代泰国地区平均收入　　　（单位：泰铢）

年份 地区	1962	1969	1975	1981
曼谷	1509.0	2746.4	3535.0	5934.8
中部	780.1	1409.6	2211.9	3878.1
北部	438.7	812.6	1460.2	3018.3
东北部	318.1	916.9	1452.6	2637.2
南部	718.2	929.9	1729.6	3362.4
全国	594.9	1098.9	1856.6	3445.2

Source: Yukio Ikemoto, Kitti Limskul, "Income Inequality and Regional Disparity in Thailand, 1962 - 1981," *The Developing Economies*, Vol. 25, No. 3 (1987): 249 - 269.

表 1 - 2　　　　20 世纪 90 年代泰国地区发展不平衡状况人均收入（单位：泰铢）

年份 地区	1995	1996	变化（%）
东北部	23900	35500	55
北部	35000	59300	70
南部	54600	90700	65
东部	128200	290800	125
西部	53850	90300	70
中部	87800	182000	107
曼谷及周边	200900	290000	44

Sources: Bangkok Post March 24, 2010.

从贫困率来看，1968—1969 年，曼谷地区的贫困率为 11%，东北部地区为 65%，相差接近 5 倍（见表 1 - 3）。到了 1996 年，这两个地区的贫困相差超过 60 倍（见表 1 - 4）。

表 1 – 3　　　　　20 世纪 60—70 年代泰国各地区贫困率　　　　　（单位:%）

年份 地区	1968/1969			1975/1976		
	城镇	农村	合计	城镇	农村	合计
东北	24	67	65	20	45	44
北部	19	37	36	18	34	33
南部	24	40	38	22	33	31
中部	14	16	16	12	15	14
曼谷	—	—	11	—	—	12
全国	16	43	39	14	35	31

Source: World Bank, Thailand, *Towards a development Strategy of Full Participation*, *A Basic Economic Report*, Washington, 1978, 转引自 Peter Richards, ed., *Basic Needs and Government Policies in Thailand*, Singapore: Maruzen Asia, 1982, p. 7。

表 1 – 4　　　　　　　1988—2002 年泰国贫困率　　　　　　（单位:%）

年份 地区	1988	1990	1992	1994	1996	1998	2000	2001	2002
中部	22.5	20.5	12.1	8.4	5.9	7	5.4	4.6	4.3
北部	32	23.2	22.6	13.2	11.2	9.1	12,1	10.6	9.8
东北部	48.4	43.1	39.9	28.6	19.4	24	28.1	24.5	17.7
南部	32.5	27.6	19.7	17.3	11.5	14.6	11	13.5	8.7
曼谷	3.8	3.3	1.9	0.6	0.3	1	0	1	1
曼谷周边	8.7	3	1.7	1.6	1	0.5	0.7	1	2
总计	32.6	27.2	23.2	16.3	11.4	13	14.2	13	9.8

Source: National Economic and Social Development Board（NESDB）.

　　在 GDP 贡献率方面，1970 年，人口总数占全国人口 31% 的曼谷和中部地区，其 GDP 总量占了全国 GDP 总量的 58.1%；而人口总数占全国 36% 的东北地区，GDP 仅占全国总量的 14.7%（见表 1 – 5）。

表 1 – 5　　　　　　　20 世纪 70 年代泰国地区发展概况　　　　　（单位：%）

分类＼地区	曼谷	中部	东北	北部	南部	全国
1976 年人口	7	24	36	21	12	100
1976 年 GDP	26.8	31.3	14.7	15.4	11.8	100
1975—1976 年农村户均收入	—	25.5	16.5	16.5	18.9	18.8
1975—1976 年城镇户均收入	41.4	42.4	36.6	39.0	40.3	4.7

Source：World Bank，Thailand，*Towards a development Strategy of Full Participation*，*A Basic Economic Report*，Washington，1978，转引自 Ed. by Peter Richards，*Basic Needs and Government Policies in Thailand*，Singapore：Maruzen Asia，1982，p.6。

在公共事业发展方面，1996 年，即金融危机爆发前，曼谷与东北地区在医护人员、电话、汽车拥有量等方面的差距见表 1 – 6。

表 1 – 6　　　　　　　大曼谷地区与东北地区的社会指数

地区年份	医生人数			护士人数			公用电话/千人			电话/千人			人/车		
	曼谷	东北	Gap	曼谷	东北	Gap	曼谷	东北	Gap	曼谷	东北	Gap	曼谷	东北	Gap
1987	—	—	—	—	—	—	1.75	0.07	25.0	13.25	0.32	10.2	—	—	—
1988	519	12128	23.4	211	3920	18.6	1.72	0.08	21.5	18.24	0.34	24.2	19.8	355.9	36.3
1989	436	11691	26.8	174	3631	20.9	1.68	0.09	18.7	19.30	0.38	24.5	11.4	431.8	37.9
1990	443	11175	25.2	173	3280	19.0	1.74	0.11	15.8	10.83	0.44	24.6	18.9	397.6	44.7
1991	455	10690	23.5	188	2888	15.4	1.90	0.14	13.6	12.30	0.55	22.4	18.9	355.2	39.9
1992	440	10526	23.9	178	2748	15.4	2.11	0.19	11.1	13.74	0.69	19.9	18.1	327.9	40.5
1993	448	10751	24.0	178	2597	14.7	2.32	0.24	9.7	16.52	0.83	19.9	17.4	220.6	29.8
1994	450	10655	23.7	165	2443	14.8	2.50	0.27	9.3	17.52	0.93	18.8	16.7	205.9	30.7
1995	—	10746	—	—	2233	—	2.89	0.31	9.3	17.66	0.95	18.6	16.5	169.6	26.1
1996	—	10183	—	—	2232	—	3.20	0.36	8.9	28.25	1.52	18.6	16.2	143.5	23.1
1997	/	19754	—	/	2090	—	3.50	0.73	4.8	46.52	1.83	25.4	15.8	120.7	20.8

续表

地区年份	医生人数			护士人数			公用电话/千人			电话/千人			人/车		
	曼谷	东北	Gap	曼谷	东北	Gap	曼谷	东北	Gap	曼谷	东北	Gap	曼谷	东北	Gap
1998	—	—	—	—	—	—	4.07	0.97	4.2	30.98	2.04	15.2	15.4	116.1	21.5
1999	—	—	—	—	—	—	5.57	1.29	4.3	31.60	2.16	14.6	15.3	103.2	19.5

Source：NSO, Statistical Reports of Region Bangkok Metropolitan and Vicinity, 1998；NSO, Statistical Reports of Northeastern Region, 2000；NSO, Statistical Data Bank and Information Dissemination Division，转引自 "Alleviating Regional Disparities between the Bangkok Metropolitan Areaand the Northeast Region：A Case Study of the Kingdom of Thailand"，http：// www. jica. go. jp/english/our_ work/evaluation/reports/2002/pdf/2002_ 0108_ 1. pdf。

二　效率导向发展观对泰国地区发展差异的影响

如前所述，第一代发展观认为发展就是单向度的经济增长，以为效率可以带来公平，只要经济增长了，贫困等社会矛盾和社会问题自然而然就解决了。发展中国家在现代化启动的时候都会遇到效率与公平的考量，受到第一代发展观的影响，很多国家采取效率优先的发展理念，实施不平衡发展，以为"蛋糕"做大了，自然而然就可以实现公平。

泰国受到上述发展观的影响，采取效率优先的发展战略。地区不平衡是发展大多数国家必须面对的问题，而大多数国家在起步阶段均采用不平衡发展战略，但这种战略对地区发展差异的影响各异，有的国家以地区不平衡发展战略作为手段，最终促使地区发展差异缩小，实现相对平衡的地区发展；而有的国家则相反，在现代化进程中出现地区发展严重失衡的现象，导致许多社会问题和社会矛盾，最终导致发展不可持续。泰国就是这样一个典型的案例。

泰国现代化进程中的地区发展失衡现象，可以说有多方面的原因，其中一个重要因素是发展观的问题——自由主义、效率优先。"泰国的不平等可追溯至自由放任增长（laissez-faire growth）模式。"[1] 泰国长期以效率优先的发展理念指导现代化发展，忽视均衡

---

① Erik Martinez Kuhonta, *The Institutional Imperative：The Politics of Equitable Development in Southeast Asia*, C. A.：Stanford University Press, 2011, p. 8.

发展（包括地区利益均衡和群体利益均衡），导致历史欠账太多，积重难返，自从 1997 年金融危机以来，矛盾集中，社会动荡，掉入了中等收入陷阱，至今走不出困境。

泰国为何选择效率优先的发展战略？其背景如下。

美国政府和专家向泰国推销自由主义经济模式，泰国全盘接受。第二次世界大战后，在当时冷战的环境下，由于当时东南亚包括缅甸、越南、马来西亚在内的所有地区共产主义运动都在蓬勃发展，地处战略中心位置的泰国便成为美国在东南亚建立反共堡垒的最佳选择。泰国也出于防范共产主义势力的考虑，与美国一拍即合，结成反共盟友。1950 年 3 月，泰美签署《军事援助协定》，这是泰国和美国自第二次世界大战之后签订的第一个军事协议。随后两国又签署了《双边防御协定》，共同参与朝鲜战争。1954 年 9 月，为了响应美国国务卿杜勒斯采取"联合行动"对付"共产主义在东南亚的威胁"的号召，泰国和美国共同签署《马尼拉条约》（即《东南亚集体防御条约》），加入"东南亚条约组织"，并同意将该组织总部设在曼谷，1955 年又为该组织提供军事基地。泰国与美国结成盟友后，美国给予泰国大量经济援助，同时派出专家顾问指导泰国发展经济。美国的专家给予泰国政府两个建议深深影响了泰国接下来几十年的发展模式与发展后果，也可以说，泰国今天的社会问题和社会矛盾，美国专家要负一定的责任。

美国专家顾问就泰国现代化发展所提出的、深刻影响泰国现代化进程的两个指导性建议如下。

一是采用完全放任的自由主义经济模式。留学西方归来的经济专家主导了泰国政府经济计划的制订，这些专家深受西方自由主义思想的影响，他们与积极推行自由主义思想的美国顾问和专家在共同尊崇的自由主义影响下，确立了效率优先的发展理念，以此指导现代化发展战略。根据世界银行 1957—1958 年报告的指引，沙立建立了国民经济发展委员会（The National Economic and Development Board，NEDB），后改为国民经济社会发展委员会（The National Economic and Social Development Board，NESDB）。受英美影响，泰国技术官僚采取市场导向的经济模式。泰国最受尊敬的技术官僚翁帕功博士（Puey

Ungphakorn）说："进步的独一无二的重要因素是什么？我的简单回答是私人的积极性……扼杀这种积极性，像周边其他国家，那么你可以忘掉五年发展计划目标。"① 因此，泰国的第一个六年计划（1961—1966）强调自由经济的重要。第二个发展计划改为五年计划，全称为"第二个国民经济与社会发展计划"（The Second National Economic and Social Development Plan，1967—1971），从名称来看关注了社会发展，而且把促进社会正义作为其发展目标之一，也提出要实现公平分配，关注农业发展，等等。② 此后的国家发展计划或多或少亦有类似的表述。但实际上，直到1997年金融危机爆发，泰国的发展战略基本以效率优先为导向，公平和均衡只是停留在纸面上，对地区利益和阶层利益的均衡没有给予实质性关注，也没有采取实质性的举措处理这些问题。"虽然技术官僚理性关注促进经济增长，但不公平不是他们的主要关切。这主要是国民经济发展委员会和财政部在引入私人投资和发展经济时不关心减少地区之间与贫富之间的收入差异。沙立来自东北地区，他对该地区采取了一些社会福利措施，如基础设施建设、干净饮用水，卫生、教育……但对农业投入远远低于工业。"③

二是重物质，轻精神，公开提出现代化让佛教走开。1961年泰国政府制订的第一个六年发展计划（1961—1966）是在美国顾问帮助下完成的，当时美国顾问认为佛教不利于现代化发展，劝说佛教僧侣不要宣传知足常乐的美德。泰国著名的社会活动家、以批评泰国的西方化发展伦理著称的司瓦拉猜（Sulak Sivaraksa）指出，20世纪50年代后期，在美国的帮助下，泰国新成立的国家经济发展委员会（National Economic Development Board）制订了第一个国家发展计划（1961—1966），当时美国的顾问建议泰国政府鼓动最高僧伽理事会（the Supreme Sangha Council），劝说佛教僧侣不要宣传知足常乐的美

---

① Robert J. Muscat，The Fifth Tiger：Study of Thai Development Policy，U. K.：M. E. Sharpe，1994，p. 64.

② The Office of National Economic and Social Development Board，"The Second National Economic and Social Development Plan（1967 – 1971），" p. 23.

③ Erik Martinez Kuhonta，The Institutional Imperative：The Politics of Equitable Development in Southeast Asia，C. A.：Stanford University Press，2011，p. 149.

德（the virtue of contentedness）。美国顾问说，如果人们在物质上安于现状，泰国如何能进行竞争发展？[1] 泰国就这样放弃了传统佛教价值观，在经济发展问题上全盘接受西方发展伦理。

自由主义为核心价值的发展战略强调市场规律的作用，泰国的地区不平衡发展战略把大量资源集中于发展首都曼谷，对边远地区，农村地区的发展漠不关心，即使投入一些公共基础设施建设，也是出于反共的考虑，没有真正关注当地的经济发展和生活水平的提高。来自出口导向工业的收入远远超过来自农业部门的收入。虽然工业起飞了，但40%—50%的人口仍然在农村部门，相比其他相似的工业GDP产值国家，泰国没有吸收农村人口到现代部门是一大失败。经济资源高度集中于首都曼谷，也加剧了不平衡。[2]

现代化让佛教走开，实际上是抛弃泰国的传统价值精粹。也就是说，泰国现代化过程中，优秀传统价值理念无法影响发展战略与发展模式。第一个六年计划提到其发展目标是为了提高人民生活水平，虽然只提物质目标，不涉及社会、文化和道德价值目标，但是物质福利是一个目标，也是民众实现更幸福生活的手段。[3] 这里透露出来的发展观是：物质是幸福的前提，这与佛教的价值观相违背。泰国发展过程中甚至出现这样的怪异现象：僧人参与发展进程，但不是以佛教伦理影响发展进程，而是协助政府推动物质主义中心和效率导向发展计划。在现代化发展过程中，物质主义价值观逐渐取代了佛教知足常乐的价值观。随着经济的发展，泰国的传统价值观不断退却，享乐思想大行其道，在金融危机爆发前形成了严重的经济泡沫。由于实行金融自由化，鼓励消费和超前消费，人们纷纷贷款，超前消费，追求高消费，购房、炒股……生产者、商家与消费者共同制造了泰国经济的虚

---

① Sulak Sivaraksa, "Buddhism in Crisis," *Far Eastern Economic Review*, 9 May, 1996, p. 31.

② Erik Martinez Kuhonta, *The Institutional Imperative*: *The Politics of Equitable Development in Southeast Asia*, C. A.: Stanford University Press, 2011, p. 8.

③ The Office of National Economic and Social Development Board, "*National Economic Development Plan* (1961 – 1966), *Second Phase* 1964 – 1966," Bangkok: National Economic Development Board Office of the Prime Minister, 1964, p. 9.

假繁荣。

效率导向的泰国现代化战略带来的结果是，"泰国的经济发展集中于增长而非分配，社会和经济的鸿沟撕裂了阶级和地区"①。具体来说，效率导向的泰国现代化战略的消极影响主要体现在两方面：一是集中发展曼谷和周边地区，忽视农村发展；二是优先关注经济增长而忽视公平分配。集中发展首都曼谷和周边地区，而长期忽视农村地区和边远地区的发展，造成现代化发展极不平衡，这导致曼谷及周边地区达到较高的现代化发展水平的时候，广大农村地区和边缘地区还处于十分落后的水平。曼谷集中了较多的政治经济权力，攫取了其他地区的资源。② 如果只是从较短时期来看，在 20 世纪 70 年代，泰国的地区差异在缩小。③ 但随着泰国经济高速发展，地区之间的差异逐渐拉大。由于是效率优先导向的发展模式，其发展速度越快，不公平问题越突出。泰国著名专家翁帕功（Puey Ungphakorn）承认官方过度关注增长而对国民产值分配公平关注不够，"（我们曾经认为）如果我们过多关注公平，增长率就会降低，所以我们应把经济发展放在第一位，即使富者愈富，穷者愈穷。（只要经济增长了）穷人自然而然从中获益。不过，我们实行这样的政策已经 20—30 年，至今未获得成功（穷人未能从中获益）"④。学者们批评："泰国的发展违背了平等、经济民主、生态平衡及做人的体面尊严的价值观。"⑤

金融危机是泰国发展问题的总爆发。导致金融危机的原因很多，包括国际因素，但根源在于泰国政府宏观政策失调，而宏观政策失调

---

① Erik Martinez Kuhonta, *The Institutional Imperative*：*The Politics of Equitable Development in Southeast Asia*, C. A.：Stanford University Press, 2011, p. 151.

② John L. S. Girling, *Thailand*：*Society and Politics*, Ithaca：Cornell University Press, 1981, pp. 84 – 85.

③ Yukio Ikemoto, Kitti Limskul, "Income Inequality and Regional Disparity in Thailand, 1962 – 1981," *The Developing Economies*, Vol. 25, No. 3（1987）：249 – 269.

④ Puey Ungphakorn, *Glancing Back*, *Looking Forward*, Melbourne：Shepparton Press, 1977, p. 25, 转引自 John L. S. Girling, *Thailand*：*Society and Politics*, Ithaca：Cornell University Press 1981, p. 84。

⑤ Jonathan Rigg, *Southeast Asia*：*The Human Landscape of Modernization and Development*, New York：Routledge 1997, p. 23.

的根源在于急功近利的发展观和过度依赖外资的发展战略。当年世界银行的"东亚奇迹"[①] 高度赞扬东南亚的发展时，曾遭到其他一些学者的批评，认为这是一份政治文件而非经济文件，只是反映了世界银行高层的偏好：它强调经济的成功，忽略了社会、环境的失败。[②] 其中对东南亚增长经验的批评包括：增长的利益由社会特殊群体（利益集团）和特别地区获得，出现阶层分化、城乡差别，中心—边缘不平衡。一句话，不平等扩大。Parenwell 和 Arghros 指出，泰国是一个令人震惊的不平衡发展的例子。[③]

泰国国王普密蓬九世早在 1974 年 7 月 18 日一次讲话中就指出："如果只关注经济发展而不确保是否适合我们国家的条件，那将导致失衡，最终导致失败或危机。"

事后看来，这些批评真的是一针见血。可惜，当时人们都被暂时的经济繁荣冲昏了头脑，未能意识到危机正在悄然逼近。

在金融危机爆发前的泰国"七五计划"（1992—1996）意识到了发展不平衡问题的严重性，指出："尽管经济高速发展，但是增长方式存在结构性失衡，尤其是贫富与城乡地区差距、基础设施建设瓶颈、储蓄与投资缺口、自然资源与环境恶化等，都有可能成为长期发展的重要障碍。"可惜为时已晚，回天乏力。1997 年，金融危机首先在泰国爆发，导致泰国几十年的发展成果毁于一旦。从此，泰国陷入长期经济低迷和社会不稳定的发展困境。

三　对地区发展失衡的纠偏与改革："他信经济学"与"充足经济道路"

发展观和发展理念并非一成不变的，一国之发展观的形成受到以下因素影响：一是决策者个人价值观的影响；二是受到各政治势力博

---

① *The East Asian Miracle*：*Economic Growth and Public Policy*（A World Bank Policy Research Report），London：Oxford University Press，1993.

② Jonathan Rigg，*Southeast Asia*：*The Human Landscape of Modernization and Development*，New York：Routledge 1997，p. 10A.

③ Machael J. G. Parnwell ed.，*Uneven Development in Thailand*，England：Ashgate Publishing Ltd.，1996，pp. 1 – 27.

弈所形塑。这二者相互作用，形成了一个政府对发展的价值判断和期许。在威权政治模式下，决策者个人的价值观通常起决定性作用；在民主政治模式下，其他政治势力可以对决策者构成压力，从而迫使决策者采纳和接受一些与其个人价值观不完全吻合的发展理念，或者采取一些与其发展观不符的政策。1997 年之前的泰国政府精英优先考虑经济增长，而且优先考虑曼谷及周边地区的经济增长，导致地区发展严重失衡。1997 年金融危机之后，在自由民主政治环境下，泰国政府直接感受到了来自其他政治势力尤其是农民阶层的压力，开始重视地区失衡发展问题，并着手进行经济社会改革，出现了两种理想主义色彩浓厚但发展取向截然相反的改革理念：激进主义的他信经济道路和保守主义的充足经济道路。①

（一）激进主义——他信经济道路

他信经济道路是指他信担任泰国政府总理期间提出的经济发展战略与政策。2001 年 1 月 6 日，电信业巨头他信·西那瓦率领他所创建的泰爱泰党赢得议会选举，成为泰国第 33 任总理。他信上台后实行一系列激进的惠及草根阶层的政策，引发中产阶级和上层精英不满，社会出现严重分化。2006 年，他信政权被军人政变集团推翻。他信下台后，同属他信派系的其他政府领导人继续推行他信的经济政策。甚至有人认为，反他信派别的民主派阿披实政府实际上也在推行类似的政策。②

他信经济道路，又称"他信经济学"（thaksinomics），2004 年 8 月泰国政府发布了《直面挑战：经济政策和战略》的白皮书，全面系统阐述了他信经济理念与政策。

他信的经济政策要点如下：③

1. 实施一村一品（OTOP）计划。该计划旨在鼓励农村中小企业

---

① 周方冶：《20 世纪中后期以来泰国发展模式变革的进程、路径与前景》，《东南亚研究》2015 年第 5 期。

② 李峰：《他信经济学及其对后他信时代泰国经济政策的影响》，《南洋问题研究》2009 年第 4 期。

③ 同上。

和特色产品发展，提升农村产品价值。

2. 实施30铢普遍医保计划。该计划将占劳动力40%以上、不属正规部门就业、无医保的农民纳入医疗保障覆盖范围，在国立医院就诊一次的费用为30铢。

3. 实施基层信贷投入计划。建立村庄和社区循环基金、政府储蓄银行、中小企业发展银行等，增加对农民等低收入阶层低利率贷款。

4. 实施重大工程（mega projects）计划。该计划包括道路、桥梁、运河、城建、市内交通及素万纳普国际机场等基础设施项目。

5. 实施产业竞争力振兴计划。泰国宣布5个重点战略集群产业计划为：世界厨房（食品集群）、亚洲底特律（汽车集群）、亚洲热带时装（时尚集群）、世界图形设计和动画中心（软件集群）及亚洲旅游之都（旅游集群）。上述产业升级和集群发展项目旨在深化和扩大泰国竞争力，驱动泰国成为全球性和区域性产业枢纽。

"他信经济是双轨制战略，其第一轨道是东亚经济模式，即以制造业出口为导向的战略，第二轨道则通过对农村和农业部门的支持刺激国内需求。……总体来看，他信经济学是以增长为导向的战略。"①

（二）保守主义——充足经济道路

1. "充足经济"理论

1997年亚洲金融危机爆发后，普密蓬·阿杜德（Bhumibol Adulyadej）国王于同年12月的寿辰演说中首次提出"自给自足经济"（self-sufficiency economy）的概念，普密蓬指出，这种经济是与贸易经济（trade economy）相比较而言。他说：对我们来说，最重要的是有一种自给的经济（self-supporting economy），这种自给经济意味着足以维持生存。不是说每个家庭自己生产粮食和织布，而是说每个村庄或区应该可以相对自足（relative self-sufficiency）②。1998年12月，

---

① 李峰：《他信经济学及其对后他信时代泰国经济政策的影响》，《南洋问题研究》2009年第4期。

② "Royal Speech, on the Occasion of the Royal Birthday Anniversary", at Dusit Palace, December 4, 1997, http://www.amarin.co.th/royalspeech/speech97e.htm.

普密蓬国王在寿诞演说中进一步将"自给自足经济"完善和深化为
"充足经济"（sufficiency economy），其意义从经济层面扩展至生活层
面，从物质层面拓展至精神层面。他说，"倘若我们无论拥有多么少
仍然感到幸福，我们将少一些贪婪，少一些剥削别人；倘若我们的国
家不仅把这种观念视为经济理念，而且秉持中道、知足常乐，不走极
端，不贪婪，我们就可以幸福地生活"①。"充足经济"的概念指明了
复苏之路，这种发展道路将步向更有弹性的和更加平衡及可持续发
展，能够更好地应对全球化所带来的挑战和其他方面的挑战。② 此后
几年，国王以及王室、政府和专家学者对这个概念不断补充和完
善。③ 在 1999 年发表寿辰演讲时，国王明确指出："充足经济"（suf-
ficiency economy）一词不可能在任何教科书中找到它的定义，这丝毫
不奇怪，因为它是一种新理论，它是如此新而且富有创新性，不可能
在教科书中得到结论。然而经济专家和那些感兴趣的人可以使用它，
修正它，运用其原理致力于改善国家和世界的经济发展。④ 1999 年，
泰国国家经济与社会发展委员会（National Economic and Social Devel-
opment Board，NESDB）召集全国著名的专家，以普密蓬国王的理论
与实践为基础，构思"充足经济"的定义和理论框架。⑤ 2001 年，
国家经济与社会发展委员会（NESDB）与皇家资产局（Crown Proper-
ty Bureau）共同组建"充足经济工作组"（Sufficiency Economy Work-
ing Group，SEWG），负责对"充足经济"理论的体系建构和深入
研究。⑥

---

① Office of the National Economic and Social Development Board, *Sufficiency Economy Im-plications and Applications*, Sufficiency Economy Movement Sub-committee Office of the National E-conomic and Social Development Board, First Publication：September 2007, p. 1.

② "Sufficiency Economy," *ASEAN Economic Bulletin*, April 1, 2004.

③ Apichart Intravisit, "The Rhetoric of King Bhumibol's Sufficiency Economy：Rhetorical Analyses of Genre and Burke's Dramatism ofthe December 4th Speeches of 1997, 1998, 1999, and 2000", http：//www. bu. ac. th/Knowledgecenter/epaper/jan_ june2005/apichart. pdf.

④ Office of the National Economic and Social Development Board, *Sufficiency Economy Im-plications and Applictions*, Sufficiency Economy Movement Sub-committee Office of the National E-conomic and Social Development Board, First Publication：September 2007. p. 1.

⑤ "Sufficiency Economy," *ASEAN Economic Bulletin*, April 1, 2004.

⑥ Ibid. .

充足经济强调以中道（the middlepath）作为个人、家庭、社会和国家各层面的指导原则。充足"Sufficiency"意味着适度（moderation，不太多也不太少，自力更生，节俭）、理性（reasonableness，对任何行动的缘由及行动的后果做出充分评估）和自我防范的需要（self-immunity，有能力抵御来自内部和外部的挑战）。[①] 为了实现充足的目标，必须具备两个条件：一是审慎运用知识（包括信息和理论），尤其是在运用有关理论和方法论来制订发展计划和实行计划的时候，要极其小心谨慎。二是要加强道德建设，其中诚实和廉正至关重要。[②]

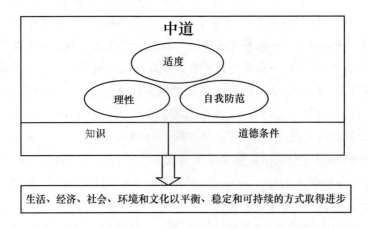

图 1-1 "充足经济"理论框架[③]

"充足经济"理论可以简化为五个基本点。

——清楚你自己在做什么（know what you are doing）

——诚实与坚持（be honest and persevere）

——行中道，避极端（take a middle path，avoid extremes）

---

① Office of the National Economic and Social Development Board, *Sufficiency Economy Implications and Applications*, Sufficiency Economy Movement Sub-committee Office of the National Economic and Social Development Board, First Publication：September 2007, p. 7.

② Ibid. , pp. 7 - 8.

③ Sufficiency Economy Unit Sufficiency unit, The Office of National Economic and Social Development Board, "The Philosophy of Sufficiency Economy," http：//www. eto. ku. ac. th/s-e/SEgroup2/Lacture/Philosophy_ of_ se. pdf.

——敏锐与洞察（be sensible and insightful）

——防范打击（build protection against shocks）

"充足经济"的理论特色体现在三方面：[①] 一是关注社会经济发展过程中的自我防范能力。"充足经济"理论提出的背景正是1997年发生的亚洲金融危机，因此防范全球化所带来的风险和其他发展过程中的风险便成为"充足经济"理论的主要着眼点；二是重视社会经济发展过程的伦理道德建设，这里的伦理不仅是人与人的伦理，而且包括人与自然的伦理；三是强调社会经济发展的中间道路原则，要求做到适度、理性，不走极端。

2. "充足经济"实践

泰国官方称，"'充足经济'并非一种经济，而是一种指南，可以运用于指导各阶层的生活和决策；'充足经济'有助于国家抵御各种冲击；'充足经济'并非反对全球化，而是在全球化过程中取得成功的一种手段"[②]。

泰国政府希望以"充足经济"理念指导人们的生活和工作，因此在全国开展群众性的"充足"宣传和动员运动，首先，是从不同层面、针对不同群体作出合乎"充足经济"理念的行为规范和指引；其次，以"充足经济"理论指导制订国家发展计划和政策措施；最后，在农村、学校和企业试行和推广"充足经济"实践。

（1）政府部门颁行"充足经济"行为规范和实践指引

泰国政府在组织学者完善"充足经济"理论的基础上，在全国发起了"充足经济"运动。下面设立一个专门机构——"充足经济"运动小组（Sufficiency Economy Movement Sub-committee），负责在全国推广"充足经济"理念并对各层面和各群体的"充足经济"实践活动作出规范指引。

根据指引，各层面各群体的"充足经济"实践的规范如下。

---

① 周方冶：《全球化进程中泰国的发展道路选择——"充足经济"哲学的理论、实践与借鉴》，《东南亚研究》2008年第6期。

② Sufficiency Economy Unit, The Office of National Economic and Social Development Board the Board, "The Philosophy of Sufficiency Economy", www. sufficiency. economy. org.

　　首先，从层面看，可以分为个人/家庭、社区/企业、国家三个层面。

　　就个人或家庭而言，当个人或家庭获得应付世界上急剧变化的经济社会、环境和文化的变迁所带来的各种挑战的基本知识和技能时，"充足经济"的实践就开始了。与此同时，每个人都必须认识到社会和谐及与自然界共存的重要性，而这就意味着道德、自律和审慎。如此，必将产生自我防范能力，能够适度和理性地生活，并可以帮助他人、利益社会。① 具体行为规范如下：专注当下（focus on present action）；每天尽力做到最好（try to do best everyday）；生活保持中道与知足（be moderate and enough in living）；专心致志地工作（concentrate and be conscious in working）；随时准备好应对可能发生的事情（be ready for action results, no matter what's going to happen）。②

　　就社区而言，一个"充足的社区"（Sufficient Community）由在一定程度上具备了自力更生能力的个人和家庭组成，他们的能力建立在他们所拥有的知识和道德力量的基础之上，他们互相合作，分享知识、技能和经验，开展社区活动，致力于社区的幸福、福祉和可持续的发展。社区活动立足于道德之上，诚实、耐心、毅力、慷慨、慈悲等美德将带来社会的和谐，并创造出防范变化影响的能力，最终，充足的社区能够创造与其他社区联系的网络。③ "充足社区"具有以下特征：粮食安全（have food security），与社会经济环境相适应的合适的生产系统（have appropriate production system, suiting to socioeconomic context）；与社区有牢固关系的家庭（have family with strong tie of relationship in community），稳定的社会经济条件（have stable socio-e-

　　① Office of the National Economic and Social Development Board, *Sufficiency Economy Implications and Applications*, Sufficiency Economy Movement Sub-committee Office of the National Economic and Social Development Board, First Publication : September 2007, pp. 13 – 14.

　　② Sufficiency Economy Unit, The office of National Economic and Social Development Board, "The philosophy of Sufficiency Economy," http: //www. sufficiencyeconomy. org.

　　③ Office of the National Economic and Social Development Board, *Sufficiency Economy Implications and Applications*, Sufficiency Economy Movement Sub-committee Office of the National Economic and Social Development Board, First Publication : September 2007, pp. 15 – 16.

conomic condition），社区提供基本要素与基础设施（have basic factors and infrastructure ready in the community），有着强大的合作与福利系统（have strong collaboration andwelfare system），拥有学习、智识管理和本土智慧应用程序（have learning, knowledge management and local wisdom application process），公平和可持续的资源配置（have fair and sustainable resource allocation）。①

就企业而言，一个符合"充足经济"原则的企业具有以下特征：由具有良好愿望的人们组成，致力于共同的利益，珍视爱与和谐，创造内外网络与强大的社区连接，坚持五项原则：诚实、奉献、有责任心、有同情心、可靠。而 Apichai Puntasern 博士则总结了九点可以帮助企业应对经济危机的"充足经济"的特质：使用适当的技术；有良好的管理技能；致力长远利益；产品多元化；尽量不负债或采用违法行为；充分利用原材料；首先回应本地市场，待稳定时再向地区和国际市场扩张；投入更多劳动力而非机器；把诚实作为优先考虑的价值。②

国家层面的"充足经济"的实践应建立在这样一个基础之上：大多数居民具备充足的生活条件，并且有条件为居民在生活中适当地运用知识和道德提供支持。此外，还要鼓励民众拓展视野，这样就可以在社会中实现和谐与团结。③

其次，从群体看，其适用对象分为农民、商人、政治家、官僚、教育工作者。

对于农民而言，"充足经济"的理念为他们提供了一个运用自己的智慧和技能，以与环境和谐共处的方式实现自力更生的机会。国王还鼓励他们通过合作与融合的方式发展与外界与商业的网络联系。

对于商人而言，"充足经济"的方式意味着他们追求长远的利益而非短期的结果，诚信经商，有社会责任感，平衡利益相关者如股

---

① Sufficiency Economy Unit, The Office of National Economic and Social Development Board, "The Philosophy of Sufficiency Economy", http：//www. sufficiencyeconomy. org.

② Ibid. .

③ Office of the National Economic and Social Development Board, *Sufficiency Econimy Implications and Applications*, Sufficiency Economy Movement Sub-committee Office of the National Economic and Social Development Board, First Publication：September 2007, pp. 17 – 18.

东、职员、合作伙伴和消费者的利益。

对于政治家而言，以"充足经济"理念为基础的行为可为他们树立领导和道德的榜样，另外，他们必须了解他们所代表的地区的民情，熟悉政治制度、法律和传统文化，以"充足经济"理念为基础的政策，法律不仅可以保持良好的风俗、社会价值、智慧和环境，而且可以遏制不利于可持续发展的不良行为。

对于政府官僚而言，他们应将"充足经济"的理念落实到个人生活中，认识到他们的社会责任，每个官员都应有道德意识，并要做好执行与"充足经济"有关的、强调平衡发展的政策措施，不应把自己的观点强加于民众，而应鼓励民众独立思考。

对于教育工作者而言，他们在学生面前应该成为"充足经济"生活的榜样，在课堂和学生活动中指导学生了解"充足经济"理念，要坚持诚实等道德信条。由于"知识"和"理性"在"充足经济"中占据重要地位，教育工作者在这两方面责任重大，地位重要。①

为配合"充足经济"运动的宣传，泰国政府还推举了一些个人、家庭、社区和企业作为样板，期待他们能够发挥示范效应和实际指引作用。②

（2）以"充足经济"理论为指导制订国家发展计划和政策

"充足经济"理念被运用于指导制订泰国国家发展计划。③ 第九个五年发展计划（2002—2006）④ 采用了"充足经济"作为主要指导

---

① Office of the National Economic and Social Development Board, *Sufficiency Econimy Implications and Applications*, Sufficiency Economy Movement Sub-committee Office of the National Economic and Social Development Board, First Publication：September 2007, pp. 19 – 31.

② Aree Naipinit, " Thongphon Promsaka Na Sakolnakorn & Patarapong Kroeksakul, Sufficiency Economy for Social and Environmental Sustainability：A Case Study of Four Villages in Rural Thailand," *Asian Social Science*, Vol. 10, No. 2（2014）：102 – 111.

③ 泰国历年发展计划请参见泰国国民经济与社会发展委员会网站：The Office of National Economic and Social Development Board, http：//www. nesdb. go. th/nesdb ＿ en/ main. php？ filename ＝ develop＿ issue。

④ The Office of National Economic and Social Development Board, "The Ninth National Economic and Social Development Plan," http：//www. nesdb. go. th/nesdb ＿ en/ewt ＿ dl ＿ link. php？ nid ＝ 3784.

原则，而第十个五年发展计划（2007—2011）① 则更加显著体现了"充足经济"的原则，提出要增加泰国经济和社会资本，管控风险，有效抵御外部不确定性，建设可持续的幸福社会。② 第十一个五年发展计划（2012—2016）③ 也体现了"充足经济"的理念。此外，"充足经济"还作为国家的基本国策，写入了 2007 年宪法第 83 节。

2007 年 3 月，泰国教育界专门组织研讨会，讨论如何把"充足经济"理论运用于学校教学实践。当年有 80 所学校参加试点计划，并计划于 2008—2009 年扩展到 800 所，2010—2011 年覆盖全国所有学校。

在具体的政策实践中，"新理论"（new theory）被视为"充足经济"理论在实践中运用的范例。④ "新理论"包括三个阶段的目标：第一阶段是家庭层面上的充足；第二阶段是社区层面上的充足；第三阶段是国家层面上的充足。"新理论"在农村发展中影响较大。以"充足经济"理论为指导的农村发展新理论倡导田园式的农业"自力更生"和对佛教信仰的精神追求，而不是城市化的工业建设和对物质消费的过度依赖。拉玛九世曾提出一项家庭"自给自足"计划：通过对 15 莱（2.4 公顷）土地的多元化耕种（3：3：3：1），以满足四口之家或五口之家的日常所需。其中，三成土地开挖池塘，用于养鱼蓄水；三成用于播种水稻；三成种植林木蔬果；一成留作宅基地及蓄养禽畜。该计划作为农业"新理论"（new theory）重要组成部分，被普遍认为是"充足经济"理念最具

---

① The Office of National Economic and Social Development Board, "The Tenth National Economic and Social Development Plan" (2002 - 2006), http：//www. nesdb. go. th/nesdb_ en/ ewt_ dl_ link. php? nid =3785.

② The Office of National Economic and Social Development Board, "Summary of the Eleventh National Economic and SocialDevelopment Plan" (2012 - 2016), http：// www. nesdb. go. th/nesdb_ en/ewt_ w3c/ewt_ dl_ link. php? nid =4165.

③ The Office of National Economic and Social Development Board, "the Ninth National Economic and Social Development Plan" (2012 - 2016), http：//www. nesdb. go. th/nesdb_ en/ ewt_ dl_ link. php? nid -3786.

④ Sufficiency Economy Unit, The Office of National Economic and Social Development Board, "The Philosophy of Sufficiency Economy", http：//www. sufficiencyeconomy. org.

代表性的行动阐释。①

（三）两种改革方案对地区发展失衡的效用

他信政府主导的激进主义改革方案与王室主导的保守主义"充足经济"纠偏模式都是在 1997 年金融危机发生之后提出来的，是对以往不可持续的发展模式的反思和应对。

这两种模式对泰国的地区不平衡发展产生了什么影响？要进行准确评价是困难的，因为这两种模式出发点虽然相同，即改变不可持续的发展模式，但方向各异——一个是发展导向，另一个是保守导向；而且二者实践的时间和范围存在交叉。如何判断哪种效果是哪种模式的作用？在此，先不作区别，只从整体上讨论在两种模式实施的时间里，泰国地区发展差异的变化。1996 年，曼谷地区人均产值约为东北地区的 11 倍，2006 年下降到 8 倍多，2013 年下降约为 5 倍（见表1-7）。

表1-7　　　　泰国各地区人均产值（基准年份 2002 年）　　　（单位：泰铢）

年份 地区	1996	2001	2006	2013
东北	21124	22575	36785	74532
北部	32569	33928	54220	98268
南部	55169	57180	95332	126178
东部	147681	169159	313089	430584
西部	53144	59487	90120	127294
中部	94188	107872	159972	239078
曼谷	242576	255812	306641	376463
全国	77835	85388	130398	193394

National Economic and Social Development Board, "Gross Regional and Provincial Product, Chain Volume Measures," April 2015, http://www.nesdb.go.th/nesdb_en/ewt_dl_link.php? nid=4317.

---

① Sufficiency Economy Unit, The Office of National Economic and Social Development Board, "The Philosophy of Sufficiency Economy", http://www.sufficiencyeconomy.org.

就经济增长率而言，2012 年，全国经济增长率最高的地区为东部，9.1%；其次是曼谷及周边区，8.3%；再次为北部，7.8%；紧接其后的是东北部，7.7%。人均收入方面，曼谷及周边地区的人均收入为东北地区的 4 倍多（见表 1－8）。

表 1－8　　2012—2013 年泰国各地区经济增长率与生产性收入　　（单位:%）

年份 地区	增长率		各地区收入占全国比例	
	2012 年	2013 年	2012 年	2013 年
东北部	7.7	3.0	10.5	10.9
北部	7.8	1.5	8.7	8.8
南部	1.8	1.2	9.2	8.6
东部	9.1	1.7	18.3	18.0
西部	2.2	-0.6	3.6	3.5
中部	6.4	2.9	5.8	5.8
曼谷及周边	8.3	4.1	43.9	44.3
全国	7.3	2.8	100.0	100.0

National Economic and Social Development Board, "Gross Regional and Provincial Product, Chain Volume Measures," April 2015, http://www.nesdb.go.th/nesdb_en/ewt_dl_link.php? nid = 4317.

泰国的贫困率虽然下降了，但大多数贫困人口仍然集中在农村，主要集中在东北部等比较贫困的地区。2013 年，泰国 730 万贫困人口中，80% 生活在农村。[①]

从表 1—8 数据看，泰国最富裕的曼谷地区和最穷困的东北地区的发展差距在缩小，但差距仍然比较大。这说明，泰国政府在金融危机后进行的经济政策和社会改革是有成效的，但由于历史欠账太多，也由于激进政策带来的社会动荡，泰国地区不平衡发展问题仍然是泰国政府要面对的挑战。

---

① "Thailand Became an Upper-middle Income Economy in 2011," http://www.worldbank.org/en/country/thailand/overview.

下面分别就两种改革方案对地区发展差异的影响进行具体分析。

1. 他信经济道路与地区发展差异

他信经济道路对泰国地区发展差异的影响主要体现在以下两方面。

一是唤醒国家和社会对地区发展失衡的关注。泰国地区发展差异与失衡是过去几十年现代化发展过程中形成的，是市场规律作用的结果，政府和社会的漠视加剧了问题的严重性。他信在初次竞选中提出的农村发展纲领，以及上台后的惠农政策，引起了社会对农村和落后地区发展的关注，无论赞成还是反对他信主张的泰国各种政治力量再也无法回避这些问题。尤其是在他信竞逐连任过程中，有关农村问题持续成为社会广泛关注的议题，他信的支持者主要来自农村和农民，特别是占全国人口 2/3 以上的东北部、北部和东部等地区，是他信稳固的根据地。2006年他信的支持者在支持其连任过程中与反他信势力反复展开大较量，来自全国各地的农民甚至开着农用车来到首都曼谷，组成"穷人大篷车队"，在大街上与反他信集会者唱对台戏，声援他信，支持他信连任。甚至他信的政治对手，为了争取选民的支持，也不得不把有关地区平衡发展问题列入政策议题。而且，泰国农村与东北落后地区发展问题不仅是泰国的政治议题，也引发国际社会的关注。

二是给农村和落后地区带来了一些实际利益。他信及其继任者均采取刺激经济发展和扶持农业经济的措施，这些措施对于缓解泰国城乡差别——地区差异起了一定作用。前面所提到的改革成效主要发生在他信及其亲信主政期间，由此判断，他信经济学比充足经济理论的实际作用更大。"通过金融财政转移政策降低贫困人口和城乡收入差距。他信政府增加农村资金投入、覆盖全体农民医疗保障等政策的实施，一定程度上改善了泰国农村经济的脆弱性，推动了农村生产力的解放，农村贫困人口显著下降，农业产值持续上升。"①

但是，这种政策过于激进，企图毕其功于一役，引发剧烈的社会

---

① 李峰：《他信经济学及其对后他信时代泰国经济政策的影响》，《南洋问题研究》2009 年第 4 期。

冲突。他信上台后采取激进手法弥补发展差异和社会不公平，这种政策损害了中产阶级的利益（增税补贴国库，补贴农村发展），导致中产阶级强烈不满。由于事关切身根本利益，因此，保守派与改革派双方在经济结构调整的存量改革议题上始终未能达成妥协，严重影响了经济发展与社会稳定，也不利于地区发展差异的真正解决。

2005 年 2 月 6 日，他信连任。精英阶层发起反他信政府的和平集会，因集会时身穿象征王权的黄色衣服而得名"黄衫军"；而从他信政策中受惠的农民针锋相对，穿上红色衣服举行集会支持他信政府，被命名为"红衫军"。

2006 年 9 月，保守的军人集团推翻他信政权，支持他信的激进改革派与保守派展开了长期的政治斗争，从国会到街头，对方互不相让。从此，泰国进入动荡的十年，至今无法平息。泰国从 2006—2014 年英拉政权被军人接管，一共换了六位总理；红衫军与黄衫军轮番上街集会，选票政治与街头政治并存。在他信派人士出任总理期间，黄衫军上街集会；而反他信派出任总理时，红衫军上街集会（见表 1 - 9）。

表 1 - 9　　　　　泰国社会冲突概况（2005—2014）

阶段	概况	结果
第一阶段 （2005.2——2006.9）	他信连选连任后，精英组织黄衫军上街抗争	军人推翻他信政府
第二阶段 （2006.9——2007.12）	红衫军上街抗争，反对军人接管政权	他信亲信沙马通过大选重掌政权
第三阶段 （2008 初—2008.12）	黄衫军文争武斗，包围总理府和国会、占领国际机场	亲他信的沙马和颂猜先后下台，阿披实上台
第四阶段 （2009—2011.8）	红衫军上街抗争，演变为暴力事件，冲击东盟峰会、在总理府前泼洒人血、焚烧首都世贸中心	2010 年 5 月 19 日泰国军警在发出最后通牒后实行暴力清场，造成严重伤亡；2011 年 7 月，亲他信的政党为泰党在国会选举中获胜，阿披实下台，他信的妹妹英拉上台

续表

阶段	概况	结果
第五阶段 （2011年8月—现在）	英拉上台后执政党为泰党议员提出了一项被称为"一揽子赦免"的特赦法案草案，提出特赦包括流亡海外的前总理他信在内的一批罪犯。反对派示威抗议不断	2014年5月7日，泰国宪法法院裁决英拉滥用职权罪名成立，解除其总理职务 2014年5月20日，泰国军方宣布在全国范围实施军事管制法；22日，军方宣布接管政权

资料来源：笔者根据媒体报道整理。

2001—2006年他信在位期间，泰国经济发展还不错。但2006年他信被军人推翻后，泰国经济增长不稳定（见表1－10）。除了国际金融危机的影响，国内的动荡也是主要的原因。2014年英拉被解除总理职务后，军人接管了政权。军人承诺会修改宪法，安排选举，产生新的政府。然而新政府却迟迟无法产生，由于泰国国内政治动乱旷日持久并愈演愈烈，看守政府无权实施推动经济的政策措施，政府预算支出受到限制，政府和民间投资、消费、旅游业、民生都受到严重

表1－10 　　　　　　　　　　泰国近年GDP增长率 　　　　　　（单位：%）

2001	2.29
2002	5.32
2003	7.14
2004	6.34
2005	4.60
2006	5.15
2007	4.93
2008	2.46
2009	－2.3
2010	7.8
2011	0.1
2012	6.5
2013	2.9
2014	2.3

资料来源：NESDB（National Economic and Social Development Board of Thailand）。

拖累而出现下滑，令泰国经济面临全面衰退风险。[①]

过去 20 年间，泰国先是遭受金融危机，经济严重倒退；他信时期经济好不容易稍有起色，但后来又遭遇严重的社会冲突，经济社会发展大受影响。"许多社会革命和民粹运动采取激进手段纠正不平等，但引发暴力冲突和低增长。"[②]

2."充足经济"道路与地区发展差异

"充足经济"理论倡导中道，特别强调在发展经济和全球化时代要保持中道，温和理性，不走极端，并强调道德的重要性。"充足经济"道路的影响更多体现在发展伦理道德层面。首先，它倡导降低物质欲望、践行中道的生活方式，可能有助于减轻弱势群体的焦虑情绪、增加贫困阶层的幸福感。泰国官方认为，正是这种"充足经济"理念使泰国在经历 1997 年金融危机之后，能够有效应对 2008 年全球经济危机，并且拥有高达 65%—67% 的绿色和幸福指数（the GHI，Green and Happiness Index）。[③] 其次，它为社会各阶层制定行为规范，唤起社会关心弱势群体，帮助弱势群体的责任，这对解决失衡发展的问题是有益的。

另外，"充足经济"道路也产生一定的实际效用，尤其是在农村地区。如前所述，"充足经济"新理论在农村发展中影响较大，以"充足经济"理论为指导的农村发展新理论倡导田园式的农业"自力更生"和对佛教信仰的精神追求，而不是城市化的工业建设和对物质消费的过度依赖，对推动农村经济发展具有积极意义。

"充足经济"的主张在泰国国内和国际上引起了一定的关注。联合国赞赏和支持这种理念，一些发展中国家也正在尝试这种理论。[④]

---

① 中华人民共和国驻泰王国大使馆经济商务参赞处：《2014 年泰国经济形势回顾与展望》，http：//th. mofcom. gov. cn/article/jmxw/201406/20140600639939. shtml。

② Erik Martinez Kuhonta, *The Institutional Imperative*: *The Politics of Equitable Development in Southeast Asia*, C. A. : Stanford University Press, 2011, p. 11.

③ The Office of National Economic and Social Development Board, " Summary of the Eleventh National Economic and Social Development Plan (2012 – 2016)," http：//www. nesdb. go. th/Portals/0/news/academic/Executive% 20Summary% 20of% 2011th% 20Plan. pdf.

④ The Government Public Relations Department, "Alternative Development：Sufficiency Economy," Nov. 10, 2004, http：//thailand. prd. go. th.

泰国的"充足经济"理念得到联合国有关机构的赞赏和支持，2007年1月，联合国发展计划署（UNDP）发表的《2007年泰国人文发展报告》（*Thail and Human Development Report* 2007：*Sufficiency Economy and Human Development*），赞赏泰国的中道发展模式，认为这是对付贫困和经济危机，增进社会责任感的关键。UNDP把"充足经济"视为帮助社区、企业和政府管理全球化——最大化其效益，最小化其代价的一系列工具和原则之一，其途径是以明智的决策促进可持续发展、平等和抗打击的能力。报告说"充足经济"是在世界经济不确定性和环境威胁之下迫切需要的生存战略。UNDP驻泰国代表Joana Merlin-Scholtes说："充足经济"原则适用于全世界，尤其是那些发展迅速的国家，它们正经历着和泰国一样的压力。①

总的来说，"充足经济是生活的根基，犹如房屋和建筑的桩基，它们使建筑物屹立不倒，但人们看不见它们"②。

不过，"充足经济"道路实际的经济效用远远比不上他信经济道路。原因有二。

一是"充足经济"倡导去全球化和自足的理想，严格来说不是一种发展导向的理念，或者说与当下的主流发展观实际存在一定的距离，不容易被人们接受，更多时候停留在道德说教的理想层面。

二是"充足经济"道路与他信经济道路这两种纠偏模式同时出现在泰国，而在实施至今的这段时期内，大部分时间是他信势力在主导政府工作。因此，两者之间的较量在所难免。虽然从他信首次出任总理时签发的"九五计划"（2002—2006）开始，"充足经济道路"就一直被泰国"五年计划"视为国家社会经济发展的指导原则，并于2007年被"反他信"阵营明确写入泰国宪法。但在政策层面，由于他信派系始终掌握政府决策的主导权，因此无论是对内改革，还是对外开放，

① United Nations Development Program（UNDP），*Thailand Human Development Report 2007：Sufficiency Economy and Human Development*，Bangkok：UNDP，2007.

② Ibid.，p. 4.

都在很大程度上贯彻了"他信经济道路"①。这导致"充足经济"靠边站，或者说只处于非主流的地位。在泰国金融危机发生之后制订的第八个五年计划（1997—2001），泰国的中心议题不是经济目标，而是人文发展（human development），然而一个参与起草计划的学者说，作为一份历史文件，这个计划抓住了当前关切的问题，这是好的。但是，如果国家经济与社会发展委员会有权实施这些计划，泰国也不至于沦落到今天这步田地。泰国国家经济与社会发展委员会的主任 Witis Rachatatanun 也承认，计划中的许多内容很难得到政府执行。②

第三节　发展观与越南地区发展差异问题

一　越南地区发展差异缘起

越南在地理上通常被划分为南方、北方和中部三个地区，其中越南北方地区以河内为中心，长期作为越南的政治和文化中心，周边山区经济相对落后；中部地区以岘港和顺化为中心，也曾是历史上某些朝代的首都和文化中心，但周边中部高原地区和沿海地区在全国处于落后的地位；南部地区以胡志明市为中心，经济最为发达。

越南各地区之间的发展差异，可以从自然因素、历史因素等方面去理解。

首先是自然环境的影响。越南位于中南半岛东部，北面与中国广西、云南接壤，西面与老挝、柬埔寨交界，东部濒临北部湾和南中国海，南部濒临泰国湾（暹罗湾），总面积329556平方公里。越南国土地形狭长，拥有长达3260公里的海岸线，整个版图呈现"S"形状，最宽处600公里，最窄处只有48公里。全国3/4面积为山地和高原，地势西高东低，主要河流包括北部的红河和南部的湄公河。人们往往用"一根扁担挑起两个箩筐"来形容越南的版图："一根扁

---

①　周方冶：《全球化进程中泰国的发展道路选择——"充足经济"哲学的理论、实践与借鉴》，《东南亚研究》2008年第6期。

②　Jonathan Rigg, *Southeast Asia: The Human Landscape of Modernization and Development*, New York: Routledge, 1997, p. 91.

担"是指纵贯越南中部的长山山脉，"两个箩筐"分别指的是南部的湄公河三角洲和北部的红河三角洲，这两个三角洲土地肥沃，盛产大米，又被誉为越南的"粮仓"。

越南地处北回归线以南，属热带季风气候，高温多雨，年平均气温24℃左右，年平均降雨量为1500—2000毫米。北方分春、夏、秋、冬四季。南方雨旱两季分明，大部分地区5—10月为雨季，11月至次年4月为旱季。由于地形狭长，纬度跨度大，南北气候和自然地理条件不同。

各地不同的自然环境导致生产条件差异，进而导致了经济社会发展水平的差异。

北部主要由山区和红河三角洲组成，山区通常是少数民族聚居区域，自然环境不利于经济发展，经济比较落后，首都河内和红河三角洲相对富庶。

中部地区包括高原地带和沿海地带，台风、水灾等自然灾害频发，对于靠天吃饭的农民和渔民来说影响很大，其经济发展水平长期处于最落后的状态。

南部地处湄公河三角洲，这里是平原地带，水土肥沃，适宜水稻生长，而且港口密布，交通便利，历史上商业贸易发达，是越南最富庶的地区。

其次是历史因素的影响。从16世纪初起至18世纪末，越南长期处于南北分裂状态，南北不同的家族势力连年混战，越南陷入沉重的危机之中，国势亦由盛转衰。长达200多年的南北分裂对后来的地区发展差异产生了影响。1802年阮朝统一全国，但不久越南就沦为法国的殖民地。法国统治期间实行"分而治之"的殖民统治政策，把越南划分北圻、中圻和南圻三部分，把南圻列为"交趾支那殖民地"，由法国实行直接统治，首府为西贡；把北圻列为"东京保护地"，由越南王国"让予"法国管理，首府河内；中圻列为"安南保护国"，为法国"保护"下的王国，首府顺化。法国殖民者的分而治之之政策亦导致越南各地区之间出现经济社会差异。南部地区由法国殖民者直接经营，经济相对发达；北部地区亦受到殖民统治影响，而中部保留较多传统因素。

第二次世界大战后，尤其是 1954 年《日内瓦协议》签订后，越南又经历了长达 20 年的分裂，南方和北方经济社会差异加剧。1945年，胡志明领导的越南共产党在北方建立了越南民主共和国政权，定都河内；而南方则在法国人支持的保大控制之下，以西贡为行政中心。经过抗法战争（第一次印支战争）的较量，1954 年，南北双方签订了《日内瓦协议》，双方同意以北纬 17 度为停火线（分界线），暂时把越南分为南北两部分，待 1956 年举行全国大选，选出统一的政府后实现越南的统一。但后来由于美国的介入，越南战争爆发，南北分治，直到 1976 年，越南南北方实现统一，越南民主共和国更名为"越南社会主义共和国"。

二第二次世界大战后 20 多年的南北分治，与越南历史上几次南北分治时期相比，其时间不算长，但是对地区发展差异影响最大。因为在这 20 多年的南北分治期间，北部实行社会主义制度，南部实行资本主义制度，双方彼此对立，断绝往来。而且，北部和中部长期处于战争状态，经济社会发展受到严重阻碍和破坏，与南部经济发展出现较大的差异。

越南南方解放时，南北经济发展的差异主要表现为两个方面，一是经济制度的差异，二是经济结构与发展水平的差异。[1]

经济制度的差异主要由当时的历史背景所决定。从 1945 年至 1975 年，越南北方政权处于胡志明为首的越南劳动党领导之下。1953 年 10 月，越南劳动党召开了五中全会和第一次全国代表大会，做出了实行土地改革的决定。接着又召开了国会第三次会议，通过《农田土地改革法》，在解放区实行土地改革。经过土改，在北方解放区 1000 多万人口中，有 830 多万农民分到了 80 多万公顷土地，基本上实现了"耕者有其田"[2]。1958 年起，越南北方开展农业合作化运动，在农村建立合作社；对工商业资本亦进行了改造。至 1960 年，越南民主共和国宣布完成了社会主义改造，建立起社会主义公有制的

---

[1]　参阅黄云静《全国统一后越南政府消除南北发展差异的措施及其效果》，《南洋问题研究》2010 年第 1 期。

[2]　文庄：《中越关系两千年》，社会科学文献出版社 2013 年版，第 110 页。

生产关系，85％的农户加入了合作社，100％的工业资本和98％的商业资本得到了改造。[①] 至1975年，北部的社会总产值中，社会主义经济成分占了88.4％；在当年的国民总收入中，社会主义经济成分占了81.1％；而在工、农业总产值中，社会主义经济成分所占比重分别为95.5％、97.1％。[②] 在建立起生产资料公有制后，北部实行中央计划经济管理体制，统产统销。

而在南部，1975年解放时，存在多种经济成分，在城市，有小商业和官僚资本主义、民族资本主义等各种资本主义经济成分；在农村，既有封建土地大地主所有制，也有小农经济。成立于1960年、在越南共产党领导下的越南南方民族解放阵线，在抗美战争期间不断扩大其占领区，为了争取农民的支持，把从大地主那里没收的土地分给农民。而美国扶持的西贡伪政权为了争取农民的支持，亦开展"耕者有其田"的土地改革，在维持地主既得利益的前提下，由政府出钱赎买地主的一部分土地无偿分给农民。因此，在1975年南方解放时，南部农民有产者并不少见。整体来说，南部处于资本主义经济制度之下，私有制度占主导地位。

南部和北部在经济结构与发展水平同样存在巨大差距。在北部，由于长期处于战争环境，经济发展大受影响。一方面，在战争时期，基础设施遭受破坏，无法提供经济发展所需要的基本条件。例如，由于经常遭到轰炸，无法正常生产。另一方面，在战争时期，经济发展必须服从战争的需要，政府因此倡导自给自足的经济发展政策。因此，有限的生产和发展都是围绕战争而展开。北部偏重军事工业和重工业的发展，无法兼顾民用轻工业的发展。至1975年，北部的重工业有所发展，而轻工业规模小，且生产水平低；而且农业生产水平也很落后，机械化程度低，基本处于自然经济发展阶段。商业发展亦由于战争环境、制度等因素而大受影响。基础设施遭到破坏，集中包级制度持续时间过长，等等，都影响了北部商业经济发展。在南部，经

---

① 越南中央党史研究委员会编：《越南劳动党的四十五年活动》，越南外文出版社1976年版，第65页。

② 越南统计总局编：《1930—1980年越南经济文化》，1980年，第135页。

过美国人 20 年的经营，大量的美援，包括进口商品和外国资本投资，促进了南部资本主义工商业及农业的发展，经济发展水平普遍高于北部，商品经济比较发达。从工业来看，1975 年，越南北部有 1357 家，南部有 17.5 万家。南部农业机械化水平较高，农业生产水平也比较高，1975 年拥有农用机械 17 万台。[①] 南部的工商业比较发达，尤其是轻工业，几乎占整个工业部门产值的 90%。[②] 南部商业比较繁荣，从农村的集市到城市的超级市场、商业区，商业网点遍布城乡。特别是西贡，在南部解放前已经成为大规模的商业中心，在南部商业活动中居支配地位。此外，南部的金融业也较发达，已形成包括中央银行、商业银行、投资发展银行的银行系统，业务管理水平也达到国际标准。[③]

综上所述，在越南南部解放时，南北部无论在经济制度还是在经济结构和发展水平上，都存在着较大的差异。

革新开放后，由于实行市场化经济体制改革，越南经济发展受到市场规律的影响，各地区经济水平差距一度拉大。以平等参数为例，改革开放前，越南各地区的平等程度相差不算大（见表 1-11），但在革新开放后，地区的平等差异迅速扩大（见表 1-12）。

1970 年，越南南部和北部及中部三个地区的发展差异（平等参数）见表 1-11。

表 1-11　1970 年越南各地区发展差异（平等参数）（1 = 平等）[④]

北部山区和高原	0.9
红河三角洲	1.1
中部沿海地区	0.8

① ［越］陶文集主编：《越南经济 45 年（1945—1990）》，许志生等译，广西人民出版社 1992 年版，第 68—73 页。

② 同上书，第 73 页。

③ ［越］武文莲：《1954—1975 年越南南方资本主义的发展》，胡志明市出版社 1996 年版，第 193 页。

④ Melanie Beresford, Bruce McFarlane, "Regional Inequality and Regionalism in Vietnam and China," *Journal of Contemporary Asia*, Vol. 25, No. 1 (1995): 50 - 72.

革新开放后，到了 1988 年，越南地区发展差异在原有基础上增大。

表 1 - 12　　　　　1988 年越南地区发展差异（1 = 平等）①

北部山区和高原	0.6
红河三角洲	1.4
中部沿海地区	0.8

二　当代越南的发展观与改革理念

（一）发展观：公平导向

越南政府从革新开放开始就非常重视均衡发展问题，秉持均衡发展理念，让民众共享发展成果。越南共产党的意识形态、传统公田制度和村社文化，是这种均衡发展理念的重要基础。越南历史上长期存在村社制度，而公田制是村社制度的基础。每村社都有自己的公田，这种公田在形式上归村社所有，是村社成员的共同财富。公田制为村社成员提供了基本的生存保障，也培养了村民互助互惠的观念，互惠的生存道德根植于越南传统生存文化和传统政治文化。"互惠义务是一条典型的道德原则……既适用于地位相同的主体之间的关系，也适用于地位不同的主体之间的关系。"② 村社制度一直存在至 1945 年越南民主共和国建立。互助互惠观念已经渗透进越南人的深层意识，成为传统价值观念的内核。

在村社制度终结之后，基于共产主义意识形态而建立的越南共产党成为执政党，在越南北部建立起社会主义制度。共产主义的意识形态就是要建立公正平等的社会制度，共产党作为代表工人和农民为主的劳动人民利益的政党，其政策纲领就是在社会主义建设中，让劳动人民过上富足、幸福的生活。以胡志明为代表的越南共产党把共产主

---

① Melanie Beresford, Bruce McFarlane, "Regional Inequality and Regionalism in Vietnam and China," *Journal of Contemporary Asia*, Vol. 25, No. 1 (1995)：50 - 72.

② James C. Scott, *The Moral Economy of the Peasant: Rebellion and Subsistence in Southeast Asia*, New Haven：Yale University Press, 1977, p. 168.

义意识形态与越南传统的村社共享理念相结合，形成了越南特色的社会主义的发展方向。"独立、自由、幸福"成为越南国家的座右铭。胡志明认为社会主义就是"使人民生活更幸福、吃饱、穿暖，可以上学，生病时有医药"①。他又说，社会主义的目的，"简而言之就是不断提高人民，首先是劳动人民的物质、精神生活"②。而从赢得政权开始，胡主席说："我只有五个希冀，一个最大的希冀，就是怎样使我国完全独立，我们的人民完全自由，同胞都有饭吃，有衣穿，可以学习。"③ 总而言之，"社会主义就是怎样达到民富国强"④。"我们的政府是人民的政府，它的唯一目的是努力为人民的利益而服务。"⑤ 1945 年越南民主共和国成立时，越南国父胡志明将贫困称作越南需要优先解决的迫切任务。他将外敌入侵、贫困和愚昧一同称为威胁越南的三大"敌人"，他强调要使越南人民吃得饱、穿得暖。他说："从中央政府到地方政府的责任是使穷人有饭吃，吃得饱的人宽裕起来，富裕的人更加富裕。"⑥ 1992 年，越南重新修订的宪法，正式把胡志明思想纳入其中，明确胡志明思想为越南共产党的指导思想。"越南共产党是越南工人阶级的先锋队，是工人阶级、劳动人民和全民族利益的忠诚代表，坚持马克思主义、列宁主义和胡志明思想，是领导国家和社会的领导力量。"⑦

村社公田共产制度与社会主义制度有着共同的理念——公平、共享，这影响越南现代化发展取向，使共产党政府能够坚持富民、共享、均衡发展的理念，体现在处理地区发展差异问题上，越南共产党和政府虽然实施不平衡发展战略，但只是把它作为实现平衡发展的目

---

① 《胡志明全集》第 10 卷，国家政治出版社 1996 年版，第 500 页。
② 《胡志明全集》第 12 卷，国家政治出版社 1996 年版，第 500 页。
③ 《胡志明主席：民族解放英雄和大文化家》，越南社会科学出版社 1995 年版，第 22 页。
④ 《胡志明全集》第 8 卷，国家政治出版社 1996 年版，第 226 页。
⑤ 《胡志明全集》第 7 卷，国家政治出版社 1996 年版，第 361 页。
⑥ 《胡志明全集》第 5 卷，国家政治出版社 1995 年版，第 65 页。
⑦ 《越南社会主义共和国宪法（1992 年）》，越南国家政治出版社 1992 年版，第 14 页。

标，确保越南在发展过程中不出现过大的地区差异和贫富差距。

（二）改革理念：冒进·激进—温和·渐进

越南的发展与改革几乎是共同进步的，发展为了实现公平，而改革是为了更好地实现发展和公平。

为了实现地区平衡发展，在全国统一之后，越南政府曾经采取激进的改革措施，试图消除地区之间的差异。当时的主要措施是制度的统一，改革南部的经济社会制度，进行社会主义改造，并在全国推行统一的发展计划。但这种激进的社会变革导致经济严重衰退，加上其他因素的影响，激进改革遭遇了重大挫折。

1975 年越南南部解放后，越南政府面临着南北社会制度和经济发展的差异问题。如何处理这些问题？越南共产党起初还比较谨慎，设想采取渐进方式来解决。1975 年 11 月，越共领导人长征在一份报告中指出："要逐步消除两个地区的经济和社会差异，南方的私人资本主义经济的商业活动必须符合国家利益；要逐步把私人资本主义工商业、农业、手工业及小商业按社会主义路线进行改造，建立起国家、集体管理或公私合营的经济部门。"① 可惜，这种渐进统一的指导思想很快被抛弃，越共做出了快速实现南北经济统一的决策。越共第一书记黎笋在全国统一后召开的越南共产党"四大"上所作的政治报告中提出，"把生产关系革命同科学技术革命与思想和文化革命结合起来，与重新组织全国的生产和流通过程紧密结合起来，使南部走上社会主义大生产，使南北部的经济早日统一"②。越共"四大"提出要在 1976—1980 年五年内基本完成社会主义改造，并将北部的一套经济模式原封不动地搬到南部。全国统一后，越南共产党和政府陆续颁布关于对南部经济进行社会主义改造的一系列指示和政策。1976 年举行的第六届国会做出决议，提出要"立即废除资本主义商业"，并对"私营资本主义企业进行社会主义改造"。激进改革思想导致激进的改革措施，越共在南部全面

① ［越］《越南信使报》1975 年 12 月。
② 《越共"四大"政治工作报告》，《越南共产党文件全集（第 37 集）》（1976 年），越南国家政治出版社 2004 年版。

推行社会主义改造，在农村，没收地主的土地，建立集体所有制；在城市实行国有化。与此同时，用计划经济、官僚包给的管理体制取代了以前的市场调节机制。

与社会主义改造运动相配合，越南政府在全国各边远地区设立"新经济区"，把大批被剥夺了生产资料的南部工商业主及其他失业人员送往新经济区，政府称这是为了合理利用自然资源与人力资源，使经济布局更加合理，但实际上这方面的工作并非根据南北经济结构的优势与劣势而进行合理的协调或调整。

激进的改革措施、僵化的计划经济体制严重妨碍了经济的发展，加上全国统一后其他方面政策的失误，越南国民经济被推向崩溃的边缘。越南全国统一后，除了在南部进行激进的集体化、国有化社会主义改造，还实行排华政策，入侵柬埔寨。由于侵柬、在老挝长期驻军、在中越边境与中国对峙，越南军费开支占财政预算的50%，国民经济发展受阻，1976年全国统一后实施的第二个五年计划（1976—1980）没能完成，[①] 1986年通货膨胀达700%，处于崩溃的边缘。

在这种情形下，越南共产党对过去的激进变革进行了反省，在1986年召开的越南共产党第六次全国代表大会作出了全面革新开放的决定，越南仍然"设定社会主义目标，但坚持走温和的路线……"[②] 越南共产党对本国国情进行重新定位，定位为社会主义过渡时期，制定了灵活务实的发展战略。越共"六大"指出，越南仍处在向社会主义过渡的初期阶段。这就为制定革新开放政策提供了广阔的空间。越南提出经济改革的目标是建立社会主义定向的市场经济。所谓社会主义定向的市场经济是在国家的管理之下的，以法律、战略、规划政策来管理经济，实行市场机制，运用各种经济手段和市场经济的管理办法来促进生产，把自由市场经济与政府干预相结合，解放生产力，发挥市场机制积极的一面，限制和克服其消极的一面，

---

① 郭明等：《越南经济》，广西人民出版社1986年版，第83页。

② Erik Martinez Kuhonta, *The Institutional Imperative*: *The Politics of Equitable Development in Southeast Asia*, C. A.: Stanford University Press, 2011, p. 218.

保护劳动者和全体人民的利益，采取渐进式改革，以经济建设为中心，逐渐抛弃旧的体制、建立新的体制。

三 公平导向发展观与渐进改革理念对越南地区发展差异的影响

公平导向的发展观和温和渐进的改革理念有助于指导越南采取务实的平衡地区差异的发展战略，渐进式推进各地区实现均衡发展。

1991 年越共"七大"第一次提出"民富、国强"的战略目标，明确发展的主要目标和动力是为了人民，来自人民，经济—社会战略应将人置于中心位置；进而提出经济发展要与社会进步相统一，要使经济增长与社会公平相结合。可见，越南从革新开放初期即关注发展与公平问题。

此后，随着革新开放的深入，地区发展差异一度扩大，越南政府持续保持对该问题的关注和干预。《越南可持续发展战略（2011—2020）》[①] 提出要优先发展重点经济区的领导能力，同时支持弱势地区以创造平衡，逐步缩小各地区社会经济差距。正是这种及时和持续的关注，使地区发展差异问题一直成为政府工作的重点，令越南实现地区相对平衡发展成为可能。

越南政府平衡地区发展差异的战略包括两方面：一是助优势地区成引擎；二是扶弱势地区谋发展。前面提到，缪尔达尔认为在处理地区发展差异问题上，政府的干预十分必要，他提出在经济发展初期，政府应当优先发展条件较好的地区，以寻求较好的投资效率和较快的经济增长速度，通过扩散效应带动其他地区的发展；而当经济发展到一定水平时，也要防止累积循环因果造成贫富差距的无限扩大，政府必须制定一系列特殊政策来刺激落后地区的发展，以缩小经济差距。[②] 实践经验表明，缪尔达尔的观点比那些只强调市场调节的观点

---

① "Viet Nam Sustainable Development Strategy for 2011 - 2020," http：//www. chinhphu. vn/portal/page/portal/English/strategies/strategiesdetails? categoryId = 30&articleId = 10050825.

② 何雄浪、李国平：《国外区域经济差异理论的发展及其评析》，《学术论坛》2004 年第 1 期。

更有价值，更有利于可持续的发展。但他提出的助优与扶贫存在时间上的顺序，这可能会导致失控现象。而越南政府的战略是助优与扶贫同步推进，有利于控制地区发展差异的扩大。因此，对地区发展差异问题的持续关注，使越南政府长期把平衡地区发展差异作为工作的重点。

（一）助优势地区成为全国经济社会发展引擎：重点经济区战略

如前所述，地区经济社会发展差异早在1976年越南实现南北统一后就引起了越南政府的高度重视，并第一次尝试消除这些差异。但由于指导思想上的失误，只重视经济制度的统一，忽视了对经济布局结构的全面调整和提高落后地区的经济发展水平，结果制度统一了，而经济发展却陷于停滞状态，地区差异依然存在。

革新开放后，越南政府面对地区发展差异，秉持平衡发展的价值取向，通过不平衡发展手段促使强者更强，弱者跟上，最终实现均衡发展。而重点经济区（Key Economic Region，缩写为KER）战略是其中最主要的手段。重点经济区战略是把几个基础设施较好、经济较为发达的地区确定为经济发展的重点区域，对它们集中投资，发展这些地区的经济。

越南政府设立重点经济区主要是基于以下的考虑。①

第一，为了更充分、更集中、更有效地利用有限的资源。越南实行革新开放以来，经济获得了较快的发展。然而，由于原来整个国家基础太薄弱，而人力（主要指技术人员）及财力有限，若摊子铺得太大，必然影响发展速度。因此，越南政府考虑集中运用有限的资源来保持经济的快速发展。

第二，为了更充分发挥各地优势和有利条件。越南政府最初选择选取三个地区（后增加为四个地区）为重点经济发展区，主要是从工业发展战略来考虑。这三个地区的优势及潜力对于越南工业发展至关重要。越南经济社会发展的中长期目标是实现工业化和现代化。各

---

① 越南中央政府：《越南重点经济区概述》，越南政府网站：http://www.chinhphu. vn/portal/page/portal/chinhphu/noidungvungkinhtetrongdiemquocgia? articleId = 1000072。

重点经济区的发展重点是工业。越南政府设想通过在这些重点区域建立工业园，利用当地的优势，鼓励国内外资金实行密集式投资，推动越南工业生产的快速发展，进而促进越南经济的起飞。

南部重点经济区的优势在于基础设施较好。胡志明市是全国第一大城市，是越南的经济中心，这里的轻工业及商业比较发达。头顿是石油及天然气产区，石油业较发达。政府决定在南部 KER 重点发展能源工业及轻工业。

北部重点经济区的优势在于河内是越南的首都，又是全国的教育文化中心，这里高校、科研机构云集，人才济济，科技队伍力量较强；海防是越南的主要海港，北部第一大港，造船业比较发达；广宁地区是越南煤矿的主要集中地。此外，这个地区还拥有丰富的旅游资源，如下龙湾、葛布岛和涂山海滩。还有一点很重要，这里邻近中国，越南希望这里特别是海防、广宁成为发展与华南经济关系的根据地。总的来说，北部重点经济区的自然资源及劳动力资源丰富且熟练工人、技术队伍优于全国，以及作为全国重工业的集中地、邻近中国等因素，是政府把这里作为北部经济发展关键地区的主要依据。为了发挥该地区的优势，北部重点经济区重点发展高科技产业、煤矿开采及火力发电、造船业及港口运输业等。

中部重点经济区的优势在于海岸线长达 700 公里，有许多海湾及河口湾，适宜发展成大海港。其中岘港为越南著名的天然良港，其地理位置十分重要。美国占领时期曾着力建设该港口，故这里的基础设施较好。越南政府在中部设立重点经济区，主要计划发展炼油业及与深水港有关的重工业。

第三，为了缩小地区之间的差距。重点经济区正式成立于 1997年、1998年，这时的越南革新开放已经超过十年，各地区发展不平衡有所扩大，影响越南经济全面起飞。越南政府采取重点经济区域发展战略，希望从重点区域向外围地区辐射，带动周边地区的发展，从而实现区域平衡发展。

1986年越共"六大"提出革新开放，1991年越共"七大"就明确提出"把国民经济发展与缩小地区之间发展差距结合起来"的指导思想，并提出因地制宜，发挥各地优势，促进经济合理发展。而重点经济区的发展战略正是形成于"七大"。[①] 在 1996 年召开的越共"八大"上进一步提出要在充分发挥各地区潜力、优势的基础上，为各地区的发展创造条件；要加强地区间的交流，使各地区都有明显的进步。"八大"明确提出："各重点地区经济发展要与其他地区的发展相结合，创造条件，使各地区都发展起来。发挥各地的优势，避免各地区之间的增长速度出现大的差距"[②]，"最重要的问题是特别注意地区平衡发展。近期内，为了促进快速的经济发展，要加强那些基础较好的地区的发展，即目前所确定的三个重点区"，"对未来工业生产的地理分布问题我们应有清楚的目标并作为重点……以便逐渐减少地区差异"[③]。

以平衡地区发展差异为出发点，越南政府制定了重点经济区发展战略。

越南的重点经济区发展战略分为三个发展阶段。

第一阶段（1997—2002）：起步阶段。根据 1997 年和 1998 年政府颁布的几项决定（số 747/1997/QĐ-TTg，1018/1997/QĐ-TTg và Quyết định số 44/1998/QĐ-TTg）以及《至 2010 年 3 个国家重点经济区总体经济规划》（*Về Quy hoạch tổng thể phát triển kinh tế- xã hội ba vùng kinh tế trọng điểm quốc gia đến năm2010*），批准建立三个国家重点经济区，包括北部、中部和南部重点经济区，13 个省和城市纳入其中。

北部重点经济区于 1997 年根据政府第 747 号决定而成立[④]（số 747/TTg ngày11/9/1997），包括河内、海防、广宁、兴安、海阳，总

---

①　The Economist Intelligence Unit, "Country Profile：Vietnam", *The Economist*, 1995 – 1996, p. 18.

②　《越共"八大"政治报告》（*Báo cáo Chính trị của Ban Chấp hành Trung ương Đảng khóa VII tại Đại hội đại biểu toàn quốc lần thứ VIII của Đảng*），http：//dangcongsan. vn/tu-lieu-van-kien/van-kien-dang/van-kien-dai-hoi/khoa-viii/doc-292420154134156. html。

③　［越］范广涵："工业重组与工业化战略"，《越南经济社会发展》1996 年第 7 期。第 10 页。

④　《越南政府1997 年第 747 号决定》（*Quyết định số 747/1997/QĐ-TTg của Chính phủ*），http：//thuvienphapluat. vn/van-ban/Dau-tu/Quyet-dinh-747-1997-QD-TTg-phe-duyet-Quy-hoach-tong-the-phat-trien-kinh-te-xa-hoi-vung-kinh-te-trong-diem-Bac-bo-1996-2010-40947. aspx。

面积 10912 平方公里（占全国 3.31%）。2002 年人口为 850 万人
（占全国 10.7%）。①

中部重点经济区于 1997 年根据政府第 1018 号决定②（số 1018/
1997/QĐ-TTg）成立，包括岘港市、承天—顺化、广南、广义省。区
域面积 27879 平方公里，占全国面积的 8.47%，人口约 600 万人，
占全国人口的 7.49%。③

南部重点经济区根据 1998 年政府第 44 号决定（số 44/1998/QĐ-
TTg）决定成立，包括胡志明市、同奈、平阳和巴地—头顿省，2002
年该区域占地面积 12661 平方公里，占全国的 3.8%，人口约 920 万
人，占全国的 11.6%。④

表 1 – 13   1997 年和 1998 年纳入三个重点经济区的省和城市⑤

北部重点经济区	
1	河内
2	兴安
3	海防
4	广宁
5	海阳
中部重点经济区	
1	承天—顺化

---

① 越南计划投资部：《各重点经济区介绍》（*Giới thiệu chung về các vùng kinh tế trọng
điểm*），http：//www. mpi. gov. vn/Pages/gtvungkttd. aspx。

② 《越南政府 1997 年第 1018 号决定》（*Quyết định số 1018/1997/QĐ-TTg của Chính
phủ: V việc phê duyệt Quy hoạch tổng thể phát triển kinh tế-xã hội vùng kinh tế trọng điểm Min
Trung giai đoạn từ nay đến năm 2010*），http：//www. chinhphu. vn/portal/page/portal/chinh-
phu/hethongvanban? class_ id = 1&_ page = 544&mode = detail&document_ id = 149838。

③ 越南计划投资部：《各重点经济区介绍》（*Giới thiệu chung về các vùng kinh tế trọng
điểm*），http：//www. mpi. gov. vn/Pages/gtvungkttd. aspx。

④ 同上。

⑤ 越南中央政府：《越南重点经济区概述》（*Tổng quan về quá trình hình thành các vùng
kinh tế trọng điểm*），http：//www. chinhphu. vn/portal/page/portal/chinhphu/noidungvungkinh-
tetrongdiemquocgia? articleId = 1000072。

续表

中部重点经济区	
2	岘港
3	广南
4	广义
南部重点经济区	
1	胡志明市
2	平阳
3	巴地—头顿
4	同奈

总数：13

　　第二阶段（2003—2009）：拓展重点经济区范围。2004 年，越南中央政府办公厅颁布一系列决定（số 145，146，148/2004/QĐ-TTg），提出重点经济区未来发展经济构想（ Về phương hương chủ yếu phát ển kinh tế-xã hội vùng kinh tế trọng điểm đến năm 2010 và tầm nhìn năm 2020），这一系列的决定拓展了各重点经济区范围。

　　北部重点经济区各省会议于 2003 年 7 月 14—15 日召开，越南中央政府办公厅第 108 号文（ 108/TB-VPCP ngày 30/7/2003）宣布北部重点经济区增加三个省：河西、北宁、永福。后来国会又提出建设大河内计划，把河西省并入大河内市。拓展后北部重点经济区的总面积为 15277 平方公里，占全国总面积的 4.64%，人口（2002 年的统计数据）为 1303.5 万人，占全国总人口的 16.35%。2008 年十二届国会第三次会议通过《关于调整河内及有关省的行政区域的决议》（số 15/2008/QH12），从 2008 年 8 月 1 日起，河西省全部土地和人口合并入河内市，北部重点经济区包括七省市：河内、海防、广宁、海阳、兴安、永福、北宁。中部重点经济区原有范围包括岘港市、承天—顺化、广南、广义省，后来增加平定省。拓展范围后的总面积为 27976.7 km^2，占全国总面积的 8.4%，人口（ 2002）为 600 万人，占全国总人口的 7.49%。2003 年 6 月 20—21 日，在南部重点经济区各省会议上，越南政府决定拓展各重点经济区。根据越南中央政府办公厅 99 号文（số 99/TB-VPCP ngày 02/7/2003），南部经济区增加 3 个省：西宁、平福、隆安。拓展后南部重点经济区总面积为 23994.2 平方公里，占全国总面积的 7.3%，人口（2002 年的统计数据）为 1230 万人，占全国人口的 15.4%。2007 年 10 月 10 日，越南中央政府办公厅颁布 159 号决定（số 159/2007/QĐ-TTg），南部重点经济区进一步扩展，除原有省市，增加前江省。拓展后的南部重点经济区面积为 30585.8 平方公里，人口 1720 万人。①

表 1 – 14 扩大后的重点经济区范围②

北部重点经济区	
1	河内
2	兴安
3	海防
4	广宁
5	海阳
6	河西（后来并入大河内）
7	北宁
8	永福
中部重点经济区	
1	承天—顺化
2	岘港
3	广南
4	广义
5	平定
南部重点经济区	
1	胡志明市
2	平阳

① 越南中央政府：《越南重点经济区概述》（*Tổng quan về quá trình hình thành các vùng kinh tế trọng điểm*），http：//www. chinhphu. vn/portal/page/portal/chinhphu/noidungvungkinh tetrongdiemquocgia? articleId = 1000072。

② 同上。

续表

南部重点经济区	
3	巴地—头顿
4	同奈
5	西宁
6	平福
7	隆安
8	前江

总数：21

　　第三阶段（2009年至今）：增加新的重点经济区。在第一次扩张的基础上，越南的重点经济区战略在2009年进行了新的扩张，这次的扩张与上次不同，不是对现有重点经济区范围的拓展，而是增加一个新的重点经济区。根据越南中央政府2009年第492号（quyết định số 492/QĐ-TTg ngày 16/04/2009）决定，九龙江三角洲重点经济区成立，该重点经济区包括四个省份：芹苴、安江、坚江、金瓯，总面积16618.4平方公里，人口约620万人，人口密度375人/平方公里，城市化率为33.6%（全国为29.6%）。[①]

　　越南的九龙江平原是湄公河平原中一块辽阔肥沃的土地，包括13个省、市，占地面积4万多平方公里。九龙江平原地区是越南最大的稻米产地，并拥有众多名胜风景。

表1-15　　　　　　至2009年纳入重点经济区的省市[②]

北部重点经济区	
1	河内（河西省并入其中）

---

① 越南计划投资部：《各重点经济区介绍》（*Giới thiệu chung về các vùng kinh tế trọng điểm*），http：//www. mpi. gov. vn/Pages/gtvungkttd. aspx。

② 越南中央政府：《越南重点经济区概述》（*Tổng quan về quá trình hình thành các vùng kinh tế trọng điểm*），http：//www. chinhphu. vn/portal/page/portal/chinhphu/noidungvungkinh tetrongdiemquocgia? articleId = 1000072。

续表

北部重点经济区	
2	兴安
3	海防
4	广宁
5	海阳
6	北宁
7	永福
中部重点经济区	
1	承天—顺化
2	岘港
3	广南
4	广义
5	平定
南部重点经济区	
1	胡志明市
2	平阳
3	巴地—头顿
4	同奈
5	西宁
6	平福
7	隆安
8	前江
九龙江重点经济区	
1	芹苴
2	安江
3	坚江
4	金鸥

总数：24

上述四大重点经济区均有着巨大的发展潜力，每个区域均有重要的交通枢纽，沟通国内外联系。例如，河内内排国际机场、胡志明市国际机场；重要的贸易海港有海防港、岘港、巴地—头顿港等；还有著名的历史名胜如会安古镇、下龙湾等世界文化遗产；另有诸多自然旅游景观，可以开发旅游业。①

各重点经济区发挥各自优势，促进经济发展，尤其是邻近各省经济发展。

（二）扶弱势地区谋发展：对落后地区的政策扶持

越南政府"不仅大力促进重点经济区发展，同时创造条件促进困难地区经济发展"②。主要政策措施是在税收和财政拨款方面向弱势地区倾斜。

首先是税收共享与倾斜。越南在税制改革中逐步形成中央固定税、地方固定税和共享税。其中，共享税由中央和地方共享。"中央和省级政府的共享税收入包括增值税（除对进口商品征收的增值税）、其他公司所得税、高收入者所得税、对国内商品和服务课征的消费税、汽油费收入。1998 年越南调整了地方政府的税收分配权，其中，将原两项共享税——农业土地使用税和自然资源使用税（除石油资源税外）完全分配给地方政府。同时，为提高地方政府开拓新税源的积极性，中央政府将更多的税收权和支出责任下放给了地方政府。除了上述两个税种，地方政府还从中央政府手中获得了对国内商品和服务征收消费税的权利，如酒馆、卡拉 OK 、按摩、高尔夫等娱乐场所。"③

越南共享税的分配方式比较灵活，实行倾斜政策，分配比例根据各地的财政支出规模与财政收入能力而定，财力状况较好的省份获得的共享税比例相对较小，而财力状况较差的省则能够得到较多的共享税。按各省的支出需要与收入能力套入公式后计算确定具体分配方案，该比例一经确定将稳定地保持至少三年。2003 年，越南最穷的 56

---

① 越南计划投资部：《各重点经济区介绍》（*Giới thiệu chung về các vùng kinh tế trọng điểm*），http：//www.mpi.gov.vn/Pages/gtvungkttd.aspx。

② 越南中央政府：《越南重点经济区概述》（*Tổng quan về quá trình hình thành các vùng kinh tế trọng điểm*），http：//www.chinhphu.vn/portal/page/portal/chinhphu/noidungvungkinh tetrongdiemquocgia？articleId = 1000072。

③ "转轨时期中越财政比较"课题组：《越南财政分权改革研究》，《广西财经学院学报》2007 年第 5 期。

个省（91.8%）取得了100%的共享税。[①]

其次是给落后地区提供财政贴补。越南中央政府每年都向少数民族聚居的山区各省提供占其财政总支出一半以上的财政补贴，帮助这些地区改善交通、电力和通信等基础设施，兴建和改善灌溉系统，发展山区经济。

除了政府财政支持之外，越南政府还引导更多的民间和外国投资流向贫困落后地区。据越南计划投资部外国投资局报道，进入21世纪以后，越南直接投资越来越明显地呈现出向北部倾斜的趋势。例如2004年头三个月，越南北部河内、太原、广宁和永富等四个省市吸引外资占全国合同外资总额的60%，而南部重点经济区（含胡志明市、同奈省、平阳省）仅占26.3%。外国投资趋北上的情况表明，经多年改革发展，越南北部基础建设和投资环境有了较大改善，特别是以河内为中心的环首都重点经济区已初步形成。

（三）其他战略举措

1. 海洋经济（区、带、圈）发展战略

除了重点经济区的设置，越南还特别就海洋经济发展制定区域发展战略，这是由于海洋经济在越南现代化中占据越来越重要的地位。2007年，越南颁布《海洋发展战略》，提出建设海洋强国的目标。围绕着海洋经济发展，越南政府又建立以促进海洋经济发展为核心的经济区、经济带、经济圈，利用各区域优势，配合国家重点经济区战略，推动越南各地区经济点、线、面的经济发展。

（1）沿海经济特区

越南政府学习中国建设经济特区的经验，并在国内经济革新和发展的实践中进行了借鉴和运用，特别在发展海洋经济方面更是如此。

2008年9月23日，越南政府批准了《2020年越南沿海经济区发展规划》（以下简称《规划》）。[②] 根据《规划》，越南将在沿海地区

---

① "转轨时期中越财政比较"课题组：《越南财政分权改革研究》，《广西财经学院学报》2007年第5期。

② 《2013—2015年集中投资5个经济区》，［EB/OL］．［2014－03－12］．http：//baodientu. chinhphu. vn/Home/5-nhom-KKT-ven-bien-duoc-tap-trung-dau-tu-tu-20132015/20128/146459. vgp。

建设 15 个沿海经济发展区，包括广宁省的云屯（Vân Đồn）、海防市的亭宇—吉海（Đình Vũ- Cát hội）、清化省的宜山（Nghi Sơn）、义安省的东南（Đông Nam）、河静省的永昂（Vũng Áng）、广平省的罗岛（Hòn La）、承天—顺化省的云足—凌姑（Chân Mây - Lăng Cô）、广南省的茱莱（Chu Lai）①、广义省的榕桔（Dung Quất）、平定省的仁会（Nhơn Hội）、富安省的南富安（Nam Phú Yên）、庆和省的云峰（Vân Phong）、坚江省的富国（Phú Quốc）、茶荣省的定安（Định An）和金瓯省的南根（Năm Căn）。由于资金有限，越南政府决定从上述 15 个计划中的沿海经济区选取部分进行优先投资和重点发展。2009 年 10 月 26 日，越南政府颁布了《中央关于投资沿海经济区基础设施发展的预算互助机制》（126/2009/QĐ-TTg）的决定②，计划在上述 15 个沿海经济特区投资 1 亿 2400 万美元，优先和重点投资其中 5 个经济特区，即把其中 65% 的预算用于以下 5 个经济特区：它们是中部广南省的者莱经济特区、清化省宜山经济特区、河静省永昂经济特区、北部海防市廷宇经济特区、南部坚江省富国岛经济特区等 5 个经济特区。

越南政府希望到 2020 年，上述经济区经济总量占到全国经济总量的 15%—20%，创造 130 万—150 万个就业机会。而越南沿海经济特区规划的最终目标，是实现 15 个海岸经济区的都市化、港口化、工业集中区和海事服务中心。

（2）中部地区沿海经济带

越南政府计划通过整合中部沿海省份经济发展，形成中部海洋经济带。2008 年 5 月，越南政府批准《中部沿海地带经济社会发展总体规划》。为此，2006—2010 年需投资 411 万亿越盾（约合 256.88

---

① 茱莱（Chu Lai）经济特区是越南政府设立的第一个沿海经济特区，于 2003 年建立。

② 《越南政府第 126 号决定（số：126/2009/QĐ-TTg）》，（颁布《中央关于投资沿海经济区基础设施发展的预算互助机制》），[EB/OL]．[2014 - 04 - 15]．http：//www2.chinhphu. vn/portal/page/portal/chinhphu/hethongvanban? class_ id = 1＆_ page = 178&mode = detail&document_ id = 91265。

亿美元），2011—2015 年投资 608 万亿越盾（约合 380 亿美元），2016—2020 年 1314 万亿越盾（约合 821.25 亿美元）。这些资金将主要用于海洋经济发展和沿海地区基础设施建设，包括建设隧道、国际中转口岸等，形成全长为 1314 公里的交通运输线。预计该规划的实施将使中部沿海地区发展成为中部乃至全国的重要经济区，2020 年GDP 增幅达到约 13 个百分点。①

为了落实中部地区沿海经济带的规划，2011 年 7 月 15 日，越南中部沿海 7 个省（承天—顺化、岘港、广南、广治、平定、富安、庆和省）的领导人签署了合作备忘录，中部 7 个省的地区发展基金会正式问世。时任政府部长、政府办公厅主任的阮春福（Nguyễn Xuân Phúc）称，中部沿海 7 个省携手合作发展是融入时代的必要性趋势，对将来发展有着突破性的意义。阮春福认为，上述的 7 个省市的优势就是海洋经济，因此应加强对海洋发展潜力的研究、展开全面合作并大力发展基础设施如机场和海港系统，特别要重视海岛旅游业的发展。此外，在发展旅游业应考虑充分发挥中部文化的优势。②

（3）南北海湾经济圈

越南政府规划中的两个经济圈是北部湾经济圈和暹罗湾经济圈。

2009 年 2 月，越南政府颁布第 18 号文件决定（18/2009/QD-TTg），批准《至 2020 年暹罗湾越南海域及沿海发展规划》（以下称简《规划》）。《规划》的目标是推动暹罗湾越南管辖范围的海域及沿海地区的经济发展，使之成为富有活力的经济区域。同时加强和促进越南西南海域和沿海地区与其他沿海地区的联系，自北向南形成从芒街（Móng Cái）到河仙（Hà Tiên）的沿海经济圈。具体包括以下内容：一是建设暹罗湾沿海经济走廊，连接金瓯（Cà Mau）省南根（Năm Căn）市、建江省迪石市（Rạch Giá）以及河仙市；二是建设

---

① 《越南政府第 61 号决定（số：61/2008/QĐ-TTg）》，批准《中部沿海地带经济社会发展总体规划》，［EB/OL］．［2014 – 02 – 07］．http：//thuvienphapluat. vn/archive/Quyet-dinh/Quyet-dinh-61-2008-QD-TTg-phe-duyet-Quy-hoach-tong-the-phat-trien-kinh-te-xa-hoi-Dai-ven-bien-mien-Trung-Viet-Nam-den-nam-2020-vb65831t17. aspx。

② 公柄：《越南中部 7 个省推动合作发展》，［EB/OL］．［2014 – 03 – 24］．http：//dantri. com. vn/xa-hoi/7-tinh-thanh-mien-trung-lien-ket-cung-phat-trien-499366. htm。

沿海交通干线，贯穿越南、泰国和柬埔寨三国；三是致力发展该区域
优势产业，例如工业、水产、旅游和海上服务等；四是把富国岛
（Phú Quốc）建设成综合性的海洋经济区。[①]

为落实上述《规划》，越南政府将在其辖下暹罗湾沿海地区集
中发展其优势行业，在轻工业方面着重发展电子和家用电器业，在
水产领域主要发展水产品加工业，在海洋运输领域着力加强区域内
重要港口码头的建设和升级工作。在贸易领域，将兴建多个贸易中
心，并与有关口岸的建设和服务管理相结合，致力促进对外贸易的
发展。

也是在同一年，即 2009 年 3 月，越南政府颁布第 34 号文件决
定，批准《越南至 2020 年北部湾沿海经济圈发展规划》（以下简称
《发展规划》）。《发展规划》中的北部湾沿海经济圈包括海防市和广
宁省，自然地理面积 7419 平方公里，人口接近 290 万。《发展规划》
的目标是将这一地区发展成为富有活力的经济区，使之与越中"两
廊一圈"中的两个经济走廊[②]以及中国南部沿海发达地区对接，促进
越南与中国的经济合作，进而扩大和促进东盟与中国的合作。预计至
2020 年，北部湾沿海经济圈人均年收入将达到 3500—4000 美元，该
区域经济发展对全国 GDP 的贡献率将达到 6.5%—6.7%。《发展规
划》的内容包括：大力发展交通运输业，建成芒街—下龙—海防—
宁平沿海交通干线；计划建设广宁—海防—宁平高速公路，连接北部
湾沿海经济圈与越南南部，并实现与全国高速公路网以及中国南部沿
海高速公路的对接。另外，在北部湾经济圈内加快发展一些重点经济

---

① 《越南政府第 18 号决定（số：18/2009/QĐ-TTg）》，批准《至 2020 年暹罗湾越南海
域及沿海发展规划》，[EB/OL]．[2014 – 02 – 16]．http：//www. chinhphu. vn/portal/
page/portal/chinhphu/noidungquyhoachvung? docid = 699&substract = &strutsAction = ViewDe-
tailAction. do。

② "两廊一圈"是中国和越南两国在中国—东盟自由贸易区框架下的次区域经济合
作，包括建设两个经济走廊和一个经济圈，即"昆明—老街—河内—海防—广宁""南
宁—谅山—河内—海防—广宁"经济走廊和环北部湾经济圈。该项目的合作始于 2004 年。

区和工业区，以使之形成一个富有活力的经济圈。①

（4）海岛经济发展规划

2010 年 4 月，越南政府批准了《至 2020 年越南岛屿经济发展规划》（以下简称《规划》）。该《规划》的目的是发展海洋及岛屿经济，将岛屿建设成为保卫国家主权和海洋权益的稳固防守线。按照《规划》，政府将优先投资发展富国（Phú Quốc）、云屯（Vân Đồn）、昆仑岛（Côn Đảo）、富贵（Phú Quy）、李山（Lý Sơn）、姑苏—青林岛群（Cụm đảo Cô Tô -Thanh Lân）、吉婆—吉海（Cụm đảoCát Bà-Cát hội）岛群等。预计总投资额将达 162.8 万亿越盾，其中，2010—2015 年需投资 51.8 万亿越盾。②

值得关注的是，该规划针对越南一些重要岛屿的自然地理特点和优势，对其发展方向作出特别筹划：一是对经济较为发达的岛屿，比如富国岛、云屯岛群、昆仑岛群，重点发展经济贸易和旅游业；二是对经济地位与国防地位并重的岛屿，如富贵岛、李山岛、姑苏—青林岛群、吉婆—吉海岛群，则把海洋经济发展与国防基地建设相结合；三是对一些国防地位特别突出的岛屿或群岛，例如白龙尾岛（Bạch Long Vỹ）、长沙群岛（Trương Sa，即我国的南沙群岛）的一些岛屿如西礁（Đá Tây）等，则优先考虑加强国防建设，然后再考虑发展海洋经济。③

2. 制度保障

为了更好地配合地区发展战略，越南政府重视提供制度上的保障。

首先，根据经济社会发展需要适时调整行政区划制度。1975 年越南全国统一时将原先南北部 70 个省（直辖市）合并，调整为 35 个省和

---

① 《越南政府第 34 号决定（số: 34/2009/QĐ-TTg）》，批准《越南至 2020 年北部湾沿海经济圈发展规划》，［EB/OL］.［2014 - 04 - 12］. http：//haiphonginfo. vn/vPortal/4/51/360/1418/Quy-hoach/Quy-hoach-phat-trien-Vanh-dai-kinh-te-ven-bien-Vinh-Bac-Bo-den-nam-2020. aspx。

② 《越南政府第 568 号决定（số: 568/2003/QĐ-TTg）》，批准《至 2020 年越南岛屿经济发展规划》，http：//www. chinhphu. vn/portal/page/portal/chinhphu/noidungquyhoachnganh? docid = 673&substract = &strutsAction = ViewDetailAction. do。

③ 同上。

3个直辖市；1989年全国划分为40个省3个直辖市和1个特区；1991
年一年内，全国行政区划先是增加到49个，后又增加到53个；1996
年11月6日，越南第九届国会第十次会议通过决议，越南行政区划增
加到61个。这次行政区划调整新增加了8个省市，这8个新增的省市
中有6个是在中北部，2个在南部。越南这次对行政区域的调整可能出
于多方面的考虑，但经济因素在其中起主导作用。其中最令人瞩目的
是把岘港单独划分出来，成为中央直辖市，因为岘港原来与广南合在
一起，很难发挥其优势。岘港在美国占领时期就得到发展，解放后也
得到国家重视和投资，基础设施较好。但岘港周围是落后的农村，经
济发展长期停滞，甚至新分出来的广南省的省委书记梅叔麟也认为，
广南的工商业发展根本不值一提，因为解放二十年来国家的投资建设
主要集中在岘港。① 在广南，甚至还有一些少数民族尚未定耕定居。现
在把较发达的城市部分和落后的农村划分开来，可以充分发挥各自的
优势，更好地促进当地经济发展。因为岘港口基础设施好，可以集中
精力发展第二、第三产业，岘港发展了，还可以带动周围地区的发展。
而广南资源丰富，可以因地制宜发展地方经济。正如广南党委书记所
说的那样，广南离开岘港后变成一个地地道道的穷省，但广南当地资
源丰富，亦有其优势；而且平原、中游、山区可以发展种植业、养殖
业、林业；有100公里的海岸线，可发展沿海经济；靠近岘港、榕桔
工业区，使广南有可能建设工业区，发展各种加工业。此外，广南旅
游资源丰富。广南省的领导决心利用自身的优势来加快经济发展的步
伐。② 2003年第十一届国会四次会议通过决议，再次进行行政区域调
整，将原芹苴省分为芹苴市（中央直辖市）和后江省，将原莱州省分
为奠边省和莱州省，将原多乐省分为多乐省和多农省。这样越南政府
共有58个省，5个直辖市。芹苴列为中央直辖市，反映了越南政府对
该区域的高度重视。"此时在越南自北向南狭长的国土上形成中央直辖
市'2＋1＋2'的合理布局。"③ 行政区域的调整有助于更好地贯彻实

① ［越］《今日越南与东南亚》1997年7月第11期。
② 同上。
③ 周定国：《30年来越南行政区划的嬗变》，《中国测绘》2006年9月。

施重点经济区域发展战略。越南的出口加工区多集中在这些直辖市，以增强南北中各大重点经济区的实力，有利于更多地吸引外资。

其次，设立专门的重点经济区管理机构，加强对重点经济区有关工作的管理。2004 年 2 月 18 日，政府颁布了关于成立各重点经济区中央协调机构的第 20 号文件决定（ số 20/2004/QĐ-TTg）包括：各重点经济区发展调配指导委员会（Ban Chỉ đạo điu phối phát triển các vùng kinh t trọng điểm gọi tắt là Ban Chỉ đạo）以及各部、各行业、各地方重点经济区调配小组。通过这些机构，越南政府实现了对重点经济区的有效管理，定期评估，及时调整。

四 越南地区发展战略的成效与影响

多数国家采用地区不平衡发展战略解决地区发展差异问题，但在实施地区不平衡发展战略的初期阶段，地区发展差异可能进一步扩大，如果掌控得当，经过一定阶段的发展后可以实现地区之间相对均衡的发展；反之，则可能加剧失衡的状况。越南属于前者，即一度出现地区发展差异扩大，但总体发展趋势趋于相对平衡。

由于越南的行政区域经常调整，越南统计局对全国的经济社会数据分区也随之发生变化，大体来说有以下几种划分类型。

三个地区：

1. 北部地区

2. 中部地区

3. 南部地区

六个地区：

1. 北部高原

2. 红河三角洲

3. 中北部沿海地区

4. 中南部沿海地区

5. 中部高原

6. 湄公河三角洲

八个地区：

1. 东北地区

2. 西北地区

3. 红河三角洲地区

4. 中北部沿海地区

5. 中南部沿海地区

6. 中部高原地区

7. 东南地区

8. 湄公河三角洲地区

以下分析中引用的数据可能涉及上述三种分区，无论何种分区，都可以从不同侧面反映越南地区发展差异及其变化。

（一）重点经济区域发挥了引擎和火车头的作用

"党和国家设立各重点经济区是为了给国内其他地区提供动力，带动其他地区发展。"① 重点经济区域作为引擎和火车头的作用主要体现在两方面：一是辐射范围不断扩大；二是各重点经济区经济增长领先全国其他地区，带动全国经济发展。

1. 重点经济区的辐射作用

重点经济区的辐射作用体现在很多方面，最显著的体现就是重点经济区范围不断拓展。如前所述，全国重点经济区由最初的 3 个增加到 4 个，而最早成立的 3 个重点经济区的范围都不同程度进行了拓展，北部重点经济区由最初包括首都河内在内的 5 个省市扩大到后来的 7 个省市。2009 年，北部重点经济区面积为 15594 平方公里（占全国总面积 4.7%），人口 1458.9 万人（占全国人口的 16.3%）。中部重点经济区由原来的 4 个省市增加到 5 个。至 2009 年，中部重点经济区面积为 27976.7 平方公里，占全国面积的 8.4%，人口 610 万人，是全国人口的 7.1%。城市人口占 33.1%，（全国为 29.6%）。南部重点经济区由原来的 4 个省市拓展到 8 个省市。到 2009 年，南部重点经济区包含 8 个省市，总面积约为 30585.8 平方公里，人口约

---

① 越南计划投资部：《各重点经济区介绍》（*Giới thiệu chung về các vùng kinh tế trọng điểm*），http：//www. mpi. gov. vn/Pages/gtvungkttd. aspx。

1720 万人，人口密度 563 人/平方公里，城市化率为 49.6%。加上
2009 年新增的九龙江重点经济区，目前，越南全国共有 4 个重点经
济区，包含 24 个省和直辖市。重点经济区面积超过 90000 平方公里
（占全国总面积的 27.4%）（2009 年的数据），总人口约 4390 万人
（占全国人口的 51%），人口密度是 483 人/平方公里（全国为 260 人
/平方公里），城市化水平达到 40.2%（全国为 29.6%）。①

　　重点经济区范围的扩大并非纯粹的行政行为，而是随着各重点经
济区经济快速发展而做出的调整。这个可以从调整的周期及调整后的
经济社会数据反映出来。各重点经济区调整周期为 4—5 年，而调整
后各经济区的发展指标持续领先全国其他地区，并不因拓展了而拉低
其增长水平，说明重点经济区已经发挥了辐射作用。

表 1 - 16　　　　　　　各重点经济区范围的拓展

地区	北部		中部		南部		九龙江重点经济区	其他	
年份	1996	2009	1996	2009	1996	2009	2009	1996	2009
占全国面积之百分比（%）	2.5	4.7	6.7	8.4	3.0	9.3	5.0	87.8	72.6
占全国人口之百分比（%）	6.5	16.3	5.3	7.1	9.5	20.4	7.2	78.7	49

　　资料来源：越南国家统计局。

　　2. 各重点经济区经济增长迅速，带动全国经济社会发展
　　各重点经济区设立后，由于其原有的优势，加上政策的鼓励，吸
引了大量外来投资，1988—2009 年，各重点经济区所属省市吸引外
资项目 11342 个（占全国的 90.2%），注册资金为 149 亿美元（占全

---

　　① 越南计划投资部：《各重点经济区介绍》（*Giới thiệu chung về các vùng kinh tế trọng
điểm*），http：//www. mpi. gov. vn/Pages/gtvungkttd. aspx。

国的 76.7%）。其中 2009 年吸引外资项目 1088 个，（占全国的 90.1%），注册资金 20.1 亿美元（占全国的 87.2%）。① 各重点经济区内经济社会发展得到有效的促进。

表 1-17　　　　　　1996 年各重点经济区所属省市外资分布

地区	北部	中部	南部	其他地区
占外来投资总额之百分比（%）	27.0	4.1	49.0	19.9

资料来源：越南国家统计局。

表 1-18　　　外来投资地区分布（截至 2014 年 12 月 31 日生效的项目）

地区	投资项目（个）	注册金额（百万美元）
红河三角洲	5290	63350.5
北部内陆与山区	518	11742.0
北—中部沿海地区	1086	51215.3
中部高原	148	819.8
东南部	9692	110528.8
湄公河三角洲	979	12189.1
油气	55	2870.3
合计	17768	252715.8

数据来源：Vietnam Statistical handbook 2014，Statistical publisher，2015，pp. 116-119。

表 1-19　　　　　　2014 年各省批准的投资项目

	项目数（个）	注册资金（百万美元）
红河三角洲	757	6989.6
北部内陆与山区	76	3738.4
北—中部沿海地区	114	2276.2
中部高原	11	34.0
东南部	738	7790.0
湄公河三角洲	142	991.8
油气	5	101.7
合计	1843	21921.7

数据来源：Vietnam Statistical handbook 2014，Statistical publisher，2015，pp. 125-129。

---

① 越南计划投资部：《各重点经济区介绍》（*Giới thiệu chung về các vùng kinh tế trọng điểm*），http://www.mpi.gov.vn/Pages/gtvungkttd.aspx。

第一，各重点经济区经济增长速度高于全国其他地区。1996—2002 年，北部重点经济区经济增长速度达到 8.8%（是全国增速 7% 的 1.26 倍）。① 南部重点经济区在 1996—2000 年经济增长速度达到约 8.68%，2001—2002 年，达到 9%。2002 年，南部重点经济区人均国内生产总值为全国水平的 2.8 倍（1880 万比 670 万）。② 2006—2009 年，四大重点经济区每年经济增速为 11.4%（全国经济增长速度为 7.1%）。其中北部重点经济区为 11.2%，中部重点经济区为 11.3%，南部重点经济区为 11.4%，九龙江三角洲重点经济区为 11.7%。③

第二，各重点经济区内各产业成为全国产业的龙头，经济结构日趋合理化。各重点经济区已经形成强大的工业基础，成为国家的代表。形成相对集中的产业工人队伍，技术水平高于其他地区。2009 年，各重点经济区约有 155300 家企业，600 万工人，创造工业产值 550600 亿盾（占全国工业产值的 79%），贡献国家出口价值的 91.4%，进口额的 94.4%，并占有全国零售市场的 71.6%。四大重点经济区农林水产业产值超过 100000 亿盾，其中农业占 69.8%，水产占 28.3%，林业占 1.9%。2009 年，四大重点经济区零售总额超过 869400 亿盾，占全国的 76.1%。④ 至 2002 年，北部重点经济区成立了 11 个工业区（占全国的 15%）；总面积 1704 公顷（占全国 11.3%），各工业区收入约 2 亿美元（占全国总额的 13%）。吸纳劳动力 15300 人（占全国的 5%）。农村经济发展迅速，尤其是手工专业村蓬勃发展，区域内共有 400 个手工专业村，占全国的 1/3。至 2002 年，区域内有 15 万家企业，占全国的 23%。其中外资投资企业占全国总数的 15.8%。1991—2002 年，劳动力在

---

① 越南中央政府：《北部重点经济区》（*Vùng kinh tế trọng điểm Bắc Bộ*），http：// chinhphu. vn/portal/page/portal/chinhphu/vungkinhtetrongdiemquocgia？ categoryId = 873。

② 越南中央政府：《南部重点经济区》（*Vùng kinh tế trọng điểm Nam B*），http：// chinhphu. vn/portal/page/portal/chinhphu/vungkinhtetrongdiemquocgia？ categoryId = 881。

③ 越南计划投资部：《各重点经济区介绍》（*Giới thiệu chung về các vùng kinh tế trọng điểm*），http：//www. mpi. gov. vn/Pages/gtvungkttd. aspx。

④ 同上。

各行业的分布结构也发生了变化，农业行业中劳动力从71%下降到56%，工业劳动力从11.5%增长到16.6%，服务业劳动力从16.5%增长到27.6%。①

第三，各重点经济区财政收入与人均收入均位居前列。至2002年，北部重点经济区占全国GDP 19.4%，财政收入的21.66%②。南部重点经济区只有1/30的面积，1/9的人口，却贡献1/3的GDP，该类数据在1995年为31%，2002年为35.6%，该地区在当年还贡献了32%的财政收入。1995年工业产值占全国工业产值的48.3%，2000年为50.9%，2002年为55.3%。对GDP的贡献率从1995年的29.5%增加到2002年的34%左右。南部重点经济区在1996—2000年的工业GDP增长约为11.63%，2001—2002年达到11.37%左右。农业GDP增长平均每年近4%。1996—2000年服务业增速约6.7%，2001—2002年为7.16%。2002年，南部重点经济区出口总额达到约110亿美金，人均出口额为全国平均水平的5.5倍（如果不计算石油和天然气则为3.8倍）。南部集中了最多的工业企业，2003年有42家的工业园区、出口加工区。各工业区吸纳1.197家企业和617家国内投资企业。占外国直接投资的86.1%，金额的60%，75%的国内投资进入了全国各工业区。2002年，在南部重点经济区工业区企业的总收入达到25亿美金，占全国工业区出口收入的86%。同时为29万人创造就业机会，占全国工业区工人的81%。③

2009年，四大重点经济区财政收入占全国的88.9%；2009年四大重点经济区人均收入约为29200万盾（全国为19300万盾）。④

---

① 越南中央政府：《北部重点经济区》（*Vùng kinh tế trọng điểm Bộ*），http：//chinh-phu. vn/portal/page/portal/chinhphu/vungkinhtetrongdiemquocgia? categoryId = 873。

② 同上。

③ 越南中央政府：《南部重点经济区》（*Vùng kinh tế trọng điểm Nam Bộ*），http：//chinhphu. vn/portal/page/portal/chinhphu/vungkinhtetrongdiemquocgia? categoryId = 881。

④ 同上。

表 1 - 20　三大重点经济区建立之前的统计数据（1996 年数据）

地区	北部	中部	南部	其他
占全国 GDP 之百分比（%）	9.4	5.2	29.5	55.9
人均 GDP（美元）	449	200	700	240
占出口总额之百分比（%）	11.0	3.5	41.5	44.0

数据来源：越南国家统计局。

第四，各重点经济区的社会发展水平高于全国其他地区。北部重点经济区在 1995—2002 年投资基础设施建设资金占全社会总投资的 43.5%。1996—2002 年，全社会总投资额为 120 万亿盾（按当前价格），占全国全社会总投资额的 20%，其中国家投资 63%，外国投资 22%，民间资金 15%。[①] 中部地区在 1995—2000 年社会总投资达 25.324 万亿盾，占全国总额 4.1%。1995 年为 3.534 万亿盾，2002 年为 11.269 万亿盾，其中国家投资 68.42%，外资（FDI）8.44%。[②] 南部重点经济区在 1996—2000 年，在全社会投资总额为 210 千亿盾，占全国总额的 41%—42%，其中，国家投资 10%—11%，国有企业投资 21%—22%，外资占社会总投资的 40%—41%，占全国外资的 57%—58%。[③]

各重点经济区社会发展成就主要体现在以下几方面。

1. 城市化水平较高。迄今，各重点经济区已经形成比其他区域更高级的城市体系，为增长和国际贸易创造新局面。各重点经济区集中了各大都市，河内、海防、岘港、胡志明市、芹苴五大直辖市是其中的代表。其中河内作为首都，是国家的中心，胡志明市是南方经济中心，也是东南亚地区的大城市。2009 年，各重点经济区有 17 个省

---

① 越南中央政府：《北部重点经济区》（*Vùng kinh tế trọng điểm Bộ*），http：//chinhphu. vn/portal/page/portal/chinhphu/vungkinhtetrongdiemquocgia? categoryId = 873。

② 越南中央政府：《中部重点经济区》（*Vùng kinh tế trọng điểm Trung Bộ*），http：//chinhphu. vn/portal/page/portal/chinhphu/vungkinhtetrongdiemquocgia? categoryId = 880。

③ 越南中央政府：《南部重点经济区》（*Vùng kinh tế trọng điểm Nam Bộ*），http：//chinhphu. vn/portal/page/portal/chinhphu/vungkinhtetrongdiemquocgia? categoryId = 881。

属市（全国共有 48 个），16 个镇（全国共有 46 个），236 个公社（全国共有 625 个）。由于城市发展迅速，越南吸引了各国前来投资，也在国内吸纳了农村大量劳动力。目前四大重点经济区有 43878000 人口，占全国人口的 51%，人口密度为 483 人/平方公里，城市化水平为 40.2%（全为 29.6%）。①

2. 教育科技水平发展领先全国其他地区。至 2003 年，北部重点经济区有 41 所大学（全国 82 所），20 所专科院校（全国 127 所），47 职业学校（全国 213 所）。2001 年，北部劳动人口中拥有高等学历的占 9.1%，属全国最高；拥有专业技能的占 30%，适应工业化和现代化的要求。② 中部地区顺化、岘港、归仁设有大学和学院、职业学校。几乎各乡镇均设有小学，超过 70% 的乡镇设有中学。普通学校在校学生的人数平均每年增加约 5.5%，大专院校增加 29.1%，中学增加 28.7%，技术工人增加 10.1%。③

3. 医疗卫生事业水平得到提高。干净饮用水的供给得到改善，在世界银行等国际组织援助下，各省展开供水工程，其中河内昼夜供水量达到了 100000 立方米。至 2003 年，北部重点经济区有 104 所医院（占全国 12.5%），18000 张病床（占全国 16.3%）④。中部地区在 2002 年拥 35 所医院，平均每 10000 名居民有 25 张病床和 20 名医务人员（包括 5.3 名医师和药剂师），30% 的乡镇配备了医生。⑤

4. 重点经济区内的交通系统得到提升和改善。北部重点经济区内具有战略意义的 1A 国道自谅山和河内到宁平、清化路段得到升级改造。10、18、2B、38、39、183、12B、21 21B 、23……等国道得到改

---

① 越南计划投资部：《各重点经济区介绍》（*Giới thiệu chung v các vùng kinh t trọng điểm*），http：//www. mpi. gov. vn/Pages/gtvungkttd. aspx。

② 越南中央政府：《北部重点经济区》（*Vùng kinh tế trọng điểm Bộ*），http：//chinhphu. vn/portal/page/portal/chinhphu/vungkinhtetrongdiemquocgia？categoryId = 873。

③ 越南中央政府：《中部重点经济区》（*Vùng kinh tế trọng điểm Trung Bộ*），http：//chinhphu. vn/portal/page/portal/chinhphu/vungkinhtetrongdiemquocgia？categoryId = 880。

④ 越南中央政府：《北部重点经济区》（*Vùng kinh tế trọng điểm Bộ*），http：//chinhphu. vn/portal/page/portal/chinhphu/vungkinhtetrongdiemquocgia？categoryId = 873。

⑤ 越南中央政府：《中部重点经济区》（*Vùng kinh tế trọng điểm Trung Bộ*），http：//chinhphu. vn/portal/page/portal/chinhphu/vungkinhtetrongdiemquocgia？categoryId = 880。

造或升级。区域内有三大机场：内排国际机场、吉碑和嘉林机场，得到升级改造，吞吐能力提升。海港方面，海防港在 2002 年的吞吐量达 1114 万吨，盖邻港则为 110 万吨。北部地区已经形成 50 万载重吨位的海洋运输船队。[①] 内河运输网络方面亦得到升级和完善，服务社会经济发展。中部重点经济区的公路网总长度 863 公里，1A 国道434 公里，国道 14B 连接高地和老挝—越南边境，得到了升级。[②] 南部重点经济区在 2001—2002 年，社会总投资每年增长 14%，其中一半以上用于基础设施建设，达 58%—59%，升级国际机场，建设公路、桥梁等。[③] 运输系统、电力和供水系统已升级，邮政和电信网络发展快，基础设施改善极大地促进了区域经济社会发展。

5. 贫困率低于其他地区。四大重点经济区的贫困率低于全国平均水平，2008 年末为 7.3%（全国为 13.4%），其中北部重点经济区为 7.6%，中部重点经济区为 14.9%，南部重点经济区为 3.7%，九龙江三角洲重点经济区为 9.2%。[④]

表 1-21 各地区人均预期寿命 （单位：岁）

年份 地区	2010	2011	2012	2013	2014
红河三角洲	74.3	74.2	74.3	74.3	74.5
北部内陆和山区	70.0	70.5	70.3	70.4	70.7
北—中部和中部沿海地区	72.4	72.4	72.4	72.5	72.6
中部高原	69.3	70.0	69.4	69.5	69.5
东南部	75.5	75.6	75.7	75.7	75.9

---

① 越南中央政府：《北部重点经济区》（*Vùng kinh tế trọng điểm Bộ*），http://chinh-phu. vn/portal/page/portal/chinhphu/vungkinhtetrongdiemquocgia? categoryId = 873。

② 越南中央政府：《中部重点经济区》（*Vùng kinh tế trọng điểm Trung Bộ*），http://chinhphu. vn/portal/page/portal/chinhphu/vungkinhtetrongdiemquocgia? categoryId = 880。

③ 越南中央政府：《南部重点经济区》（*Vùng kinh tế trọng điểm Nam Bộ*），http://chinhphu. vn/portal/page/portal/chinhphu/vungkinhtetrongdiemquocgia? categoryId = 881。

④ 越南计划投资部：《各重点经济区介绍》（*Giới thiệu chung về các vùng kinh tế trọng điểm*），http://www. mpi. gov. vn/Pages/gtvungkttd. aspx。

续表

年份 地区	2010	2011	2012	2013	2014
湄公河三角洲	74.1	74.3	74.4	74.4	74.6

数据来源：Vietnam Statistical Handbook 2014，Statistical publisher，2015，p. 29。

表 1 - 22　　　　　　　　　15 岁以上居民识字率　　　　　（单位：%）

年份 地区	2010	2011	2012	2013	2014
全国	93.7	94.2	94.7	94.8	94.7
城镇	97.0	97.3	97.5	97.6	97.5
农村	92.3	92.7	93.3	93.4	93.3
红河三角洲	97.3	97.6	98.0	98.1	98.1
北部内陆与山区	88.3	89.3	89.2	89.5	89.0
北—中部沿海地区	93.3	93.9	94.5	94.7	95.2
中部高原	89.9	90.8	92.1	91.2	90.3
东南部	96.3	96.7	97.0	97.1	97.2
湄公河三角洲	92.2	92.3	93.1	93.4	92.6
红河三角洲	97.3	97.6	98.0	98.1	98.1

数据来源：Vietnam Statistical Handbook 2014，Statistical publisher，2015，p. 28。

表 1 - 23　　　　　　　　　　婴儿死亡率　　　　　　　（单位：人）

年份 地区	2010	2011	2012	2013	2014
全国	15.8	15.5	15.4	15.3	14.9
红河三角洲	9.2	8.5	8.9	8.9	8.7
北部内陆与山区	12.3	12.5	12.3	12.2	11.9
北—中部沿海地区	24.3	23.0	23.5	23.2	22.4
中部高原	17.1	17.1	17.1	17.0	16.6
东南部	26.8	24.3	26.4	26.1	25.9
湄公河三角洲	9.6	9.3	9.2	9.1	8.8
红河三角洲	12.6	12.2	12.0	12.0	11.6

表中数据为每1000名新生儿中的死亡人数。

数据来源：Vietnam Statistical Handbook 2014，Statistical publisher，2015，p. 27。

（二）地区发展差异有所扩大，但在可控范围之内

在发展中国家现代化进程中，地区发展不平衡可能是战略选择的结果，也可能是市场规律自动调节的后果。对于越南革新开放过程中的地区不平衡发展，其好坏不能一概而论，而应该具体分析。

一方面，革新开放过程中出现的地区发展差异有所扩大，是政府政策的结果，在政府的掌控之中。由于资源有限，越南在全国设立重点经济区，期待由这四大重点经济区辐射全国。除了重点经济区，越南还设立海洋经济区、经济带和经济圈，目的是充分发挥各地优势推动经济发展。纵观重点经济区实施的效果，越南政府的目的大体实现了：核心区经济发展带动了周边地区经济的发展，重点经济区范围不断扩大，实现辐射性发展效应。四大重点经济区中，南方经济区更上一层楼，河内发展也越来越好，比较突出的是中部龙头岘港的发展。岘港是中部重点经济区的核心，又是多个海洋经济特区的中心所在，革新开放以来发展迅速，与南北两大龙头的距离在逐步缩小。

另一方面，由于市场规律的调节作用，各区域的发展并不完全在政府掌控之中。市场规律导致了马太效应：经济基础好的地区，胡志明市及周边地区长期处于领先地位，聚焦了大量的发展资源，吸引了各地优秀人才，发展越来越好。而一些落后地区如中部高原地区、少数民族地区则受制于自然条件以及劳动力外流，经济发展比较缓慢。革新开放后，地区发展差异一度扩大。革新开放后这种不平衡的扩大，一是由于起点不同所导致，"由于各地基础设施、教育、卫生……的不平等，导致边远地区贫困、地区差异"[1]。二是由于实行不平衡发展的发展战略，把有限的资源优先投入条件好的地区所导致。还有，就是越南实行经济体制改革，市场规律发挥作用的结果。1986 年，越南开始全面实行革新开放，经济长

① Minh Son Le, Tarlok Singh, Duc-Tho Nguyen, *Trade Liberalisation and Poverty: Vietnam now and Beyond*, New York: Routledge, 2016, p. 268.

期维持较高速度增长。1987—1991 年，国内生产总值增长率为 5.2%，1991—1995 年国内生产总值增长率为 8.2%。在经济迅速发展的同时，越南南北地区发展差异也更加明显。越南于 1987 年颁布《外资法》，南部以胡志明市为中心的湄公河三角洲，由于基础设施相对较好，吸引的外资最多，发展也最快。1997—1998 年重点经济区计划实施后，发达地区发展增速，贫困地区发展相对缓慢，导致地区差异扩大，越南南部、北部和中部的差异日益明显，沿海地区和海岛地区，城乡差异亦有所扩大，呈现多区域不平衡的特点。

与南部和北部重点经济区形成对比的是，中部重点经济区在 1996—2002 年，GDP 每年增速为 5.8%，低于全国平均水平。由于起点低，人口增长快，人均 GDP 低，增长不明显。1995 人均 GDP 为 202.1 美元，2000 年为 265.2 美元，2002 年为 288.1 美元，约为全国水平的 60%。快速发展中部经济，缩小与南北重点经济区的差距的主张未能实现。[①] 中部重点经济区城市道路网的分布区域是相对合理，但仍不完善。与其他地区相比，该地区的农村道路还没有开发，由于自然条件恶劣和低收入，发展更加困难。[②]

从粮食产量看，革新开放前后，南北各地相差不大。但 2014 年的数据显示，红河三角洲和湄公河三角洲这两个地区人均粮食产量相差高达 4 倍。这一方面反映了农业生产技术水平的差异，另一方面，由于工业化和城市化发展，一些地区经济结构发生变化，农业退居次要地位，故粮食产量低。例如东南地区，主要以工商业为主，该地区人均粮食产量为全国最低。

---

① 越南中央政府：《中部重点经济区》，http：//chinhphu.vn/portal/page/portal/chinh-phu/vungkinhtetrongdiemquocgia？categoryId = 880。

② 同上。

表 1-24　　越南革新开放前至初期各地区人均粮食生产情况 （单位：公斤）

		1982—1984 年（平均值）	1989—1991 年（平均值）
北部	内陆与高原地区	243.7	235.6
	红河地区	265.3	267.4
	中北部沿海地区	237.0	230.0
南部	中南部沿海地区	261.8	285.9
	中部高原	284.0	224.0
	东南部	154.1	118.2
	湄公河地区	491.8	678.1
全国		298.5	327.3

折合稻谷。

Source：*Economy and Trade of Vietam 1986 - 91*；*Economy and Trade of Vietnam 1986 - 90*；*So Lieu Thong Ke 1930 - 84*；*So Lieu Thong Ke 1982*；*So Lieu Thong Ke 1978*；*Nien Giam Thong Ke 1976*；*Nien Giam Thong KE 1977*），转引自 Melanie Beresford，Bruce McFarlane，"Regional Inequality and Regionalism in Vietnam and China"，*Journal of Contemporary Asia*，Vol. 25，No. 1（1995）：50 - 72。

表 1-25　　　　　　越南各地区人均粮食①产量　　　　　　（单位：公斤）

年份 地区	2010	2011	2012	2013	2014
全国	513.4	537.7	548.7	548.5	552.9
红河三角洲	365.5	370.1	366.2	344.8	346.6
北部内陆与山区	413.9	434.1	429.8	447.6	447.9
北—中部沿海地区	369.8	387.0	384.5	386.6	405.7
中部高原地区	427.0	431.5	423.5	450.8	463.5
东南部	119.3	120.2	117.7	117.0	114.9
湄公河三角洲	1269.1	1355.9	1350.5	1447.2	1454.4

资料来源：*Vietnam Statistical Handbook* 2014，Statistical publisher，2015。

　　总体来看，地区的不平衡发展仍在政府掌控之中，地区差异虽然有所扩大，但各地区的贫困率在持续下降，这说明，各地区之间的贫

---

① 包括稻谷、玉米和其他粮食。

富差距是相对的，实际绝对贫困程度在下降。

1997—1998 年，越南开始实施重点经济区计划，当时各区贫困程度的差异情况如下：就城乡差别而言，乡村贫困率为 44.9%，高于全国平均水平（37.4%），约为城镇贫困率（9.0%）的 5 倍；2008 年下降为不到 3 倍。就地区差别而言，1998 年最贫困的北部内陆与山区的贫困率为 64.5%，高于全国平均水平将近 1 倍，约为最富裕的东南地区的贫困率（7.6%）的 9 倍。重点经济区战略实施 10年之后，2008 年，北部内陆与山区的贫困率下降到 25.1%，约为全国贫困率（13.4%）的 2 倍，约为最富裕的东南地区贫困率（2.5%）的 10 倍。到了 2014 年，最贫困地区与最富裕地区的贫困率相差 18 倍。看起来，似乎地区差异扩大了，但这是在发展的基础上以贫困率大幅度下降的基础上的扩大，只是反映出相对的不均衡。以2014 年的贫困率为例，全国平均水平为 8.4%，北部内陆与山区为18.4%，东南地区为 1.0%。北部内陆与山区贫困率从 1998 年的64.5% 下降到 2014 的 18.4%，这是很大的发展成就。因此可以说，这种发展中出现的不平衡是相对的、可控的。

表 1 - 26　　　　　　　越南各地区历年贫困率[①]　　　　　（单位:%）

年份 地区	1998	2002	2004	2006	2008	2010	2011	2012	2013	2014
全国	37.4	28.9	18.1	15.5	13.4	14.2	12.6	11.1	9.8	8.4

---

① Footnotes：Poverty Rate is Calculated by Monthly Average Income Per Capital of House-hold. Before 2002：1998：149 Thous. Dongs；2002：160 Thous. Dongs；In 2004, 2006, 2008, it is Measured by the Government's Poverty Line for 2006 – 2010 Period, Considering Inflation Adjust-ment as Follows：2004：170 Thous. Dongs for Rural Area, 220 Thous. Dongs for Urban Area, 2006：200 Thous. Dongs for Rural Area, 260 Thous. Dongs for Urban Area, 2008：290 Thous. Dongs for Rural Area, 370 Thous. Dongs for Urban Area；In 2010, It is Measured by the Government's Poverty Line for 2011—2015 Period as Follows：2010：400 Thousand Dongs for Rural Area and 500 Thousand Dongs for Urban Area, 2011：480 Thousand Dongs for Rural Area and 600 Thousand Dongs for Urban Area；2012：530 Thousand Dongs for Rural Area and 660 Thousand Dongs for Urban Area；2013：570 Thousand Dongs for Rural Area and 710 Thousand Dongs for Urban Area；2014：605 Thousand Dongs for Rural Area and 750 Thousand Dongs for Urban Area. http：//www. gso. gov. vn/default_ en. aspx？ tabid = 783.

续表

年份 地区	1998	2002	2004	2006	2008	2010	2011	2012	2013	2014
城镇	9.0	6.6	8.6	7.7	6.7	6.9	5.1	4.3	3.7	3.0
农村	44.9	35.6	21.2	18.0	16.1	17.4	15.9	14.1	12.7	10.8
红河三角洲	30.7	21.5	12.7	10.0	8.6	8.3	7.1	6.0	4.9	4.0
北部内陆与山区	64.5	47.9	29.4	27.5	25.1	29.4	26.7	23.8	21.9	18.4
北—中部沿海地区	42.5	35.7	25.3	22.2	19.2	20.4	18.5	16.1	14.0	11.8
中部高原	52.4	51.8	29.2	24.0	21.0	22.2	20.3	17.8	16.2	13.8
东南	7.6	8.2	4.6	3.1	2.5	2.3	1.7	1.3	1.1	1.0
湄公河三角洲	36.9	23.4	15.3	13.0	11.4	12.6	11.6	10.1	9.2	7.9

第四节　比较分析

一　越南和泰国对地区不平衡发展的回应及其效果

越南和泰国在现代化发展进程中均面临地区发展差异问题，均采取地区不平衡发展战略，但成效却各不相同。虽然两国都达到了一定程度的工业化水平，但越南趋于平衡发展，经济繁荣，社会稳定；而泰国则掉入发展失衡的陷阱，出现严重的社会冲突，经济发展亦受到阻碍。

就地区不平衡发展的根源而言，泰国和越南现代化起步前的地区发展差异基本都与自然条件和历史因素有关。而发展进程中的地区发展差异则是动态性的，现代化起步后出现新的地区发展不平衡。就越南的具体情况而言，地区不平衡发展既是政府实施不平衡发展战略的结果，主要还是市场规律的影响；而在泰国在现代化起步后新出现的发展差异固然亦是市场规律作用的不可避免的结果，但是政府发展战略的失误加剧了失衡的程度。

从关注和解决地区发展差异的时机来看，越南较早关注这个问题，而且保持持续的关注。越南对地区发展差异的关注较早，在差异尚小的时候主动介入，成本较小——"早期致力公平的努力，对发展轨迹有长远的影响，使增长更有可能获得公平的分享"①。更重要的是，由于不平衡发展是动态性的，越南政府对地区发展差异长期有计划、有条不紊、持续保持动态的平衡干预，动态平衡干预的举措之一就是不断扩大重点经济区，推动各重点经济区带动落后地区发展。而泰国则是在问题累积到发展已经难以为继，不可持续，并发生了严重的经济危机后才不得不作出反思和改变，但已经错过了解决问题的最佳时机，积重难返。

从解决问题的方式看，越南和泰国都采取了不平衡发展战略，但由于发展观的差异，各自在战略制定和实施过程中对地区发展差异关注度截然不同。对于平衡地区发展差异问题，越南政府不仅在战略上重视，并能在具体工作中落实，设计适当的机制与政策激励各地区发展，发挥地区优势，并增进地区之间的联系，使各重点经济区在促进山区、边远地区、边境地区和海岛地区发展起到引擎的作用。而泰国在经济起步和起飞阶段基本都是在实施首都大曼谷发展计划，对农村和落后地区发展关注甚少，投入也少，在经济危机总爆发时才不得不面对区域发展失衡问题，开始社会改革。但在改革中出现了"充足经济"保守主义与"他信经济学"激进主义两种社会改革主张，其中激进的变革方式占据主导地位。

从解决问题的结果看，越南对地区发展差异早关注、持续关注、动态干预，因此在平衡地区发展方面做得比较成功，经济繁荣，社会稳定。革新开放以来，人民生活水平有了很大提高，而且越南政府在效率与公平方面达到较好的平衡。2006 年 9 月公布的联合国 2005 年"人类发展报告"，盛赞越南是"一个同时达成发展与均衡的国家"

---

① Erik Martinez Kuhonta, *the Institutional Imperative*: *The Politics of Equitable Development in Southeast Asia*, C. A.: Stanford University Press, 2011. p. 218.

是"人类成功发展的范例"①。反观泰国，在 1997 年金融危机爆发前三十多年的发展，虽然实现了经济快速增长，但地区发展失衡。在金融危机发生之后，泰国推行社会改革，激进派与保守派分别采用激进与保守两种方式试图解决地区经济发展不均衡问题，但保守主义的"充足经济"作用有限，而激进的"他信经济学"虽然产生了一些积极效果，但由于手段过于激进，引发了尖锐的社会对立，导致泰国长期处于严重的社会冲突状态。激进的变革引发激烈的利益冲突，撕裂了本来已经十分脆弱的社会，剧烈的社会冲突使泰国付出了巨大的改革成本，陷入中等收入陷阱，最终受害的是下层民众。

二 越南和泰国发展观与改革理念差异及其根源

同样存在地区发展差异，同样采取不平衡发展战略，但成效各异，发展观差异是其中一个重要原因。

（一）越南和泰国在地区发展不平衡问题上的理念差异

如前所述，越南在发展过程中始终坚持公平导向的发展理念，在这种发展理念指导下，及早关注均衡发展，制定重点经济区等一系列旨在促进各地区均衡发展的战略措施。事实证明，对地区发展均衡问题及早干预可以付出代价小、收效大的效果。对于发展过程中地区差异动态发展保持持续的、动态的干预也十分必要，使地区发展差异得到掌控，维持在合理范围。泰国在一开始并不关注均衡发展问题，后来虽然关注，但只是停留在政府发展计划文本上，未能真正落实。这并非政府行动能力因素，也不是方法出了问题，因为泰国政府有能力实现经济增长。其重要原因是政府决策者忽视社会公平正义，或者说弱势民众的利益诉求无法在政治力量博弈中成为政策议题。实际上，泰国的发展战略主要受到自由主义的影响，以效率优先的理念为指导制定发展战略和政策，寄希望于通过市场规律的调节来实现社会的公平正义。正是这种发展理念的偏差导致后来泰国发展失衡。

---

① UNDP, *Human Development Report 2005*, New York: the United Nations Development Programme （UNDP）, 2005, http: //hdr. undp. org/sites/default/files/reports/266/hdr05 _ complete. pdf.

越南和泰国在现代化进程中均经历了经济社会改革，二者的改革理念亦存在差异。越南在1975年全国统一后急于消除南北地区差异，采取激进的社会改革措施，不仅无益于解决地区发展差异问题，而且经济发展也严重受阻。在吸取失败教训的基础上，越南在1986年采取温和务实的社会改革理念，制定切合越南国情的改革和发展战略，有序推进革新开放，逐步实现全社会的均衡发展。而泰国在金融危机发展后，反思过去对公平正义和均衡发展的忽视，开始关注均衡发展问题。不过，两种在意识形态上截然相反的改革理念同时出现，激进主义的他信经济学以公平发展为导向，采取激进手段推进改革；而保守主义的"充足经济"道路则以降低物质欲望为导向，倡导"去全球化"等与当下主流发展观迥异的理念，从公共道德和生活方式着手推进社会改革。前者务实，后者务虚；前者过于激进，后者过于理想。说到底，泰国的两种社会改革方案都过于理想化，不现实，社会改革成效有限。

由于越南和泰国的发展理念不同，所采取的发展战略和发展模式也不相同。越南主动采取不平衡手段来追求经济增长，以达到平衡地区发展差异的目的，而泰国则是在市场经济规律下通过不平衡发展手段追求经济增长，对地区平衡发展没有考虑或不重视，当发展不可持续时，又提出不切实际的改革举措，泰国不得不为此付出沉重的代价。

（二）越南和泰国发展与改革理念差异的根源

在政府主导的发展模式中，发展理念反映了决策者在发展问题上的伦理价值取向。笔者试图从以下几方面分析导致越南和泰国发展理念差异的成因。

首先是传统价值观念的差异。越南历史上长期实行村社公田制度，互惠共享观念成为影响社会尤其是农村社会的核心价值之一。而泰国传统社会等级观念、庇护观念、威权思想盛行，缺乏公平理念的土壤。传统价值观倡导对国王和王室的敬畏，视国王如父，视国王如神，视王如佛。即使君主立宪制度建立以后，宪法仍然明确规定不能有对国王和王室不敬的言语和行为，否则将受到法律制裁。泰国的庇护制是萨克迪纳制的遗存。萨克迪纳制是封建时代的人身依附制度，虽然被废除了，但建立在其基础之上的庇护观念依然普遍存在于泰国社会，尤其是在广大农村。依附于各种权威、遵循等级约束，乃是中下层，特别是下层民众的生存之道，个人的自由、平等、独立的思想和行为受到制约。"泰国在 1992 年以前，乡村一直实行乡村地方自治，根据 1914 年颁布的地方管理条例，村长由村民选举产生，乡长则从村长中选举产生。条例规定村长和乡长任期五年，但没有规定五年期满必须换届。通常情况下，乡长、村长连任直到 60 岁退休。作为乡村事务全权负责人，乡长、村长负责维持地方秩序，管理公共事务，乡长、村长、村民之间形成与被庇护关系。"[1] 庇护制度和等级观念导致阶级差异长期被容忍，泰国精英长期推行不平等的发展政策，忽视下层民众的利益，最终导致社会问题积重难返，一旦爆发其破坏性异常巨大，导致了泰国近年来的政治经济困境。

其次是意识形态差异。越南政府由共产党掌握政权，是越南发展战略和政策的决策者，共产党的意识形态——社会主义深刻影响越南的发展理念。"越南共产党的社会主义意识形态，使其坚持对不平等问题政策议题的关注。"[2] 共产党以工人先锋队和无产阶级利益代表者自居，对农民和工人等下层阶层利益的关注成为共产党的责任和社会主义应有之义。在革新开放后实行市场经济制度，越南执政党和政府没有完全把经济社会发展交由市场规律调节，而是保持一定程度的干预。而泰国决策者多为留学西方的专家学者，而且美国专家顾问对泰国发展战略影响很大，自由主义便成为主导泰国发展战略的意识形态，对市场调节的尊崇导致了对实质性的公平正义的忽视。

最后是现代化起步阶段所处时代背景与国际环境的差异。泰国在20 世纪 60 年代开始全面启动工业化进程，当时正是第一代自由主义发展观盛行之时；而且当时处于冷战的国际环境，泰国与美国结盟，美国

---

① 龚浩群：《信徒与公民：泰国曲乡的政治民族志》，北京大学出版社 2009 年版，第264 页。

② Erik Martinez Kuhonta, *The Institutional Imperative : The Politics of Equitable Development in Southeast Asia*, C. A. : Stanford University Press, 2011, p. 221.

对泰国提供军事经济援助，其经济专家顾问影响了泰国发展取向和经济发展模式。越南于冷战结束前几年开始全面革新开放，迄今为止的现代化进程基本处于后冷战时期。在这个时期，第三代发展观已经开始影响各国发展。作为后来者，越南可以吸收前人的经验教训。而且冷战结束后，越南受到来自国际上敌、友的压力减少，可以自主发展。

小　结

发展中国家在发展过程中都面临着"公平与效率"这两种发展取向的抉择，多数国家起步阶段会把效率置于首位，因为如果没有足够的经济增长，就很难实现经济起飞。大多数国家都存在地区经济社会发展差异，而现代化进程往往又加剧地区之间的不平衡发展。这一方面是由于市场规律的作用，"市场力量的作用通常趋向增加而不是减少区域差异。发达区域由于具有更好的基础设施、服务和更大的市场，必然对资本和劳动具有更强的吸引力，从而产生极化效应，形成规模经济，虽然也有发达区域向周围区域的扩展效应，但在完全市场中，极化效应往往超过扩展效应，使区际差异加大"①。另一方面，发展中国家在现代化过程中尤其是初期阶段，由于资源有限，往往采取不平衡发展战略，把有限的资源集中投入相对发达地区，以获取迅速的经济增长和现实效益。

"效率优先"的选择往往会导致发展的不均衡现象，库兹涅茨收入分配曲线反映了这种抉择的结果。如果不均衡现象长期被忽视，会导致发展的不可持续。越南和泰国在现代化进程中对地区发展差异持不同理念，前者高度重视地区均衡发展并及早干预、持续干预，实现了公平的发展；后者则漠视地区发展差异，把经济社会发展完全交由市场调节，最终导致失衡的经济增长。发展理念的差异可以部分解释为何越南和泰国同样实施地区不平衡发展战略，同样实现了经济增长，但对地区发展差异产生了不同的效用：公平导向的地区不平衡发

---

① 高志刚：《区域经济差异理论述评及研究新进展》，《经济师》2002年第2期。

展战略给越南带来了均衡的发展成就；效率导向的地区不平衡发展战略给泰国带来了失衡的经济增长，最终掉入中等收入陷阱。

综上所述，如何处理公平和效率的关系，是每个发展中国家需要面对的重大课题。"如果平等和效率双方都有价值，而且其中一方对另一方没有绝对的优先权，那么在它们冲突的方面就应该达成妥协。这时，为了效率就要牺牲某些平等，并且为了平等就要牺牲某些效率。然而，作为更多地获得另一方的必要手段，无论哪一方的牺牲都必须是公正的。尤其是那些允许不平等的社会决策，必须是公正的。"①

① ［美］阿瑟·奥肯：《平等与效率：重大抉择》，王奔洲等译，华夏出版社 2010 年版，第 105—106 页。

第二章 国家结构形式与现代国家建构：
印尼和马来西亚的比较

第一节 基本概念与理论

现代国家是相对传统国家的概念，现代国家概念和现代国家构建是现代化理论的重要议题。根据现代化理论，现代国家就是国家的现代化，是现代性在国家层面的集中体现，包含了国家结构、国家功能、政治制度的一系列现代转变过程。不过，各国对现代国家的认知受到本国文化与外来观念的影响，其构建的路径和环境亦各不相同，现代国家构建的成效存在差异。

现代国家构建既是一国之现代化的重要组成部分，也对该国现代化进程产生重要影响。本章比较研究马来西亚和印度尼西亚的国家结构形式及其对现代国家构建的影响。

一 现代国家及其建构

（一）现代国家概念与特征

现代国家（modern state）是相对于前现代传统国家而言的国家类型。关于现代国家的概念及其特征，理论家们有不同的观点。

马克思把人类政治共同体分为以下发展阶段：奴隶制国家、封建制国家、资本主义国家、社会主义国家。在马克思的国家理论中，资本主义国家和社会主义国家属于现代国家类型。"现代国家"是马克思"用以表征资产阶级革命创造的政治文明的最基本的概念"①。马克思提出，现代国家虽然由资产阶级所创造，但它是人类文明的产物，由全体人类社会共享。他批判资本主义国家只是服务于资产阶级统治的工具，提出社会共和国才是现代国家的理想形态，社会主义制度下可以建立起这种理想的国家形态。根据马克思的观点，现代国家是以人类政治解放为前提，建立在现代经济与社会发展基础之上、以人民主权为价值取向的代议制民主国家，其要素和特征包括主权、宪法、人权、国家统一、代议制等②。

马克斯·韦伯认为，现代国家以暴力的垄断为最主要特征，"人们最终只能用一种特殊的手段来界定现代国家，这种手段是它以及任何政治团体所固有的：有形的暴力手段"，因此，"国家是在一定区域的人类的共同体，这个共同体在本区域之内要求（卓有成效的）自己垄断合法的有形的暴力"。不过，他指出，在当代，只有国家允许时，其他团体或个人才有应用暴力的权利，因此，现代国家被视为应用暴力"权利"的唯一源泉。③ 韦伯还通过描述现代国家与传统国家的特征来区分二者：传统国家被视为统治者个人或家族的财产，国家的管理只是家政管理的延伸，没有专业的行政管理班子，只是招募与统治者有关系的人负责相关的管理工作。现代国家则是理性的、非人格化的国家，由专业的、科层化的官僚进行行政管理，行政职位的招聘完全基于客观标准——专业资格，通过考试录用。④

安东尼·吉登斯把人类社会发展过程中出现的国家类型划分为三类——传统国家、绝对主义国家（君主集权，区别于东方的封建君

---

① 郭强：《马克思"现代国家"概念的三维辩正》，《长白学刊》2011 年第 5 期。

② 《马克思恩格斯全集》（第 42 卷），人民出版社 1979 年版，第 312—313 页；《马克思恩格斯文集》（第 1 卷），人民出版社 2009 年版，第 39—40、149 页。

③ ［德］马克斯·韦伯：《经济与社会》（下卷），林荣远译，商务印书馆 1997 年版，第 731 页。

④ ［德］马克斯·韦伯：《经济与社会》（上卷），林荣远译，商务印书馆 1997 年版，第 238—251 页；［德］马克斯·韦伯：《经济与社会》（下卷），林荣远译，商务印书馆 1998 年版，第 719—736 页。

主专制）、民族国家。① 传统国家是指前现代或前资本主义国家，以封建等级和分封制度为核心，主要形态有城邦国家、农业帝国、游牧帝国等，其主要特征是"有边陲（frontiers）而无国界（borders）"，② 政治权力是以首都为中心向周边辐射的，但辐射范围狭小，相应地，国家在思想和军事上的控制力比较弱小，无法垄断暴力。绝对主义国家是传统国家与民族国家的过渡形态，彼时国家疆域逐步明确，中央权力得到强化和集中，辐射范围更广。而民族国家是 19 世纪以来新出现的国家形态，其特点是拥有明晰的边界、主权，实行民主政治，实现对暴力的垄断，以及拥有强大的行政监控能力。

布莱克（C. E. Black）把现代国家的主要特征总结为三方面：政治权力的集中化（即政治决策的统一）、功能的专门化和扩大化（官僚科层体系的建立）、法律规范的增加（追求民众的支持，即合法性）。③

亨德利克则指出，现代国家具有两方面特征："现代国家干预社会的能力和建立在对内部主权和国家司法平等认知基础之上的国际法主权原则。"④

肖滨总结现代国家的四个特征为：1. 从资源层面看，作为现代统治体系的国家是集暴力、税收和公权于一体的公共资源体系，只有暴力控制以及税收提取的垄断化和公权掌控的中央集权化的特征。2. 从组织层面看，作为现代统治体系的国家是一套政府组织体系，具有理性化的特征。3. 从规则层面看，作为现代统治体系的国家是一套规则体系，具有制度化的特征。4. 从与其他社会组织的关系来看，作为现代统治体系的国家是一种与其他社会组织在结构上相互分享的

---

① ［英］安东尼·吉登斯：《民族—国家与暴力》，胡宗泽、赵力涛译，生活·读书·新知三联书店 1998 年版，第 105—106 页。

② 同上书，第 4 页。

③ ［美］布莱克（Black, C. E.）：《现代化的动力》，段小光译，四川人民出版社 1988 年版，第 19—25 页。

④ Hendrik Spruyt, "The Origins, Development, and Possible Decline of the Modern State", *Annual Review of Political Science*, Vol. 5 (2002): 127 - 149.

体系，具有分离化（differentiation）的特征。[①]

福山（Francis Fukuyama）基本接受韦伯的观点，认为"现代国家"区别于传统世袭化国家的重要特征就是去个人化（impersonal）、理性化、合法垄断武力、由具备贤能品格和专业素质的官僚进行统治、服务于公共利益。[②]

上述论点均在马克思和韦伯的理论基础上展开论述，可以综合概括为：现代国家是基于现代市场经济基础之上、以服务公共利益为目标的国家形态，其基本要素和特征包括：拥有主权、高度整合的国家、强大的行政管控能力（包含均衡的权力配置、专业的官僚体系、较高的合法性、暴力的垄断）等。

（二）现代国家构建的过程和目标

现代国家构建（state-building）指的是构建区别于传统国家的现代性国家的过程，包括构建国家结构、政治制度和完善现代国家职能等环节和任务。

斯泰因基于欧洲的经验，把民族国家构建分为四个阶段：第一阶段是渗透，其任务是建立理性的行政体系，实现国家权威从中央向地方的渗透；第二阶段是标准化，推行统一的国民教育，强化民族和国家认同；第三阶段是扩大民众参与；第四阶段是资源分配，主要任务是通过再分配提升公共福利，实现社会公平正义。[③]

肖滨认为，现代国家构建可以分为理性和公民化两个阶段。理性化的国家构建是领土主权国家和理性国家的构建。这一阶段国家构建的中心任务在于确保现代国家统治体系自身的建立、运转，着眼于国家统治体系自身的生存性与独立性建设。具体内容涉及资源—权力层面，组织体系层面和外部关系层面。公民化的国家构建是公民国家的

---

① 肖滨主编：《政治学导论》，中山大学出版社 2009 年版，第 62—64 页。

② ［美］弗朗西斯·福山：《政治秩序与政治衰败：从工业革命到民主全球化》，毛俊杰译，广西师范大学出版社 2015 年版，第 19 页及书中其他章节有关内容。

③ Stein Rokkan, "Dimensions of State Formation and Nation-building: A Possible Paradigm for Research on Variations within Europe," in Carleys Tilly, ed., *The Formation of National States in Western Europe*, N. J.: Princeton University Press, 1975, pp. 570 - 572, 转引自肖滨主编《政治学导论》，中山大学出版社 2009 年版，第 68 页。

构建。在此阶段，国家构建集中体现为旨在保障公民权利的国家制度建设，其具体内容主要包括三方面，一是宪政化，二是民主化，三是福利化。[①]

但是，作为现代化的重要组成部分，发展中国家的现代国家构建显然不可能像欧洲国家那样按部就班分阶段进行，它们必须同时面对欧洲国家构建过程的所有问题。这些问题虽然可能有轻重缓急之分，但由于它们同时出现，必须同时面对。在此背景下，有的学者并不再分阶段讨论现代国家构建，而是按现代国家构建的任务和目标进行讨论。为了理解的方便，按照学者们强调的重点，笔者姑且分为一维说、二维说、三维说和多维说。不过需要指出的是，学者们并非认为国家构建只此一项或两项任务，而是倾向于突出强调国家构建中某些问题的重要性。

一维说。一维说认为现代国家就是民族国家（nation-state），民族国家是现代国家的主要形式，因此，构建国家认同是现代国家构建的基础和前提。这种观点认为，民族国家是近代出现的一种国家形态，建立在一个主体民族的基础之上，国家权力与占有一块领土并有着许多共同点（历史、文化、语言）的民族的概念合并到了一起，这就是民族国家——一个民族和政府结构（国家）的结合体。1648年的威斯特伐利亚体系明确了民族国家的主权属性和民族国家之间主权平等的原则。民族国家的要素包括：①主权：被国内居民认可，被其他国家承认的最高统治权；②领土：拥有明确划定边界的地理区域包括领土、领海和领空；③人民：意识到自己同属于一个共同体，享有公民权利与义务，有着独立的民族特性和民族认同；④国家统治体系（包括结构和制度）。其中，主权成为民族国家的要件和最主要特征，民族国家的主权是其合法性的来源；而国家统治体系则是民族国家存在的象征和抽象主权的具体化。

基于上述对现代国家的理解，持一维学说的理论家认为现代国家构建的主要目标就是构建国家认同。"构成国家的人民的国家认同

---

① 肖滨主编：《政治学导论》，中山大学出版社 2009 年版，第 67 页。

（national identity），既是现代国家建构的基础与前提，也是现代国家维系和繁荣的保障。由此可以断言，国家认同是现代国家的生命所在，失去了国家认同，现代国家也就失去了所有意义。"①

二维说。包括两种观点，这两种观点大同小异，区别在于概念的运用以及详略的不同。不过为了清晰表达其差异，这里还是分别进行论述。

第一种观点认为，现代国家＝民族国家＋民主国家。该观点认为民族国家和民主国家是区别与传统国家的根本特点，因此，现代国家的建构包括民族国家建构和民主国家建构的过程。在民族国家构建中，主权是重点和核心。主权是国家权力的抽象概念，是一国对内的最高权力和对外的独立平等权力，但一个国家在实际运作中的政治权力是具体的，因此，在现代国家的具体构建中，必须解决主权的归属、配置和行使等问题，这属于政治制度的范畴。这两个层面的建构过程反映了不同的侧重点，"如果说，民族—国家是现代国家的组织形式，所要解决的是统治权行使范围的问题，那么，民主—国家则是现代国家的制度体系，所要解决的是现代国家根据什么制度规则来治理国家的问题"②。

第二种观点则认为：现代国家＝权力＋权利。一方面，与传统国家相比，现代国家区别于传统国家的特点是权力的集中和对暴力的垄断。因此，现代国家构建的首要问题是权力扩张和集中。另一方面，现代国家区别于传统国家的根本性特点在于对公民利益的保障。因此，公民权利的保障是现代国家建构的另一重大任务。故现代国家构建的两大任务是权力配置和权利保障。

三维说。亨廷顿曾经从三方面界定政治现代化，实际上指出了现代国家构建的三个面向：第一，政治现代化涉及权威合理化，并以单一的、世俗的、全国的政治权威来取代传统的、宗教的、家庭的和种族的等五花八门的政治权威。……政治现代化的含义还包括，民族国家享有

---

① 林尚立：《现代国家认同建构的政治逻辑》，《中国社会科学》2013年第8期。
② 徐勇：《"回归国家"与现代国家的建构》，《东南学术》2006年第4期。

的对外主权不受他国的干扰，中央政府享有的对内主权不被地方或区域性权力所左右。它意味着国家的完整，并将国家的权力集中或积聚在举国公认的全国性立法机关手中。第二，政治现代化包括划分新的政治职能并创制专业化的结构来执行这些职能。各行政机构变得更加复杂并具有更加严明的纪律，依据能力和实绩分配官位和权力。第三，政治现代化意味着增加社会上所有的集团参政的程度。在所有现代国家里，公民是直接参与政府事务并受其影响的。因此，权威的合理化、结构的离异化及大众参政化就是构成现代政体和传统政体的分水岭。①

多维说。多维说包括四维说甚至更多维说。这些观点认为，处于现代社会的现代国家需要承担很多功能，因此，必须相应地从多方面构建国家，才能更好地履行国家功能。根据洛克的观点，人们最初组成国家是为了保障个人的生命自由和财产等自然权利。② 安全、秩序和正义是一个国家的基本功能。而随着人类社会的发展和国家这个政治共同体的扩大，需要处理和解决的问题越来越多，国家的职能亦随之增加并发生变迁。"随着社会历史的发展，国家的职能经历着扩张与演变的过程。若从国家职能的扩张与演变的角度看，国家发展经历了从以暴力统治为根本手段的早期国家到'守夜人'国家或布坎南的所谓'保护性国家'再到'生产性国家'、福利国家乃至全能主义国家。抽象地看，国家在其漫长的演变过程中，其职能是趋于扩张的。到了现代，国家的作用已越来越深地卷入政治、经济、文化、社会生活的各个领域之中。"③ 斯蒂格里兹（Joseph E. Stiglitz）也指出，现代国家的政府戴着六套面具：立法者、调控者、生产者、消费者、保障者和再分配者。④

基于履行国家和政府功能的需要，现代国家构建必须从多方面着

---

① ［美］塞缪尔·P. 亨廷顿：《变化社会中的政治秩序》，王冠华等译，生活·读书·新知三联书店 1989 年版，第 32 页。

② ［英］洛克：《政府论》（下篇），叶启芳、瞿菊农译，商务印书馆 1996 年版，第77—80 页。

③ 叶麒麟：《现代国家建构的多维度考量》，《理论研究》2009 第 Z1 期。

④ ［美］约瑟夫·斯蒂格里兹：《政府经济学》，曾强等译，春秋出版社 1988 年版，第 88 页。

手，除了族群的融合、国族的构建等任务，多维说强调现代国家建构涉及多方面因素，应该从多方面着手。美国学者里普森（Leslie Lipson）认为，政治是一个共同体面对一系列重大问题并在相互冲突的价值上进行选择的过程，通常承担此功能的机构是国家。而政治学永恒的重大（核心）问题包括国家规模、国家权威、国家职能、国家结构和公民资格等，[1] 于是有学者循此观点提出现代国家构建的多维路径，[2] 即依据国家需要履行的功能，相应加强履行这些功能所需要的能力和条件，着手现代国家建设。世界银行把国家功能分为三个级别，[3] 然后依据上述国家功能的分类对各国的国家能力进行测量评估，以此指引各国的现代国家构建路径和方向。[4]

以上几种关于现代国家建构学说，其实大同小异，无论是两阶段说还是多阶段说，无论是一维说，二维说、三维说还是多维说，都是围绕着国家认同、制度建设和权利保障三重任务和方向，通过强化国家认同、完善政治制度建设，可以更好地履行政府职能，为公民提供安全的社会环境（对外、对内）、稳定的社会秩序、保障公民权利，进而提高公民的福利水平，实现社会公平正义。

二 国家结构形式

国家结构形式是指国家各部分领土的政治权力之间的关系，主要包括中央与地方政府的权力关系。[5]

国家结构形式与政体（polity）密切相关。政体一词可以有三种

---

① [美] 莱斯利·里普森：《政治学的重大问题——政治学导论》（第十版），刘晓译，华夏出版社 2001 年版，第 12—13 页。

② 叶麒麟：《现代国家建构的多维度考量》，《理论研究》2009 第 Z1 期。

③ 世界银行把国家功能分为三类。最简功能：提供纯粹公共物品（包括国防、法律和秩序、产权、宏观经济管理、公共健康）、保护穷人（包括反贫困计划、灾难救济）；中等功能：处理外部性（包括基础教育、环境保护）、监管垄断（包括公共事业管理、反垄断）、克服信息不对称（保险、金融监管、保护消费者）、社会保障（重新分配养老金、家庭津贴、失业保险）；积极功能：行业政策、财富再分配。见：*World Development Report 1997：The State in a Changing World*，London：Oxford University Press，1997，p. 27。

④ 关于这部分内容，在第三章国家能力相关问题的探讨中将有更详尽的论述。

⑤ 张千帆：《宪法学导论》（第二版），法律出版社 2008 年版，第 209 页。

不同的解释：①任何以政治形式组成的社会；②一个国家中的政府的组织形式，此意与政权一词同义；③亚里士多德所言 politeia 一词的英译，原指一种混合的政府组织形式。① 当代政治学上所指的政体即国家政权的基本组织形式，主要是指横向权力配置，即中央国家机关之间的组成形式——三权（立法、行政、司法）关系模式，也涉及纵向权力的配置，即国家结构形式。

自从人类社会共同体——国家出现后，千百年来，人们围绕着国家的主权、政体等贯穿于政治实践中的各类问题发展出了许多学说。政治思想的激荡不仅影响着人们在不同时期对于国家治理的追求，反过来也不断被做出基于现实的修正。古希腊思想家亚里士多德曾对政体做出经典定义，认为其是"一个城邦的职能组织"，而这一组织确定了统治机构和政权的安排，从而订立全体所企求的目标。② 古希腊城邦的政治制度虽然孕育了现代国家组织形式的雏形，但当时的城邦制与现代国家大相径庭，亚里士多德的理论亦缺乏主权的概念，这主要是由城邦的狭小规模引发的治权与主权重合所决定的。随着历史的发展和各国疆域的不断扩张，人类在政治生活中开始面临各种各样的治理与组织问题，如何在主权或是统治权确立的情况下，有效地对空前规模的现代国家进行管理，是横亘在各国政府面前的重要议题。

探讨政权的安排问题离不开对于分权的探索与实践，而分权的基础在于对主权的定义与理论化。近现代民族国家的演变使主权问题从中世纪的欧洲开始不断浮现，并在君主与教廷斗争的激化中衍生主权概念的传统定义："至高无上、不可限制、不可分割的统治权力。"③法国思想家博丹的主权理论最早体现了这一主张，他认为主权是一国内不受限制的最高权力，这种权力以统治者为中心，其不仅是永恒的，并且能为所有臣民制定法律。博丹的思想受当时的历史背景影响

---

① 韦农·波格丹诺（英文版主编），邓正来（中文版主编）：《布莱克维尔政治制度百科全书》，中国政法大学出版社 2011 年版，第 518 页。

② ［古希腊］亚里士多德：《政治学》，吴寿彭译，商务印书馆 2008 年版，第 181 页。

③ 张千帆：《主权与分权——中央与地方关系的基本理论》，《国家检察官学院学报》2011 年第 2 期。

甚深，旨在为结束当时欧洲的混乱、建立统一的国家提供理论支持，可以说这一主权概念为现代意义的单一制国家提供了理论雏形。不过值得注意的是，最初的主权理论存在着对主权概念机械定义的倾向，在它的语境中统治者不受《社会法》的控制，仅约束于《自然法》，亦即统治者与被统治者的"契约"①，这样一来，主权归属于哪一方的问题则浮现了出来。霍布斯为了解决这一问题，提出了将主权赋予立法机构的理念，并宣称国家就像一个由全体人民组成的庞然大物（利维坦）。卢梭在此基础上进一步将主权与整个社会或者人民画上了等号，他认为主权不仅应由立法权体现，而且不能够被任何政府机构代表，人民的一切意志只能由人民自己直接表达。毫无疑问，这一构想在理论上与现实相去甚远，仅仅可能在较为原始的城邦或其他小型社会中实现。从这个角度来看，主权理论的概念从一个机械化的极端跳到了另一个机械化的极端。

主权理论的学者们普遍局限于当时的历史背景，无法跳出对于主权概念绝对化的桎梏。诚然，他们的学说对于欧洲民族国家的建立与统一进程起到了重大作用，但在日益复杂化的非君主主权国家面前显得效力不足。与欧洲近代建立的许多单一制国家不同，美国的建国者面对着广袤的土地，不仅吸纳了孟德斯鸠分权的思想，也借用了英国的议院制度，将主权进行一定意义上的分享，在保证各殖民地自治权力的基础上建立起联邦国家。这一实践打破了博丹等人对于主权概念的狭隘定义，证明其在实践中并没有无法被分割的"原子"。而且这种分权的尝试不仅局限于美国，也在世界上二十多个联邦制国家中取得了成功。现代的国际社会中，分权与主权的概念并无内在的分歧，但联邦制也并非分权实践的必然归宿。因此，越来越多的研究已倾向于将主权视作对于国家核心权力的表征，不再纠结于厘清其理论意义，而是转向对权力的现实运作与分配机制的关注。

---

① Jean Bodin, *Six Books of the Commonwealth*, M. J. Tooley trans. , Oxford: Basil Blackwell, p. 30.

本章主要关注纵向权力分配的相关问题，并将结合马来西亚和印度尼西亚的实践进行比较研究。

（一）单一制与联邦制

现代国家对于权力的分割大体可以被划为两大类：横向分权与纵向分权。前者主要体现为在不同层面对各级国家机构的权力分配，而后者则通常体现为对中央政府与地方政府之间的权限划分。国家结构形式的实质，是一个国家在地域上的各个组成部分以什么形式整合为国家的问题，亦即纵向权力配置问题，它主要涉及国家的整体与部分或中央与地方的关系。

在现代国家结构形式中，单一制（unitary system）和联邦制（federal system）是两种最常见的基本形式。当代学者普遍从联邦制定义的角度出发，对单一制与联邦制进行区分。一方面是因为单一的中央集权制国家是大多数现代民族国家选择的政治形态，只要区分出联邦制的特征便可以把其余不符合条件的国家归入另外一类；另一方面则是因为中央集权的思想内核与前文回顾的主权思想存在着一脉相承的关系，其理论范式已发展到一个相对成熟的阶段，面对当代全球化的政治环境所暴露的缺陷需要被新的哲学思维所补充，而联邦制度作为一种较新的权力结构，其演化过程中展现出来的多样性及其在实践中维护统一主权的可行性，无疑吸引着学者对其进行探索。

从宪法理论上讲，单一制是指由若干行政区域构成单一主权国家的国家结构形式。这种体制一般具有如下特征：通常只有一部宪法，一套中央权力机关；主权完全掌握在中央政府手中，次国家政府可以制定并落实政策，但是必须经过中央政府的允许；地方政府的权力来源于中央政府，由中央政府通过法律（通常是普通法律）授予，而宪法通常只是给予原则性规范；各地方机构和自治单位均接受中央政府的领导；一般实行一院制议会制度。选择单一制度的国家要么其国土规模相对较小，几乎所有的小国都实行单一制；要么内部社会利益集团相对单一，无严重的社会分裂，如北欧国家；抑或有着集权或君主制的历史传统，如法国、日本等国 ……①联邦制是指通常根据一部成文宪法的规定，在中央政府统一管辖的前提下，地方政府分享一部分国家权力的国家结构形式。在这种体制下，国家主权权力（某些公共事务的最终决定权）由中央政府和地方政府分享；各自享有一些对方不能侵犯的权力，如立法、税收权力；各级政府的责任和权力都在宪法中作了界定（界定方式：列举联邦的权力，保留成员单位的权力；或者列举成员单位的权力，保留联邦的权力；或者列举联邦专有权力、成员单位的权力、剩余共有权力）；联邦政府与州政府发生争端由联邦宪法裁决；联邦制国家一般实行两院制议会制度，地方在中央政府中有稳定的代表。州政府的发言权通常由议会制度中的上院来实现，并通过上院与联邦政府建立联系制度。② 大多数选择联邦制度的国家都拥有比较大的国土规模，全世界 20 多个联邦制国家占了全世界一半面积和三分之一人口。内部存在多元差异的国家往往也选择联邦制度，这些差异包括：自然地理的差异，因为一个国家的地域面积越大，地理环境的差别越大，不同地区形成其地区特色的可能性越大，因而也越有可能采取能够容纳地区多样性的联邦制；人文地理的差异，即语言宗教族群的多样性，当一个地域存在民族语言的多样性，实行联邦制就成为建立在这一地域基础上的国家的自然而然的选择；还有经济水平的差异，即一国之内不同地区之间存在较大的经济发展水平差异和产业结构的差异，但又需要建立共同市场；而具有分权政治文化传统和分治历史传统的国家往往偏好联邦制度，如瑞士和印度等国家。此外，安全因素也是某些国家选择联邦制的考量。安全因素包括两方面：一是军事野心，在国际舞台上有所追求的国家会改行联邦制或组成联邦制国家以壮大实力，提高国际地位。二是国际处境不安全也是导致联邦制形成的一个重要原因，例如美国。最后，还有一些在独立时选择了单一制的多族群国家，由于国内宗教民族问

---

① 参阅肖滨主编《政治学导论》，中山大学出版社 2009 年版，第 183—199 页；［美］迈克尔·G. 罗斯金《政治科学》（第十二版），林震等译，中国人民大学出版社 2014 年版，第 64—70 页。

② 同上。

题紧张而改行联邦制，以此缓和族群矛盾，维持共同体的存在，如比利时。

由于长期以来认为两种权力结构存在对立，人们普遍倾向于通过界定两者的区别来描述它们的概念。著名学者惠尔（Kenneth Wheare）曾在他的著作中基于美国宪法的内容对联邦原则作出了经典的定义——"一种分权的方法，令中央政府与地方政府在各自的范围内相互协调且保持独立"①。根据他的观点，联邦制实质上是一种宪法上的政府间关系，联邦制国家中的各级政府享有宪法意义上的自治，而单一制国家中的各级政府则为从属关系。这一定义固然在权力的意义上清晰地将两种制度划分了界限，但它在理论上的过于死板也招致其他学者的批评。伯奇（Anthony Birch）指出惠尔的主张在现实中无法找到完全相符的对象，因为联邦政府并不一定会局限于自身的范围，还经常会对一些地方政府管辖的事务立法，而且当地方政府享受来自联邦政府的财政拨款时，其自身实际上就不是独立于联邦政府了。针对惠尔的理论缺陷，伯奇提出了一个新的范式，认为联邦制是一个包含了中央与地方权力机构的分权系统，两级机构在各自的范围内互相协调，并直接通过各自的体系对治内人民负责。② 不难看出，伯奇的联邦制理论相对宽松，重点关注国内各级政府的协调与合作，摒弃了惠尔对于独立性的强调，从而更贴近现代联邦制国家运作的本质。

为了突出联邦制体系的合作性，伯奇还提出了国家可以在以下五个方面加强中央—地方合作：①联邦宪法应该详尽地列出共存的权力；②如果有多个地方政府授权联邦政府对原属地方政府管辖范围的实务进行立法，且授权决议被州立法机构一致通过，那么该项权力便可被授予联邦立法机构；③联邦议会可以针对各州辖内事物立法，只要这些法案能够被特别设计为代表各州利益的立法院以多数赞成通过；④在涉及国家或军事利益的情况下，中央政府有权指导各州政府

---

① Kenneth Wheare, *Federal Government*. London: Oxford University Press, 1967, p. 10.

② Anthony Birch, *Federalism*, *Finance and Social Legislation in Canada*, *Australia and the United States*, Oxford: Clarendon Press, 1957, p. 306.

建立或保持与中央的相关沟通渠道⑤宪法内涉及金融的条款可以为中央地方政府间的合作提供便利。① 这些构想在现代的许多联邦制国家的政治结构中都得到了体现，例如美国宪法第五条规定了在各州三分之二的州议会请求之下，国会便应召开修宪大会，若得到四分之三的各州议会或四分之三的各州修宪会议批准，则可通过对宪法的修订。② 这一条款有效地强调了州政府享有的权力，确保其与联邦政府在重大事务上的合作，体现了上述第二点原则的理念。此外，美国、加拿大、马来西亚等联邦制国家均有参议院或类似的由各州代表组成的立法机构，保证了上述第三点提及的"代表各州利益的立法院"的存在，有效地加强了中央与地方的联系。

惠尔与伯奇在联邦理论上的分歧代表了两种迥然不同的观念：即将中央与地方政府视为平等竞争者的"二元联邦主义"，和将两级政府视为平等合作伙伴的"合作联邦主义"。从现实国际社会的角度来看，后者在联邦化的进程中显现出了较强的生命力和可行性，更符合国家长久稳健发展的需要。即使是被普遍视为联邦制国家典范的美国，其两级政府间关系也从建国初的"二元联邦主义"逐渐转化为"合作联邦主义"。③

然而，值得注意的是现代联邦制国家内部并不仅仅以合作性为特征，地方政府与中央政府之间还存在着各种讨价还价的扯皮甚至是冲突。沃茨（Ronald J. Watts）在他的著作《联邦系统的治理》④ 中，深入研究了在亚洲、非洲等地区的联邦国家中存在的这些现象，并认为若将这些新兴的联邦政体纳入"合作联邦主义"的范畴则显得过于简单化，用"相互依存的联邦主义"描述它们的分权结构更为合适。

---

① Anthony Birch, *Federalism*, *Finance and Social Legislation in Canada*, *Australia and the United States*, Oxford: Clarendon Press, 1957, pp. 306, 293 – 294.

② ［美］汉密尔顿·杰伊·麦迪逊：《联邦党人文集》，程逢如等译，商务印书馆2004 年版，第 439 页。

③ 肖滨：《从联邦化的双向进路与两面运作看西方联邦制》，《中山大学学报》（社会科学版）2005 年第 4 期。

④ Ronald J. Watts, *Administration in Federal Systems*, U. K.: Hutchinson, 1970. p. 7.

综上所述，在纵向权力结构的角度看来，当代的国家实际上都可被归入单一制或者联邦制的其中一个范畴。但单一制与联邦制不应该被贴上严格对立的标签，在中央与地方关系的管理体系中，两种不同制度分权的程度在实践中常常不存在明显的鸿沟，既非典型的单一制度，亦非典型的联邦制度，而是出现彼此趋同的现象，人们通常称为"准单一制度"或"准联邦制度"，如本书将要探讨的两个案例：马来西亚和印度尼西亚，马来西亚虽然实行联邦制度，但倾向于中央集权，其中央集权程度远超目前处于民主化时期的印尼，而印尼形式是一个单一制的共和国。印度尼西亚独立后长期实行中央集权制度，但近年来正在进行地方自治改革，有学者称为"准联邦主义"的改革。① 因此，无论是哪种制度，它们在实际运行中对中央—地方关系的影响及带来的社会后果，远比概念化的理论要复杂得多。所以，在法律和理论的区分之外，更重要的是对实践中的权力结构展开针对性的研究。国内外不少学者呼吁学界突破传统的二分法，针对实际的分权状态作出对比研究，而这也是本章的研究重点所在。

（二）两种国家结构的优势与弱势

正如前文反复提及，联邦制与单一制的内涵发展至今已突破了传统的对立色彩，不少采用联邦制的国家保留了浓重的中央集权的特征，也有许多单一制国家汲取了联邦主义的理念。因此两种制度之间实则不存在绝对意义上孰优孰劣的问题，而只存在是否适用于某个国家的问题。不过，我们依然可以就它们大致的外貌特征，结合一些国家的实际经验来分析两种权力结构在各种背景下的优势与弱势。

美国政治学家莱克（William H. Riker）在研究联邦国家时曾提出"中心化"和"外围化"的概念，他认为如果联邦政府只需要在非常有限的政策制定领域与各州首脑进行商榷，那么该国的联邦制度就是高度中心化的，反之则应被视作外围化，一个国家在实际运行中

---

① Jacques Bertrand, "Indonesia's Quasi-federalist Approach: Accommodation Amid Strong Integrationist Tendencies," *International Journal of Constitutional Law*, Vol. 5, Issue 4 (2007): 576 – 605.

表现出来的特征靠近哪一个极端，则可由哪一种概念来描述。① 由于联邦制是"一种介于完全分离的自治体与高度集权的单一制之间的制度安排"②，我们完全可以合理地扩充莱克的理论内涵，将单一制与联邦制置于衡量"中心化"与"外围化"的天平之上。而在对以往种种学术观点的回顾中，也不难总结出分权的程度是区分两种制度的大致特征，虽然这一特征并不绝对。因此，我们可以将对两者的比较转化为对具体制度表现出"中心化"或"外围化"时的评估。另外值得注意的是，它们应该被视作动态的过程来研究，正如联邦制可以是一种从分散到集中的"联邦整合"，也可以是单一制国家的"联邦化"③。

从这一过程分析的视角来看，在单一制国家或者说那些倾向于"中心化"的国家内部，其中央集权程度较高，地方政府与中央政府在重大战略上能够保持步调一致，同时能够有效地消弭地方保护主义，保证各地区人民的紧密联系。但如果这种程度过高，则会导致行政效率低下、使社会失去活力。同时，假如国内的地区或是民族矛盾过于尖锐，"中心化"也未必能奏效。比利时在 20 世纪 80—90 年代由单一制逐渐转为联邦制的过程，正是出于缓解北方的佛兰芒人与南方的瓦隆人长期矛盾的目的。在这种特定的历史背景下，"外围化"显得比"中心化"更为合适。当然，无论是单一制还是联邦制，它们的运作都是以整合国家资源、维护国家统一为前提的。即使有的观点认为国家的权力结构的发展方向在于不断深化其分解程度，④ 但若到了完全分离的自治体的程度，则"中心化"与"外围化"之比较也无意义了。

"外围化"在现代国家的建设时期无疑非常重要，而"中心化"

---

① William H. Riker, *Federalism*: *Origin*, *Operation*, *Significance*, Boston: Little Brown, 1975, pp. 5 - 6.

② 肖滨：《从联邦化的双向进路与两面运作看西方联邦制》，《中山大学学报》（社会科学版）2005 年第 4 期。

③ ［加］丹尼尔·威恩斯托克：《走向规范性的联邦制理论》，《国际社会科学杂志》（中文版）2002 年第 1 期。

④ 童之伟：《单一制、联邦制的理论评价和实践选择》，《法学研究》1996 年第 4 期。

则影响了现代国家的形成。由传统的分散权力向中心聚合，可以是向单一制国家过渡，也可以是联邦制国家的形成过程。莱克在他的著作中曾指出，由独立的自治体到联邦国家的建立可以被视作一种讨价还价的过程，而此中有两个要素应得到满足：一是"扩张优先"，即一些政客出于扩张实际领土控制范围的需求而希望将各独立邦合为一体，但在追求这一目标的过程中由于不能付诸武力，则只能通过对各组成单元让利来达成谈判；二是"军事优先"，即各独立邦等组成单元由于面临着外部的军事威胁或机遇，希望通过让出部分主权来组成一个强大的联盟，以抵御外敌或是进行联邦的扩张。① 莱克的观点也为维持统一说提供了理论基础，无论分权的程度如何，其目的都是在统一的大框架之下寻求最优的治理模式。

惠尔在分析联邦制度时指出："联邦政府自身并不总是等于良好的政府，它最多只能算是一种通向好政府的途径。"② 单一制亦然，评价一种制度的优劣不能脱离实际，能够适应一国具体国情的制度对于该国来说就是好的制度，也是通向善治的途径。一国的纵向权力结构能否促进国家发展与维护政治稳定，关键在于影响其运行的因素，而不是名义上的区分。

三　纵向权力配置与现代国家建构

如前所述，现代国家构建围绕着权力与权利而展开。权力建设的目的是为了保障和实现公民的权利，但国家权力扩张不应该是无度的，而是有其底线，其底线则体现在以公民权利最大化为限度。

那么，国家结构形式，即纵向权力配置模式在现代国家构建中处于什么地位？产生什么作用？哪种国家结构形式更有利于现代国家构建？下面将就这些问题展开讨论。

（一）纵向权力配置是现代国家构建的主要任务之一

现代国家建构要处理两大关系：权力关系—横向权力关系（立

---

① William H. Riker, *Federalism: Origin, Operation, Signif Icance*, Boston: Little Brown, 1975, p. 12.

② Kenneth Wheare, *Federal Government*, London: Oxford University Press, 1967, p. 34.

法、行政和司法权力关系）、纵向权力关系（中央与地方权力关系）；权利关系—横向权利关系（国家与社会的关系）、纵向权利关系（中央与地方权利关系）。若从一维观点看，它与民族国家建设密切关联，具体来说，与国族构建、国家认同、制度建设密不可分。从二维观点看，民族国家构建和民主国家构建，意味着国家权力与公民权利的发展，纵向权力配置亦是其中重要部分。若从多维观点看，现代国家功能的扩张，绕不开中央与地方权力关系问题，因为现代国家功能扩张首先是中央政府功能的扩张：它的边界一方面涉及横向的国家与社会关系边界；另一方面涉及纵向的中央与地方权利关系界限。

因此，纵向权力配置，或者说国家结构形式是现代国家构建的重要组成部分，是现代国家构建不可回避的重大问题。

（二）纵向权力配置对现代国家构建的影响

处理中央与地方关系往往是许多国家面对的难题，是现代国家建设成败的关键。福山在《政治秩序与政治衰败》中论述了这样的观点：一个强大稳定的中央政府是现代意义上民族国家产生和发展的重要前提。一种理想的政治模式应该是"强有力国家（state）、法治（rule of law）和负责任的政府（accountable government）三者的平衡"，而"强有力国家"在很大程度上归因于强大中央政府的建立。纵向权力配置关系到一个国家是否能够维系良好的中央与地方关系，进而影响国家的构建。而良好的中央与地方关系"一是能充分保证强大中央对整个国家的统一领导；二是能充分发挥地方的自主性和活力；三是拥有相对完善的中央与地方关系协调机制，能够以规范化、制度化的方式较好地解决中央与地方之间的矛盾和冲突"。① 反之，则会影响中央对地方的权威，妨碍地方发展，激化中央与地方的矛盾。

首先来看纵向权力配置对现代国家权力构建的影响。政体是国家

① 宣晓伟：《现代国家中央与地方关系的基本特征》，《中国发展观察》2014 年第9 期。

政权的安排，是国家的权力结构形式。探讨政权的安排问题离不开对于分权的探索与实践。一个国家如果不能实现权力分化与制衡，不能称为现代国家。现代国家权力的配置主要是沿着横向和纵向两个维度进行的。在现代国家中，理想的国家结构形式是：拥有一个强有力的中央政府，以及一个充满自由活力的地方政府。然而，这二者之间是充满张力的，"在强大稳定的中央与自由活力的地方之间，必然会产生矛盾和冲突，如何合理界定两者各自的权限范围、有效化解双方的纠纷是现代国家处理好中央与地方关系的重中之重"①。处理得当，可以达到强化国家能力，强化中央政府权力的效果，反之，则可能导致负面效果：一种可能是地方权利过大，影响中央政府的渗透力和施政能力；另一种可能是地方权利受到中央压制，地方利益得不到伸张，影响地方对中央政府的认同，影响政府的合法性，进而影响国家认同，不利于国家整合。

其次来看纵向权力配置对公民权利保障的影响。公民权利包括个体权利和集体权利。在一个国家内，根据分类标准不同，集体权利的主体类型不同，以下略举四种。

根据宗教文化信仰划分，可以分为不同宗教信仰群体、不同语言群体等不同族群。

根据经济地位划分，可以分为富裕群体、贫困群体、中产阶层。

根据地域划分，可以分为不同地域群体。

根据职业划分，可以分为公务员群体、农民群体、产业群体、商人群体……

现代国家必须为包括所有群体在内的公民提供安全的社会环境（对外、对内）、稳定的社会秩序，保障公民权利，进而提高公民的福利水平，实现社会公正。纵向权力配置首先影响不同地域群体的利益，进而影响各地域内不同宗教族群、不同职业群体、不同阶层的利益。

因此，纵向权力配置是现代国家构建成功的关键，纵向权力配置

---

① 宣晓伟：《现代国家中央与地方关系的基本特征》，《中国发展观察》2014 年第9 期。

不合理，就会导致各种危机。派伊在《政治发展的面面观》中认为，一个社会要想成为现代化的民族国家，就必须成功地解决以下六种危机。①

一是认同危机，这是第一个也是最根本的一个危机，由认同感的获得所引发，指的是传统族群和语言集团的认同与更大的国家认同相抵触。

二是合法性危机，与认同危机密切相关。合法性是一个制度问题，其中涉及中央与地方当局之间的制度安排。当地方当局对纵向权力配置不满意，中央政府的合法性危机就出现了。

三是贯彻危机，这是行政效力的问题。当政府的施政不能获得人民的支持，就产生了贯彻性危机。

四是参与危机，这是大众参与的问题。当政治参与扩大的合理速度不确定，以及当新参与进来的力量给现存体系带来严峻考验时，参与危机就会发生。

五是整合危机，这一危机包括把大众政治与政府活动联系起来的问题，因此，它代表了有效而妥当地解决贯彻和参与危机的问题。

六是分配危机，涉及如何运用政府权力，以影响社会中的商品、服务和价值的分配问题。

派伊指出，上述六种危机在不同国家出现的次序各不相同，而在大多数新独立国家，危机是同时爆发的。能否成功处理这些危机，是现代国家构建成败的分水岭。

在现代国家构建进程中，一些国家失败了，一些国家成功了。美国《外交政策》（Foreign Policy）双月刊与美国和平基金会（Fund for Peace）从 2005 年起，每年都共同编制和公布世界失败国家指数（failed states index），根据各种社会、经济、政治和军事指标，就各国总体的社会稳定性进行排名。排在前 60 位的国家被称为脆弱国家（vulnerable/ fragile states），一开始称为失败国家（failed states）。根据美国上述评估

---

① ［美］鲁恂·W. 派伊：《政治发展的面面观》，任晓、王元译，天津人民出版社 2009 年版，第 80—85 页。

机构的界定，失败国家是指一个国家的中央政府非常软弱或无力，不能实际控制其大部分的领土，不能提供公共服务，国家存在广泛的腐败和犯罪、难民和非自愿流动人口，并面临急剧的经济衰退。①

可见，在现代国家构建中，中央政府能力至关重要，一个有能力的中央政府首先是权力集中的政府，而纵向权力配置直接影响中央政府权力的集中，进而影响一个国家是否有足够的能力面对和处理现代国家构建中出现的各种危机。

第二节 马来西亚联邦制度与现代国家建构

一 马来西亚联邦制度的形成

马来西亚的政治系统既有深受英美体系影响的一面，也独具自身国情和历史背景的特色。从 16 世纪以来，马来西亚在现代意义上的国土领域曾先后被葡萄牙、荷兰及英国所统治。持续的殖民统治一方面源源不断地将这片富饶土地上的资源输送到欧洲大陆，另一方面也引入了西方的制度和管理模式。其中，英国人对马来西亚的经营最为完善，在各方面的影响最为深远，而联邦制度也正是由他们引入的。英国势力在马来西亚的统治，最早可追溯到英属东印度公司在 1786 年对槟榔屿的占领。1819 年，英国从柔佛苏丹手中获得了新加坡，随着又在 1824 年获得荷兰人对马六甲的控制权。1826 年，英国正式将这三块殖民地组合为"海峡殖民地"，实行直接管理。从 1875 年开始，英国开始扩张势力范围，对霹雳、雪兰莪、森美兰等地派出驻扎官（resident），而当地苏丹必须在除宗教及风俗外的一切事务听从英国顾问的意见。除了顾问制度外，英国人还从 1877 年开始引入了州议会制度，初步搭建起了各殖民地政府的框架。以霹雳州为例，第一届州议会的八名成员中包含了四位马来裔、两位华裔以及两位英国代表，由本州苏丹或首领任命。但因为州议会的名单实际上由英国顾问定夺，再加上这一机构并未被赋予实质性的权力，因此这两种制度

---

① http://fsi.fundforpeace.org/；http://www.global.fundforpeace.org/index.php.

的引入大大加强了殖民者对各地区的直接控制。

随着欧洲工业化发展对锡、橡胶等自然资源的需求不断增长，作为原产地之一的马来亚对于英国的价值越发明显，为了进一步巩固管理，英国人在19世纪后期到20世纪初期对该区域的政府机构整合投入了大量精力。首先，霹雳、雪兰莪、森美兰、彭亨四地在1896年组成了马来联邦（Federated Malay States）。1909年，英国又相继向吉兰丹、丁加奴、吉打、玻璃市派出顾问，加强对马来半岛边缘地带的控制。1914年，柔佛、苏丹国在英殖民政府的压力下最终全盘接受了顾问体系，在一切行政事务上听从英国顾问的意见。至此，英国完成了对整个马来半岛"分而治之"的战略，通过直接统治海峡殖民地、间接控制马来联邦、马来属邦（Unfederated MalayStates，即吉兰丹、丁加奴、吉打、玻璃市、柔佛），这三种管理模式将各块殖民地置于掌控之下。① 其中，马来联邦的建立是马来西亚首次对联邦制度做出尝试，虽然其内部各州的统治者基本上还是殖民政府的傀儡，但它所采用的政治框架已粗具现代联邦制的雏形，而且各州政府机构的整合与交流也为日后马来半岛各邦的进一步融合提供了良好的开端。

（一）从马来联邦到马来亚联盟

英国殖民统治时期，马来联邦在名义上设立了州议会等确保地方事务自治的机构，不过各州的行政实际上还是牢牢掌握在殖民者手里。州议会虽然有立法权，但实际法律皆由英国顾问起草，议会成员除了批准通过之外别无其他选项。这种大包大揽的做法，很快引起了被边缘化的马来统治阶层的不满。为了缓解苏丹们的忧虑，英国驻马来亚高级专员安德森在1909年设立了联邦议会，将部分州权力集中至中央政府，以抑制地方上英国顾问的过大权力。随后，马来联邦在1927年再次进行调整，将部分权力让渡于州议会，赋予地方更大的自由度。虽然这两次调整的方向截然相反，但实质还是英国为了安抚各地马来统治者并巩固统治做出的安排。在第一次的权力集中化调整中，英国人希望通过建立中央机构来引领协调殖民

---

① 黄云静：《马来西亚联邦体制特点及其成因》，《东南亚研究》1996年第5期。

地的发展，同时消弭各州苏丹对顾问制度的不满，但由于他们并未从中得到实质性的好处，所享受的自治权力也远不及马来属邦的统治者们，这一改革并未取得多少认可。第二次的分权尝试中，地方政府享受到了更多的权力，州议会可以在不与联邦议会颁布的法律相抵触的情况下对任何事务立法，因此该调整应被视作一次真正的联邦制实践。

这种权力下放的尝试一方面是马来统治阶层不断争取的结果，另一方面也促进了各州政治意识的觉醒，分权化的趋势一直持续到第二次世界大战日本侵占该地区。日军在占领期间，客观上唤醒了东南亚的民族主义与反殖民主义。与印尼和缅甸的高层精英相似，不少马来精英人士非常愿意与日本合作，导致马来族群与以华人主导的反日游击武装之间冲突频发。二战结束后，返回马来亚地区的英国殖民政府也留意到了种族间的紧张态势，转而计划再次推进权力集中化，希望通过强制性的约束来维持社会稳定。这一计划的具体构想为建设一个除新加坡外包含所有殖民地在内的马来亚联盟（Malayan Union），该联盟由英国总督管辖，且域内所有居民一律享有平等的公民身份。为了施行这一计划，英方派出了代表游说、威吓各州的苏丹，并分别与他们达成私底下的协议。

1946年4月，马来亚联盟正式成立，但其随即招致了大片反对之声，因为各州政府以及苏丹基本上被剥夺了实权，且马来族群担忧他们的特殊地位会丧失殆尽。在马来民族主义被大大激化的情况下，主导马来西亚政坛的政党——巫统（UMNO）于同年5月在柔佛诞生了，他们的目标为通过不参与、不合作、上街游行的方式反对马来亚联盟。① 迫于民间的反抗情绪，英国不得以派员至当地进行听证调查并最终于1948年2月1日推行了新的方案，由马来亚联邦（The Federation of Malaya）取代旧的政体。短命的马来亚联盟，反映了各殖民地苏丹国对于地方自治的渴求，以及族群之间开始浮现的分歧。

---

① Diane Mauzy, *BarisanNasional*: *Coalition Government in Malaysia*, Kuala Lumpur: Marican & Sons, 1983, p. 7.

（二）走向独立的马来亚联邦

马来亚联邦保留了马来亚联盟的管辖范围，将除新加坡以外的
11 块殖民地全部纳入治下，同时设立了由各州领导人组成的统治者
会议，该机构有权对联邦议会的立法法案进行商榷。新的政府框架实
际上恢复了战前的社会秩序，并确认了马来人享有的特权地位。① 它
不仅是英国殖民者与当地主体民族马来人妥协的结果，也为英国在战
后的马来亚实行有效的集权统治提供了便利。不过，这一安排虽然满
足了马来族群的需求，却引起了华人等其他少数族裔的不安，从吉隆
坡到地方各州，不断有华人群体通过各种渠道反对马来亚联邦。种种
不满最终发酵为暴力冲突。1948 年 6 月，在政体改革仅仅四个月之
后，马来亚共产党（下称"马共"）在整个半岛范围内发起武装起
义，组建游击队与当时的马来亚联邦政府抗争。联邦政府被迫在 7 月
宣布进入紧急状态，并将马共列为非法组织。一系列事件将该地区的
种族对立情绪激化到前所未有的程度，华人团体陷入不受英殖民政府
与马来统治阶级信任的状态。在华人政治前景蒙上阴影之际，一些华
人上层精英于 1949 年 2 月在吉隆坡组建了马来亚华人公会（下称
"马华公会"），力争保护华人政治权益。马华公会成立后，与英国当
局和马来统治者开展了合作，并为迁徙至"新村"② 的华人提供援
助。这些做法使马华公会赢得了当局与马来精英的信任，并在 1952
年与巫统组成联盟参加首届吉隆坡自治市选举，为日后马来西亚执政
联盟的多党合作奠定了基础。

1955 年，马来亚印度国民大会（下称"国大党"）加入巫统与

---

① 马来亚联邦是在英国政府与马来统治者们重新商讨后达成的协议之上建立的，新
的一系列协议规定马来亚将拥有一个高度集权的中央政府，有权管理涉及所有九个苏丹国
以及除新加坡外的两个前海峡殖民地的重大事务。此外协议还确定了马来亚联邦内的各州
为独立的联邦组成单元，同时恢复苏丹对本国在伊斯兰教务及本地事务方面的管辖权，并
建立对马来族群相对有利的国籍制度。

② 由于马共常常通过边远地区的华人村民获取补给，给当局的镇压带来极大困扰，
殖民政府于是将许多华人村民强制迁往有武装防卫的定居点，以将他们与游击队隔绝开来，
这些定居点便被称为"新村"（new villages）。马华公会不仅协助当局对华人进行搬迁，还
提供资金资助华人生活。

马华公会的阵营，三党联合组成"联盟"（alliance），参与首届联邦立法议会选举并一举拿下 52 个席位中的 51 席。随着以巫统为首的联盟登上马来亚半岛的政治舞台，当地民众争取独立的呼声也越来越高。于是在 1956 年 3 月，英国派出里德率领的宪法制订委员会为即将独立的马来亚起草宪法并提供相关建议。该宪法草案包含了以下几点特点：规定了独立后实行两院制和君主立宪制；联邦元首从各州元首中选出；确保了马来主体民族的特殊地位。马来亚联邦内的上层各界人士对该草案进行了反复的磋商，最终基本保留了里德委员会起草的大部分内容。马来公会与巫统之间也就独立后的族群问题达成了妥协，马来民族在政治上的优势地位得到承认（例如伊斯兰教成为国教，马来语成为官方语言），与此同时，华人在经济上的利益也受到保护，华人以及其他非马来族群一同享受平等公民待遇。从马来亚联盟建立到马来亚联邦走向独立的这一时期，各族群在当时分歧明显的情况下，最终还是通过政治上的博弈达成了较为稳妥的解决方案。1957 年 8 月 31 日，马来亚正式脱离英国政府统治，成为独立国家。

（三）马来西亚联邦的形成

马来亚联邦在 1957 年独立时，国内共有包括原马来联邦 4 州、马来属邦 5 州以及槟榔屿和马六甲在内的 11 个州。在建国后不久，首任政府总理东姑阿都拉曼便提出了与北婆罗洲以及原属于海峡殖民地的新加坡合并为一个统一的马来西亚的构想。领导新加坡的人民行动党由于一方面渴望从英国手中获得自治地位；另一方面把当地蓬勃发展的共产主义运动视为威胁，希望通过加入马来西亚联邦消弭隐患，因此积极响应合并的提议。而北婆罗洲中的沙拉越、沙巴两州因为经济发展长期处于较低水平，大多数当地居民对合并后的社会经济发展前景持乐观态度，也赞成加入马来西亚联邦。北婆罗三州剩下的文莱，则因税收分配、石油开采、分权关系、苏丹地位等问题与马来亚中央政府存在诸多分歧，最终没有签订合并协议。经过两年的协商准备工作，马来亚联邦与沙拉越、沙巴、新加坡于 1963 年 9 月 16 日正式合并为马来西亚联邦。不过好景不长，李光耀领导的新加坡人民行动党与巫统在政治权力分配上多次发生冲突，前者还联合各地非马来族群政党推动废止"马来优先"的各项政策，不断激化的矛盾最终导致新加坡于 1965 年 8 月被逐出联邦。马来西亚在新加坡脱离之后，维持其剩余版图及其联邦制度至今，历经半个世纪的稳健发展，在经济、社会、文化等方面取得了相当的成就，成为东南亚现代国家建设的典范之一。

目前，马来西亚联邦包括 11 个州和吉隆坡、布城、纳闽 3 个联邦直辖区，中央与各州均有各自的政府机构与宪法。在政府的构建方面，马来西亚在相当大的程度上借鉴了英国议会制和君主立宪制的经验，其议会由最高元首和上下两院组成。宪法规定最高元首（Yang di-Pertuan）为联邦首脑，首相为政府首脑。其中最高元首由西马 9 州（即除马六甲、槟榔屿之外的 9 个原苏丹国）的世袭苏丹组成的统治者会议选出，虽然统治者会议成员还包括了其余 4 州的州长，但他们无权参与最高元首的选举。最高元首的候选人同样从 9 位苏丹中产生，任期为 5 年且不得连任，每位苏丹最多只能当选一次。此外，宪法第 43 条规定了首相由议会选举胜出的政党领袖担任，其当选后应组建内阁并对议会负责。下议院的席位由五年一次的全民选举产生，而上议院的席位则一部分由最高元首任命，另一部分由各州州立法议会推选产生。在州一级层面，政府机关的框架基本与中央政府相似，州立法议会实行一院制，另有一个执行委员会履行类似联邦政府内阁的职能，而州统治者也依此执行委员会的建议行事。

二　马来西亚纵向权力配置的特点

马来西亚的国家结构形式经过长时间、广泛的酝酿讨论，由来自各英联邦成员国的知名宪法学专家设计而成，比较适合马来西亚的国情，因此在实践过程中变动不大，即使有所变动，也是沿着原来设计的方向进行调整，不至于引发危机。

根据马来亚联邦宪法、马来西亚联邦宪法及其修订条款，以及马来西亚独立建国的实践，马来西亚纵向权力配置具有以下两大特点。

（一）绝大多数权力赋予联邦政府，州政府权力有限

负责马来亚独立宪法起草的里德委员会对于建立马来亚联邦的指

导思想是：建立强有力的中央政府，同时予各州以自治权。而在实践过程中，更多的是强调前者，于是马来西亚联邦体制呈现中央集权的倾向，而且这种倾向在不断加强。①

在马来西亚联邦宪法中，对联邦和州的立法权、行政权和财政分配作了明确的界定。

在立法权方面，宪法第 73 款和第 75 款规定，联邦议会可以制定有关整个联邦或联邦任何部分的法律，同时规定，州立法会议可以制定有关整个州或州的任何部分的法律。也就是说，联邦议会有权为全国范围或者地方范围的事务立法，而各州议会则只能对本州事务立法。而如果州的法律与联邦法律相抵触，以联邦法律为准，州的法律无效。联邦政府在立法权方面的优势地位一目了然。②

在行政权力方面，宪法规定联邦政府在联邦国会有立法权的所有事项上均拥有行政权力；同时规定，州政府在州立法会议拥有立法权力的所有事项上均拥有行政权力。当国家处于紧急状态时，联邦之行政权必须扩展至州立法权限内之任何事务。不难看出，联邦政府在行政权力配置方面也是高度集中。

以上是划分联邦政府和州政府权力的基本原则，为了实际操作的方便，宪法列举了联邦政府和州政府的权力事项，分为联邦事务和州事务以及共同事务，联邦事务的立法权和行政权归联邦国会和联邦政府，州事务立法权和行政权归州立法会议和州政府，共同事务的立法权和行政权由联邦和州共享，但联邦有优先权。联邦政府拥有外交、国防、内部安全、财政、教育、卫生及社会福利等方面的最高权力，留给各州政府的管辖事项仅占 12 项，集中在伊斯兰教法、土地所有权、农林业、水资源等方面。③

在宪法修改程序上，联邦国会只要在上、下两院二读、三读中均

---

① 黄云静：《马来西亚联邦体制特点及其成因》，《东南亚研究》1996 年第 5 期。

② *Federal Constitution of Malaysia* [Incorporating all Amendments Up to P. U. （A）164/2009]. http: //unmis. unmissions. org/Portals/UNMIS/Constitution-making% 20Symposium/Federal% 20Constitution% 20of% 20Malaysia. pdf.

③ 米良：《论马来西亚宪政制度的特点》，《学术探索》2009 年第 6 期。

获得不少于三分之二的票数支持即可修改。除沙巴、沙拉越两州外，其他州无权否决不受欢迎的宪法修正案。在某些情况之下，联邦议会还可为各州制定法律（有关伊斯兰教及马来风俗习惯和婆罗洲土著风俗习惯的法律除外）。各州行政权力亦受到诸多限制。首先，其行政部门的设置需经中央政府同意。其次，一州之行政首脑（称州务大臣或首席部长）由联邦首相提名，州议会通过后再经州元首或苏丹加以确认委任。一些州的管理阶层均由中央选派。当国家处于紧急状态时，联合邦之行政权必须扩展至州立法权限内之任何事务，及时对州政府或属下官员或机关发出训令。

在财政收支的分配方面，联邦政府垄断了大多数的财政权力，掌握主要收入来源，统管重要的税收项目，对个人所得税、进口关税等占大头的税收项目进行征收，留给州的则是收入较少的项目，例如土地税、森林税等，这导致各州的收入很难维持收支平衡。

（二）各州的地位和权力存在差异

马来西亚联邦宪法赋予各州不同的地位和权利，联邦与州的关系呈现多样性特点。总体来看，东马两个州——沙拉越和沙巴的地位和权力要高于西马的 11 个州，而西马 11 州的地位和权力亦存在差异。

首先，来看立法权力。马来西亚宪法的修改程序。一项宪法修正案只要在联邦议会上院和下院二读、三读时获得 2/3 票数的支持即可通过，一般的州无权反对，即使修正的内容涉及州的利益（州界问题例外）。但在东马二州，有关这两州的宪法修改需征得有关州的同意。此外，各州的法律地位还存在其他的差异，如最高元首的选举，有些州（保留苏丹制度的原马来属邦各州）有选举权，其他州则无此权利。

其次，来看人事权。各州之行政首脑（称州务大臣或首席部长）由联邦首相提名，州议会通过后再经州元首或苏丹加以确认委任。一些州的管理阶层均由中央选派。在前英国海峡殖民地各州，低层管理人员、办事员及劳工来自州内，中高层管理人员由中央调派；而在前英属马来亚联邦各州，只有办事员及劳工来自州内，管理阶层全由中央调派；至于在前英国马来属邦各州，除专业技术人员外，文职人员基本来自州内。

在财政收支分配方面，联邦宪法制定专门的保护条款，允许东马的沙拉越和沙巴州保有较多的税收项目，其中一些为其他州所没有的，如石油产品税、人口税、矿物出口税等。而且这两州在贷款时所受限制相对较少，可在州法律授权并获得联邦中央银行同意下在州内借款。而在其他州，州法律不得授权州借款，除非向联合邦借款，或在不超过 5 年的期限内向联邦政府为此目的而核准的银行或其他财源借款，并须受联邦政府规定之条件约束。①

在宗教语言文化方面，根据 1963 年东马沙拉越和沙巴加入马来西亚联邦时与联邦政府达成的协议，在西马拥有国教地位的伊斯兰教，在东马二州不具超越其他宗教的地位，亦即不具国教地位；联邦政府关于宗教教育的要求，不可在东马二州实施；马来亚独立后规定马来语为国语，并在西马定下十年过渡期（1957—1967 年），过渡期间可使用英语为官方用语，而对东马二州，允许继续使用英语，规定马来语文不可成为获得任何教育机会的条件，直到州政府认为州内所有学校已经为马来语文提供足够的教导，并且沙巴州、沙拉越通用之土著语言可在土著法庭或任何土著法及习俗法规中使用，在沙拉越，议员可在立法议会或其属下之任何委员会中以土著语言致辞；联邦政府还承诺赋予东马二州其他文化教育自主权。②

不过，随着马来西亚联邦政府整合国家的进程，东马二州的特殊待遇逐步被削减，这个问题将在后面进行讨论。

三　马来西亚纵向权力配置对现代国家建构的影响

马来西亚的联邦体制内，中央政府与地方政府之间长期存在着制衡与合作。中央与地方的分权更偏重联邦政府一方，其权力集中的倾

---

① *Federal Constitution of Malaysia*［Incorporating all amendments up to P. U.（A）164/ 2009］, http：//unmis. unmissions. org/Portals/UNMIS/Constitution-making%20Symposium/Federal%20Constitution%20of%20Malaysia. pdf.

② *Federation of Malaya, Malaysia：Report of the Inter-governmental Committee 1962*, Kuala Lumpur：The Government Press, 1963. 转引自［马来西亚］吴益婷《马来西亚联邦政治与砂拉越地方文教权》,《南洋问题研究》2015 年第 3 期。

向得到宪法明文支持；各州拥有的自治权力不一，如东马的沙巴和沙拉越两州在财政、文化、教育等方面享有更多的特殊政策。一方面，这些特征颇受一些学者诟病，被认为是违背了联邦主义的表现，但另一方面，也正是这些特殊的机制维护了马来西亚作为一个多种族、国情复杂的国家平稳发展至今。

（一）形成高度集权的联邦政府

马来西亚宪法起草委员会一开始就设想构建一个强大的联邦政府，因此赋予联邦政府大部分权力，只留给州政府少量而且不太重要的权力，形成强大的联邦政府和弱小的州政府这样一种纵向权力配置格局。联邦政府控制了大部分州政府的人事权和财政权，公务员由联邦政府派出，联邦政府掌握主要税收来源，州政府的自主权比较有限。由于州政府财政收入有限，不足以维持政府日常运作，只能仰仗联邦政府拨款。各州收入中来自中央政府的拨款主要有：（1）人口辅助金（按人口拨给）；（2）州公路辅助金（按各州公路公里数拨给）；（3）平衡辅助金（只拨给人均收入低于全国平均水平的州）；（4）收入增长辅助金（只有当年收入增长超10%时才拨给各州）；（5）从州储备金中提取的辅助金；（6）其他有条件拨给的辅助金、矿物出口税份额。[①] 以上各项构成州收入的重要部分。联邦政府通常指定拨款的用途，州政府并无使用拨款的自主权。由于州政府财政收入主要依赖政府拨款，州政府机构规模及工作人员薪酬改变均须经中央政府同意。也就是说，州政府基本的日常开支受到中央政府统管。[②] 而且由于州政府贷款亦受到联邦政府控制，州在大的发展项目方面受制于联邦政府。在选举期间，联邦政府执政党领导人经常警告选民，若不支持执政党就取消对州的财政支持和发展项目。利用这些财政手段，联邦政府牢牢控制了州政府。

而且，本来有限的州权力亦随着马来西亚联邦政府的国家整合计划的推进而日渐缩减。例如，在联邦议会中，州利益代表者在上院中

---

① B. H. Shafruddin, *The Federal Factor in the Government and Politics of Peninsular Malaysia*, New York : Oxford University Press, 1987, pp. 48 – 99.

② 黄云静：《马来西亚联邦体制特点及其成因》，《东南亚研究》1996 年第 5 期。

的影响力呈下降趋势。马来西亚联邦议会上院议员通过两种方式产生：一是各州推选，二是最高元首委任。由州推选的议员代表州的利益，而最高元首委任的议员则是来自行业的精英和社会贤达。从上述两部分议员在上院中所占比例的变化可以看出州的地位在受到削弱。1957 年在上院中选举议员与委任议员之比为 22∶16，共 38 人。选举议员多于委任议员，说明州的地位受到重视。1963 年仍是选举议员多于委任议员，为 28∶22，但从 1964 年开始发生变化，这一年选举议员第一次少于委任议员，为 28∶32。1993 年上院选举议员与委任议员之比为 26∶42。此后基本维持这样的局面。目前上院上议院共有 70 名议员，其中 26 名议员由全国 13 个州的州立法机构选举产生，每州两名代表；另外 44 名议员由最高元首根据总理推荐，在公共事务、商界、工农、自由职业、文化、社会服务行业中的卓越者或少数民族、土著代表中任命，其中 4 名为联邦直辖区（吉隆坡 2 名、纳闽 1 名、布特拉加亚 1 名）的代表。

　　当然，联邦政府的集权进程并非一帆风顺。在选举中，各政党尤其是反对党，为了赢得选票，还是需要重视州的利益诉求。实际上，无论是执政党当政的州，还是反对党当政的州，都发生过与中央政府对抗的事件。因此，在强大的联邦政府下，各州依然有话语权。[①]

　　（二）高度集权的联邦政府对马来西亚现代国家构建产生了良性影响

　　首先，高度集权的联邦政府有能力给马来西亚提供稳定的社会秩序，增强了政府的权威。马来西亚作为一个由不相连的两部分领土组成、包含三大族群（原住民马来人、源于殖民地时期的移民华人和印度人）的国家，国家整合的任务非常艰巨。集权的联邦制度设计，把大部分权力集中到联邦政府，有利于联邦政府加强行政监控能力，维持社会稳定，亦有利于联邦政府统筹国家发展计划，全局规划发展项目。事实上，正是由于联邦政府的集权和强势，马来西亚自独立和

---

　　① B. H. Shafruddin, *The Federal Factor in the Government and Politics of Peninsular Malaysia*, New York : Oxford University Press, 1987, p. 333.

建立马来西亚联邦以来，社会比较稳定，没有出现像其他多元族群的发展中国家常见的动荡和混乱，迄今只发生过一次比较严重的族群冲突，就是 1969 年发生的"5·13"事件，但由于政府采取措施得力，骚乱很快受到控制。独立半个多世纪以来，马来西亚的社会秩序良好。

其次，强势的联邦政府有能力贯彻国家发展计划，通过经济建设成就提升政府的合法性。马来西亚联邦政府推行的国家发展计划以"新经济政策"影响最大。在 1971 年到 1990 年 20 年时间里，马来西亚推行"新经济政策"，"新经济政策"的宗旨：发展生产，消除贫困，重组社会以达到民族团结，建立公平、合理、进步、繁荣的国家。"固打制"（quota）是"新经济政策"的核心，政府规定各个领域的族群份额和比例：在经济方面，规定所有上市公司必须由马来人拥有 30% 的股份；在教育方面，实行大学入学配额制度，确保马来人入学率占据绝对优势地位；政府公职人员录用方面，也规定马来人须占据 60% 以上的优势地位。"新经济政策"主要向马来人倾斜，马来西亚政府希望借此平衡各族利益。"新经济政策"实施 20 年，基本达到了预期效果，"新经济政策"彻底摧毁了旧的经济社会结构，大幅度提升马来人的经济社会地位。马来人股权从 1970 年的 2.4% 增长到 20.5%，非马来人为 46.4%，外国人的股权从 1970 年的 62% 下降为 25.1%。原住民的平均收入从 1970 年至 1987 年 18 年间增长了 390%（按市价计算）。[①]

历史经验表明，凡是触动既得利益集团的大变革、大改革，势必引发矛盾和冲突，导致社会动荡，甚至混乱。"新经济政策"是触动既得利益集团的、旨在摧毁旧的经济社会结构的大改革，在实施的 20 年间，马来西亚没有发生大的动荡，强势的联邦政府是维持社会稳定的根本原因。反过来，由于"新经济政策"的实施，"基本上改变了殖民时代遗留下来的资源分配状况、种族劳动分工，从

---

① ［美］贾拉尔·阿拉姆基尔：《公式与机遇：马来西亚的经济发展》，徐斌译，《南洋资料译丛》1995 年第 3—4 期。

而消除了民族冲突的重要社会历史根源"。① 新经济政策实施的 20
年也是马来西亚现代化发展的关键时期，其间 "马来西亚国内生产
总值平均年增长率达 6.7%。人均收入从 1937 马元增至 4268 马元。
年均通胀率仅为 4.6%；城乡差距、原住民和非原住民的收入差距
逐渐缩小；贫困率从 49.3% 下降为 15%"②。几十年来，马来西亚
经济持续高速增长，至 2008 年，马来西亚人均 GDP 达 7696.6 美
元，步入了中等发展程度国家的行列。③ 塞缪尔·P. 亨廷顿曾经总
结概括出发展中国家在现代化进程中有五项发展目标：增长、公
平、民主、稳定和自主发展。他认为这五项目标是不兼容的，即
"所有好事情一起发生" 总的来说是不可能的。④ 这是因为现代化进
程必然导致广泛的社会动员和利益多元化，而有关制度的建立和完
善需要假以时日，因此，利益冲突和社会矛盾不可避免，若处理不
好，很容易发展成为公开的、激烈的对抗，导致社会动荡和政局不
稳。⑤ 亨廷顿的上述论断是对某些发展中国家经验的总结，又陆续
被多数发展中国家的实践所验证。但是，马来西亚是一个例外，独
立建国半个多世纪中，马来西亚不仅在现代化进程中维持了社会稳
定，而且在亨廷顿所言五项发展目标上齐头并进，取得了令人瞩目
的成就，实现了 "所有好事一起发生" 的奇迹。"从经济成长、政
治稳定而言，马来西亚在发展中国家里头可算佼佼者"⑥。马来西亚
精英和联邦政府功不可没。

　　最后，集权的联邦政府有能力采取各种措施促进地方对中央、国
民对国家的认同。在涉及国家认同的国民教育问题上，马来西亚联邦

---

　　① ［马］H. 奥斯多·兰尼：《直觉发达的马来西亚梦想与挑战》，《南洋资料译丛》
1993 年第 3 期。

　　② 同上。

　　③ "ASEAN Secretariat," http：//www. aseansec. org/stat/Table1. xls.

　　④ ［美］塞缪尔·P. 亨廷顿等著：《现代化理论与历史经验的再探讨》，罗荣渠主
编，上海译文出版社 1993 年版，第 335 页。

　　⑤ ［美］塞缪尔·P. 亨廷顿：《变化社会中的政治秩序》，王冠华等译，生活·读
书·新知三联书店 1989 年版，第 38 页。

　　⑥ ［马］何国忠：《马来西亚华人：身份认同、文化与族群政治》，马来西亚华社研
究中心 2002 年版，第 1 页。

不断削弱州的权力，采取强势措施统一国民教育，推广马来语教育、伊斯兰教教育。例如，原来享有特殊待遇的各州，尤其是东马二州，其特殊待遇是有期限的，随着期限来临，甚至期限未到，联邦政府就逐渐取消这二州的特殊待遇，使之与其他州趋同。这种趋势集中体现在联邦政府在东马强势推广伊斯兰教和马来语，通过削弱地方在宗教、文化和教育方面的权益，联邦政府以国族建构（nation-building）方案渐渐取代1963年东马二州加入马来西亚联邦时达成的多元共存的共识[1]。尤其是在实施长达20年的"新经济政策"，基本达到了提升马来族的经济地位的目标后，马来西亚政府又调整政策，提出"2020年愿景"与国家发展政策，针对华人而非马来人的政治权力和经济利益诉求，提出"建立一个团结的马来西亚，塑造一个政治效忠和为国献身的马来西亚族"，[2] 引导和塑造地方和族群的国家认同。

不过，马来西亚联邦政府对州自治权力的压制亦带来一些负面效果，尤其是东马二州民众对自治特殊待遇的压缩颇有不满情绪，但他们未能构成对联邦政府的威胁。

总的来看，马来西亚纵向权力配置把大多数的、重要的权力集中于联邦政府，给现代国家构建带来的主要是正面的影响。

第三节 印尼的国家结构形式与现代国家建构

印尼于1945年宣布独立，独立后面临着民族国家建设的重大问题。印尼在这个问题上任务特别艰巨，因为在西方殖民者到来之前，印尼从来未曾建立起覆盖整个当代印尼版图的国家和政府，即使是荷兰殖民者，也是经历了长达300年的时间，于1913年才最后征服亚齐，把整个印尼群岛置于其殖民统治之下。因此，1945年印尼独立之时距离统一的印尼版图形成的时间不过30多年。如何管理这么辽

---

① ［马］吴益婷：《马来西亚联邦政治与砂拉越地方文教权》，《南洋问题研究》2015年第3期。

② ［马］林水檺、何启良、何国忠、赖观福合编：《马来西亚华人史新编》（第二册），马来西亚中华会堂总会1998年版，第106—108页。

阔的疆域，如何处理中央和地方的关系，印尼新政府并没经验。1945
年独立后，如何解决外岛与爪哇岛的分歧、协调地方与中央的关系，
一直是困扰每届政府官员的重大难题。

一　印尼现代国家建构背景与国家结构形式之争

（一）印尼现代国家建构背景

印尼是世界上最大的群岛国家，由 17504 个大小岛屿组成，陆地
面积 1910931.32 平方公里，其中约 6000 个有人居住。爪哇岛是全国
的政治经济文化和交通中心，也是世界上人口密度最大的岛屿。印尼
有着多元族群和宗教文化，共有 300 多个族群，其中主体族群是爪哇
族，约占总人口的 45%，巽达族占 14%，马都拉族占 7.5%，马来
人 7.5%，其他族群包括华人，共占 26%。这 300 多个族群操着 700
多种方言，分布在数千个岛屿上。印尼拥有五大官方认可的宗教，其
中伊斯兰教徒占总人口的 85%，基督教徒占 11%，印度教徒、佛教
徒和孔教徒占 4%。除了五大宗教，还有人数众多的原始宗教。[①]

印尼曾是荷兰殖民地，印尼现代民族共同体和统一的国家版图形
成比较晚，其现代国家的版图形成于荷兰殖民统治时期，荷兰人于
17 世纪初来到印尼，建立起殖民统治，殖民统治中心是爪哇岛西部，
荷兰人命名为巴达维亚，即今天的印尼首都雅加达。荷兰对整个印尼
群岛的征服花了 300 年的时间，在经历了 30 年亚齐战争后，于 1913
年才最后征服亚齐，把整个印尼群岛纳入殖民统治之下。

而印度尼西亚这个国名的由来，据说最早由英国人类学学者洛
甘于 1848 年提出，但只是作为地理名称使用。后来在印尼民族独立
运动中，一批留学荷兰的印尼学生正式倡议以印度尼西亚作为他们
的国名，并于 1922 年建立民族主义组织——"印度尼西亚协会"。
1928 年印度尼西亚青年代表大会发表宣言："印度尼西亚是一个国
家，一个民族，一种语言。"[②] 从那时起，印度尼西亚就作为国名使

---

① 印尼政府网站：http：//www.indonesia.go.id/en。

② Robert Cribb, "Nation: Making Indonesia," in Donald K. Emmerson ed., *Indonesia Beyond Suharto*, London: M. E. Sharp. 1999, p. 17.

用了。①

1935 年，印尼一些地区性的民族主义组织，如至善社、苏门答腊联盟、安汶联盟、马都拉联盟、巴达维亚联合会等以各地区代表的身份组成大印度尼西亚党。1939 年，印尼主要的民族独立运动组织组成印度尼西亚政治联盟成立，一致同意以红白旗作为团结的旗帜，以"大印度尼西亚歌"作为团结的歌，以印度尼西亚语作为团结的语言。"印度尼西亚"民族、国家的概念在民族独立运动中一步步加强，一个共同体正在形成。

1945 年，印尼宣布独立，当时距离印尼统一版图形成的 1913 年只有 31 年，距离 1928 年开始正式使用印度尼西亚作为国名只有 17 年。在这样一个疆域辽阔、并且民族共同体形成较晚的版图内构建现代民族国家，其困难程度可想而知，尤其是处理中央和地方关系、纵向权力配置问题，更成为独立初期印尼政府以及后来历届政府皆须面对的重大挑战。

（二）印尼国家结构形式之争：单一制与联邦制之争

印尼于 1945 年宣布独立后，在国家权力配置上，在横向分权上选择了西方式多党议会民主制度；在国家结构形式上，迫于荷兰的压力，于 1946—1949 年实施联邦计划，建立荷兰—印度尼西亚联邦下的印度尼西亚联邦制。1950 年，当荷兰人完全撤出印尼后，印尼的国家结构形式从联邦制度改为单一制度。

虽然"印度尼西亚联邦国"的联邦制度并未得到真正的、彻底的执行，而且当时联邦制度被认为与殖民主义削弱印尼民族国家统一的意图相联系，以至于"从那以后，对联邦制度的讨论也会遭到蔑视"。② 但是，联邦主义思想已经逐渐在爪哇与苏门答腊以外的区域，特别是"东印尼"地区生根。③ 进入后苏哈托时代，在民主政治自由宽松的舆

---

① 《东南亚历史词典》编辑委员会：《东南亚历史词典》，上海辞书出版社 1995 年版，第 107 页。

② ［澳］约翰·芬斯顿主编：《东南亚政府与政治》，张锡镇等译，北京大学出版社 2007 年版，第 79 页。

③ 戴万平：《印尼中央与地方关系发展与展望》，《亚太研究论坛》第 27 期，2005 年 3 月出版，第 157—176 页。

论氛围下，单一制度与联邦制度之争重新成为人们关注的话题。主张采取联邦制度的包括来自地方的政治势力以及部分政治精英。基于印尼的基本国情，在外岛地区，地方认同与族群认同往往强于对中央政府和国家的认同。代表外岛和地方利益的政治势力主张建立联邦制度。赞成联邦制度的还有一些政治学学者，他们纯粹从学理和国家利益出发，认为联邦制是以"去中心化"并通过民主体制解决印度尼西亚国家认同危机的必经过程。[1] 而主张单一制度的力量包括来自爪哇的政治势力以及部分政治精英和学者。由于爪哇人曾经在历史上建立过跨越外岛的中央集权政权，有着爪哇人优越、爪哇中心主义和中央集权情结。在传统爪哇政治文化中，中央集权哲学为一大特点，爪哇政治哲学认为权力应该集中于中央，任何分权都是邪恶和不道德的。[2] 因此，代表爪哇人利益的政治势力主张建立单一制度。主张单一制度的还包括部分政治学学者，他们则纯粹从学理和国家利益出发，认为单一制度有利于统一的印尼现代国家构建。

比较引人关注的关于联邦主义和单一主义的公开讨论发生在民主化初期。1999 年末、2000 年初，印尼公共舆论不断出现将印度尼西亚转型为联邦国家的言论，从当时的总统瓦希德到民间社会，联邦主义呼声日益高涨。支持联邦主义的主要是外岛精英、伊斯兰教势力和学者。比如时任总统瓦希德以及人民协商会议主席赖斯（Amein Rais）主张以联邦制度解决分离主义问题。赖斯及其领导的政党国家使命党认为，固执单一制度和中央集权制度是威胁印尼统一的最大敌人，应打破长期以来的政治禁忌，进行改革，在印尼实行联邦制度。瓦希德总统赞成赖斯的观点，在东帝汶公投独立后，他提出改革印尼单一制度为联邦制度。持单一主义立场的主要是爪哇精英和民族主义者（批评者认为他们实为爪哇主义者）。当时的

---

① Gerald S. Maryanov, *Decentralization in Indonesia as a Problem*, Ithaca: Cornell University Press, 1958, pp. 20-27, 转引自戴万平《印尼中央与地方关系发展与展望》,《亚太研究论坛》第 27 期，2005 年 3 月出版，第 157—176 页。

② Benedict R. O'G. Anderson, *Language and Power: Exploring Political Cultures in Indonesia*, Ithaca: Cornell University Press 1990, p. 24.

副总统梅加瓦蒂声称不接受联邦制……①亦有折中派别，不讨论制度形式，只讨论实质放权——地方自治，认为无论单一制度还是联邦制度，只要进行实质性分权、对地方放权，促进地方自治，就是合适印尼的制度。来自亚齐的学者 Qismullah Yusuf 认为，中央政府愿意放弃多少权力给予地方政府，是比讨论制度问题来得更重要。②

之所以存在上述争论，是因为印尼独立建国几十年仍然未能理顺中央和地方关系，未能建立起合理配置纵向权力的制度。下面分三个阶段就有关问题展开探讨。

二 苏加诺时期印尼的国家结构形式与现代国家建构

（一）苏加诺时期国家结构形式变化：单一制—联邦制—单一制

1945 年 8 月 17 日，苏加诺宣读独立宣言，印尼共和国诞生了，根据 1945 年宪法，印尼共和国是单一制的国家。但很快，荷兰人卷土重来，重新占领了印尼部分地区。1946 年 3 月，印尼共和国政府总理沙里尔（Sutan Sjahrir）和荷兰殖民者范·穆克（Hubertus Johannes van Mook）举行谈判，双方达成协议：荷兰人承认印尼共和国在爪哇、马都拉和苏门答腊的主权，印尼共和国承认荷兰对其他地区的主权，荷兰和印尼共同努力创建置于荷兰—印尼联邦之内的联邦制。③ 1946 年 11 月 15 日，沙里尔代表印尼政府与荷兰签订《林牙椰蒂协定》（又称《井里汶协定》），主要条文包括：荷兰承认共和国在爪哇、马都拉和苏门答腊为事实上的政权；双方同意，最迟于1949 年 1 月 1 日以前成立印度尼西亚联邦共和国。《井里汶协定》对

---

① "Federalism Debate Splits Indonesia's Government," http：//www. atimes. com/se-asia/AL10Ae01. html December 10, 1999.

② Qismullah Yusuf, "Independence, Autonomy or Federal State: Voice of Local People,". pp. 173 - 187; in Ikrar Nusa Bhakti and Irine H. Gayatri, eds. , *Unitary State versus Federal State*, Jakarta: Center for Political and Regional Studies, Indonesian Institute of Sciences, 2001, pp. 186 - 187. 转引自戴万平《印尼中央与地方关系发展与展望》，《亚太研究论坛》第 27 期。

③ ［澳大利亚］梅·加·李克莱弗斯著：《印尼历史》，周南京译，商务印书馆 1993 年版，第 303 页。

印尼联邦共和国的范围做了明确界定，提出印尼联邦共和国成立后与荷兰及其直属殖民地结成荷兰—印尼联邦。① 此后，荷兰人根据其联邦计划，陆续在所占领地区建立地方—联邦政府，至 1949 年，荷兰人共建立起 15 个邦国。在此期间，荷兰人还对印尼共和国发起武装进攻，导致印尼共和国政权管辖范围缩减，独立政权岌岌可危。由于荷兰人在印尼的行动不符合美国在东南亚地区的战略利益，美国主导联合国对荷兰施加压力，迫使荷兰退出印尼。1949 年 8 月 23—11 月 2 日，荷兰与印尼共和国在海牙举行了圆桌会议，同意建立印度尼西亚联邦共和国，并组建荷兰—印尼联邦，荷兰承诺最迟在 1949 年 12 月 30 日之前将主权交付印度尼西亚联邦共和国，印度尼西亚联邦共和国承诺在外交、国防、财政经济和文化方面与荷兰保持永久合作。② 1949 年 12 月 27 日，印度尼西亚联邦共和国 (Republic of the United States of Indonesia) 成立，由 16 个邦组成，原印尼共和国政府所控制的爪哇、马都拉和苏门答腊地区只是其中的一个邦。荷兰正式把印尼的主权移交给印尼联邦共和国。大多数印尼民族主义者认为，印尼联邦制度是荷兰人控制印尼的工具，妨碍印尼独立；接受联邦制度就得接受过去的殖民遗产。③ 因此，在荷兰人撤走后，以苏加诺为领导的印尼民族主义力量主导的印尼政府着手从联邦制转向单一制。1950 年 8 月 17 日，"印度尼西亚共和国政府"在庆祝国家独立五周年时，正式宣布废除联邦制，成为单一制的印尼共和国，并重新划定省份。

苏加诺是一位坚定的民族主义者，希望建立统一的印度尼西亚，他说："我们必须朝着这个方向走，从苏门答腊一端到伊里安一端的印度尼西亚统一土地上建立一个民族国家"，"只有包括整个印度尼西领土才能算是民族国家"，而印度尼西亚民族国家的第一个基础就是印度尼西亚民族主义。苏加诺强调，统一的印度尼西亚民族主义

---

① 《东南亚历史词典》编辑委员会：《东南亚历史词典》，上海辞书出版社 1995 年版，第 260 页。

② 同上书，第 350 页。

③ George McTurnan Kahin, *Nationalism and Revolution in Indonesia*, Ithaca : Cornell University Press, 1952, pp. 446 – 469.

"不是爪哇民族主义，不是婆罗门洲或西伯里斯、巴厘或其他民族主义，而是共同成为一个民族国家基础的印度尼西亚民族主义"①。但是，他清楚印尼建立现代国家的艰巨性，一开始希望在尊重多元差异的基础上，把印尼整合为一个统一的国家。在国家意识形态问题上，他提出了"潘查希拉"（Pancasila）建国五项原则，并写入1945年宪法。"潘查希拉"的五项原则包括：信仰神道、人道主义、民族主义、民主主义、社会公正。在处理中央和地方关系问题上，他提出了"多元的统一（Bhinneka Tunggal Ika："Unity in Diversity"）的构想。在"多元的统一"原则指导下，苏加诺政府颁布了若干法令，采取了若干政策措施，处理中央和地方关系。

1945年宪法规定印尼实行单一制，但对中央和地方权力配置并没有明晰的规定，只在第18款扼要提及地方事项，谓应制定法律，把印尼划分为若干大、小地区，建立行政组织，而该法律需要体现国家层面的协商原则和地方的利益。② 根据该宪法条文，印尼政府颁布了第1号法令（Repulic Law No. 1/1945），成立地方民族委员会（Local National Committee），稍后该机构合并到地方居民代表委员会（the Board of Local Resident Representatives），作为地方行政机构的基础。1948年，印尼政府颁布第22号法令（Repulic Law No. 22/1948）③，制定地方分权原则，设计地方行政体系，该行政体系按照单一制度的地方制度模式进行设置。不过，上述两项法令只适用于当时印尼共和国控制下的爪哇和马都拉地区。

而作为印尼联邦共和国一员的东印尼邦，在1950年6月15日颁布了第44号法令（East Indonesia Law No. 44/1950）④，目的是对东印

---

① 《苏加诺演讲集》，世界知识出版社1956年版，第12—13页。

② "The 1945 Constitution of the Republic of Indonesia," http：//www. embassyofindonesia. org/wordpress/wp-content/uploads/2014/03/IndonesianConstitution. pdf.

③ J. D. Legge, *Central Authority and Regional Autonomy in Indonesia*：*A Study in Local Administration*，*1950 - 1960*，Ithaca：Cornell University Press1961，p. 27. 转引自 Maribeth Erb, Priyambudi Sulistiyanto, and Carole Faucher, eds. , *Regionalism in Post-Suharto Indonesia*，New York ：Routledge Curzon, 2005, p. 3。

④ Ide Anak Agung Gde Agung, *From the Formation of the State of East Indonesia towards the Establishment of the United States of Indonesia*，Jakarta：Yayasan Obor Indonesia, 1995, p. 784.

尼邦的行政法和立法秩序作出根本性的变革，试图以革命的方式重塑地方政府，在东印尼实现制度统一。该法令按照联邦制度的地方制度模式设计东印尼的地方行政体系。

印尼改行单一制度后，曾打算把 1948 年第 22 号法令的地方分权模式推向全国，但由于该法案基于爪哇和马都拉的情况而制定，不适合其他地区，尤其是原来荷兰控制的联邦区，如上面提到的东印尼邦。由于这些地区抵制第 22 号法令的实施，再加上缺乏财政支持，印尼政府向全国推广第 22 号法令分权模式宣告失败。①

1956 年，印尼政府颁布财政平衡法令（Balanced Finance Law No. 32/1956），规定中央与地方财政收入分配方案。②

1957 年，再根据 1950 年临时宪法第 131 条，颁布 1957 年第 1 号法令（Law No. 1/1957）。1957 年第 1 号法令承诺扩大地方自治，给予地方行政权和财政权，省、县、市、镇设立地方议会，由地方居民直接选举议会，议会选举地方行政首长，后者对地方议会负责，议会随时可以罢免行政首长。③

为了回应亚齐的自治诉求，1956 年，印尼政府宣布同意亚齐单独设省，1959 年宣布给予亚齐特别区（special region）的地位，赋予亚齐在宗教、教育和习惯法等方面广泛的自治权利。④

从这些法令和政策措施看，印尼政府当时确实打算推行地方分权，但由于独立初期政局不稳定、财政困难等原因而并未得到真正落实，加上其他地区对中央政府分权意愿的不信任，抵制中央政府，这一尝试最终失败。地方叛乱造成局势动荡，苏加诺于 1957 年实施军事管制，并于 1959 年宣布恢复实施 1945 年宪法，实行集权的统治方

---

① Audrey R. Kahin, ed. , *Regional Dynamics of the Indonesian Revolution*: *Unity from Diversity*, Honolulu: University of Hawaii Press, 1985.

② Priyambudi Sulistiyanto and Maribeth Erb , "Introduction: Entangled Politics in Post-Suharto Indonesia," in Maribeth Erb, Priyambudi Sulistiyanto, and Carole Faucher, eds. , *Regionalism in Post-Suharto Indonesia*, New York : Routledge Curzon, 2005, p. 3.

③ Coen J. G. Holtzappel & Ramstedt Martin , *Decentralization and Regional Autonomy in Indonesia*: *Implementation and Challenges*, Singapore : ISEAS Publishing, 2009, p. 421.

④ 张洁：《民族分离与国家认同：关于印尼亚齐民族问题的个案研究》，社会科学文献出版社 2012 年版，第 82—84 页。

式——"有领导的民主"（*Guided democracy*）。[1] 在纵向权力配置上，1957 年第 1 号法令失效，大部分权力集中于中央政府。

如前所述，1945 年宪法对于中央地方关系并不明晰，只含混提到以协商原则处理中央与地方事务，保证特别区域的传统权利。这给苏加诺"有领导的民主"以及后来的苏哈托"新秩序"留下一个相当大的空间，使他们得以用威权方式处理中央和地方关系。[2]

（二）苏加诺时期国家结构形式对国家构建的影响

在苏加诺时期，印尼国家处于独立初期，面临着来自国内外的各种挑战，给苏加诺政府处理中央和地方关系带来困难。这个新生的国家遭遇了派伊所说的民族国家构建过程中的渗透性危机、合法性危机、参与性危机、分配性危机、整合性危机，现代国家构建受到严重影响。

首先，国家整合面临严峻挑战，政府合法性和渗透能力受到影响。独立初期，印尼各地区加入印尼联邦共和国，一方面固然是来自荷兰人的压力；另一方面，他们亦希望通过对联邦政府的效忠换取地方自治的权益。然而，1950 年苏加诺改行单一制度后，各地区对中央失去信任，以各种方式抵制中央政府，苏加诺政府对此采取了严厉镇压措施。虽然后来中央政府制定分权法令，但由于财政困难等原因导致分权方案没能真正实施，地方亦愈加不信任中央政府，分离主义此起彼伏。在印尼政府在由联邦制向单一制转变的过程中，遇到了地方势力不同程度、不同方式的抵制。最先发起反抗斗争的是印尼联邦共和国最大的邦——东印度尼西亚邦。1950 年 4 月 5—21 日，位于苏拉威西的望加锡发生了起义（the makassar uprising），由荷兰皇家前荷属东印度军队上尉阿卜杜勒·阿齐兹（Captain Abdul Aziz）率领士兵发起反对爪哇统治的行动。紧接着，在马鲁古也发生了分离主义活动，1950 年 4 月 25 日，原来效忠荷兰的、被遣散的前荷属东印度军队士兵和效忠荷兰的当地人发动叛乱，宣布成立"南马鲁古共和

---

① Harold Crouch, "Indonesia's 'Strong' State", in Peter Dauvergne ed., *Weak and Strong States in Asia-Pacific Societies*, Allen & Unwin Australia Pty Ltd. , 1998, p. 98.

② 戴万平：《印尼中央与地方关系发展与展望》，《亚太研究论坛》第 27 期。

国"（Republic of South Maluku）。这些地方的分离活动使印尼政府加快了废除联邦制的进程，1950 年 8 月 17 日，苏加诺宣布废除联邦制度，恢复单一制度。但是，联邦制废除后，地方叛乱更加频繁发生。1953 年，亚齐的军事长官达乌德贝鲁（Teungku Daud Beureueh）发动叛乱，宣布将加入较早时在爪哇成立的伊斯兰国。亚齐叛乱持续到1959 年才暂告平息，但这场叛乱成为后来持续数十年的亚齐独立运动的起点。1957 年，各地方叛乱形成联合之势，1957 年 3 月，外岛地区反对单一制度的力量共同发表了"全面斗争宪章"（permesta，universal struggle charter），要求废除中央集权的单一制，给予外岛各省广泛的自治权。1958 年 2 月，外岛反政府势力在苏门答腊成立了印尼共和国革命政府（Revolutionary Government of the Republic of In-donesia），反抗中央政府的统治。

　　在反抗与镇压反抗的过程中，印尼中央和地方关系恶化，中央政府变得更加强势，地方分离倾向越发严重。在这种恶性循环中，地方权益受到打压，严重影响了地方对中央政府和国家的认同，中央政府合法性不高，其渗透能力亦大受影响。

　　其次，非理性的中央集权并不利于现代国家构建。苏加诺时期，由于没有理顺中央与地方的权力关系，在实行"有领导的民主"之后，中央政府集中了权力，但是，这种集权不是建立在理性基础之上的集权，而是集中在苏加诺总统个人身上。苏加诺凭借个人魅力领导国家，随心所欲、任意立废政府机构。在实行自由民主制度的时期，印尼政党林立，苏加诺认为政党太多，影响稳定，印尼成了政党的"决斗场"，因此提出"埋葬政党"。在受到抵制后，又改而提出削减政党。一批反苏加诺的政党如马斯友美党因支持地方叛乱，反对中央政府而被取缔。在"有领导的民主"政体下，苏加诺既是国家元首，又是政府首脑，他成立的互助内阁（纳沙贡内阁）由中间的民族主义力量、右派的伊斯兰教势力（主要是军人）、左派的共产党力量组成，内阁对总统而不是对国会负责；内阁部长由总统遴选，他们不代表任何政党。1959 年苏加诺解散民选议会，建立由其任命的"合作国会"，1960 年设立最高权力机构"临时人民协商会议"，由各界和地方代表组成。虽然国会中有地方代表，但代表并非选举产生，而是由总统任命，并不能真实代表地方利益诉求。在执政期间，苏加诺在军人势力和共产党势力之间玩弄平衡权术，但最终失手，在 1965 年的 "9·30" 政变中被迫下台。

可以说，苏加诺统治时期，印尼的纵向权力配置处于混乱状态，中央和地方关系一团乱麻，中央政权不稳定，地方权益亦无法实现，国家面临着各种危机。不过，苏加诺竭力维护印尼的国家统一和领土完整，这是他的最大功绩。

三 苏哈托时期的纵向权力配置及其对现代国家建构的影响

（一）苏哈托时期的纵向权力配置

苏哈托上台后，开始着手明确中央与地方权力关系，并逐步建立起规范的行政官僚体系。

1974 年，苏哈托颁布关于地方自治的第 5 号法令（Law No. 5/1974，又称 "区域自治基本法"，Regional Autonomy Basic Law）。根据该法令，印尼重新划分地方区域，将地方政府划分为省、区、次区、乡村四个层级，在地方建立各级官僚机构，而地方行政机构的公务员亦受到中央公共行政机构的指导。这是苏哈托在维护单一制度前提下第一次实行分权，总统和内务部有权否定省和区的领导人，也掌握着对地方的财政分配权力。[①]

1979 年，中央政府通过关于乡村管理的第 5 号法令（Law No. 5/1979，又称 "乡村法"：Village Law），该法令目的是在印尼全国建立起标准化的乡村管理模式，其主要措施是基于爪哇传统乡村（desa）的管理模式设置了一套标准的乡村行政机构，然后把此标准化乡村行政机构向印尼其他地区推广，对印尼广大乡村进行统一管理，并将其

---

① Coen J. G. Holtzappel & Ramstedt Martin , *Decentralization and Regional Autonomy in Indonesia: Implementation and Challenges*, Singapore : ISEAS Publishing, 2009, p. 421. Priyambudi Sulistiyanto and Maribeth Erb , "Introduction: Entangled Politics in Post-Suharto Indonesia," in Maribeth Erb, Priyambudi Sulistiyanto, and Carole Faucher, eds. , *Regionalism in Post-Suharto Indonesia*, New York : RoutledgeCurzon, 2005, p. 6.

纳入地方政府体系。①

1992 年，印尼中央政府颁布第 45 号行政管理办法（Regulation No. 45/1992），把自治权力下放到省以下地区。

除了上述直接处理中央和地方关系的法令法规，苏哈托以下的政策措施亦对中央和地方关系产生影响。

军队双重职能的理论与实践——早在 1958 年，纳苏蒂安将军（General Abdul Haris Nasution）就提出中间道路理论，军人应参与政治与社会事务。1965 年 4 月，在军队举行的首次研讨会上正式提出军队的双重角色：既是武装力量，又是社会政治力量。作为社会—政治力量，军队的活动涵盖"意识形态、政治、社会、经济、文化、宗教领域"。②苏哈托进一步完善双重职能理论，并落实军队双重职能。在苏哈托统治时期，军队深度介入政治、经济和社会事务，军人掌控了中央政府，中央政府通过军方掌控的官僚力量控制地方资源，大多数地方官员也都是由军方退役将领担任，军人也就成为地方事务的监督者。③ 在 20 世纪 70 年代末，一半的阁员和超过 2/3 的省级长官为军人或军人所任命；在区一级，56% 的官员为军人。官僚系统78% 的部门负责人和 84% 的部长由军人任命；1977 年，一半驻外使节来自军人。④

有限政党制度——苏哈托时期实行有限政党制度，只允许保留三个政党：苏哈托组建的执政党——专业集团（戈尔卡）、由所有伊斯兰教政党改组的建设团结党、由民族党和天主教党等其他政党改组的印尼民

---

① Coen J. G. Holtzappel & Ramstedt Martin , *Decentralization and Regional Autonomy in Indonesia*: *Implementation and Challenges*, Singapore ：ISEAS Publishing, 2009, p. 275. Priyambudi Sulistiyanto and Maribeth Erb , "Introduction: Entangled Politics in Post-Suharto Indonesia," in Maribeth Erb, Priyambudi Sulistiyanto, and Carole Faucher, eds. , *Regionalism in Post-Suharto Indonesia*, New York ：Routledge Curzon, 2005, p. 6.

② Harold Crouch, *The Army and Politics in Indonesia*, Ithaca：Cornell University Press, 1978，pp. 24 – 25, 343 –345.

③ Harold Crouch, "Indonesia: An Uncertain Outlook," *Southeast Asian Affairs* 1994：121 – 146.

④ David Jenkins, *Suharto and His Generals*: *Indonesian Military Politics 1975 – 1983* , Ithaca：Cornell University Southeast Asia Program Publications, 1984, p. 198.

主党。苏哈托还规定所有政党以"潘查希拉"为唯一的指导思想；同时不允许政党在省以下建立组织，开展活动。农村群众只能在五年一次的大选时参与选举活动，其余时间从事生产，任何政党不得介入。[1]

另外，苏哈托政府为了减轻人口高度集中的爪哇地区的压力，同时亦希望带动外岛经济社会发展，于是有计划地向外岛移民，他将人口从稠密的爪哇地区移民到人口稀疏的加里曼丹、苏拉威西、东帝汶、伊里安查亚等落后偏僻地区。中央政府为了鼓励移民，对移民开出许多优惠条件，凭借这些优惠条件，爪哇移民在外岛移居地区逐渐掌握经济优势与土地资源，外岛原住民的利益受到损害。

此外，苏哈托政府大力发展交通运输事业，建立起海、陆、空的交通网络体系，加强了各地的联系。

（二）苏哈托时期的纵向权力配置对国家构建的影响

苏哈托政府有关纵向权力配置的法令法规和政策对现代国家构建产生了重大影响，既有积极的作用，亦有消极影响。

首先，印尼政府的制度化水平大大提高。苏哈托政府围绕中央与地方关系所颁布的系列法令法规，规范了中央与地方关系，提高了政府的制度化水平。自治法令等对中央和地方的权力配置作出了原则性规定，划分了中央政府和地方政府的事权，并给予地方政府一定的自治权力。这是印尼独立以来首次就中央和地方权力配置作出原则性的规范，官僚体系的建立与完善尤为突出，这是现代国家构建的重要任务之一。在1974年第5号法令指引下，印尼建立和完善了各级地方政府行政机构，明确各级机构的职责、权力。新秩序时期政府机构实现了制度化，地方政府分为四个层级：省（province）、区（district）或市（municipality）、次区（sub-district）、乡村（village）。[2] 各地方机关由地方行政首长和地方议会组成。在省一级，设省长和省人民立法议会，省长由省级议会推举3—5名候选人，经由国家内政部长提

---

① Harry Aveling ed. , *The Development of Indonesian Society*：*From the Coming of Islam to the Present Day*，Queensland：University of Queensland Press，1979，p. 195.

② Pratikno，"Local Autonomy and Democracy in Indonesia，" in Maribeth Erb，Priyambudi Sulistiyanto，and Carole Faucher，eds. ，*Regionalism in Post-Suharto Indonesia*，New York ：Routledge Curzon，2005，p. 23.

交总统，由总统从候选人中确定省长人选。省立法议会作为一个建议
机构与省长合作处理省级立法和预算工作。省长下设有一个评议局
（provincial advisory board），其功能是就省内事务向省长提供建议。
其他各级地方行政机构设置与省级机构基本一致。此外，各级地方行
政机构均设置"发展计划局"，负责资源配置。地方"发展计划局"
受"国家发展计划局"监督控制。中央政府在省里设立代表机关与
省级政府协调行政事务。①

　　印尼从 1945 年独立建国以来，经过 30 多年，至 20 世纪 80 年
代，第一次建立起一个功能完整的、标准的地方政府系统。② 这套标
准化的行政体系消除了许多不同地区的制度差异，大大提高了印尼行
政制度化水平。这是苏哈托"新秩序"政府的一个主要成就，③ 也是
印尼现代国家构建所取得的重大进展。

　　其次，中央政府高度集权。苏哈托政府的分权、放权、自治举
措，实际上收到强化中央政府权力的效果。在人事权方面，按照上述
地方自治法规，地方政府的公务员队伍、地方长官和军事长官均受到
中央掌控，总统任命地方行政和军事长官，地方公务员要接受中央政
府指导。在财政权方面，中央政府通过"发展计划局"掌控资源分
配，进而掌控地方政府。另外，在税收方面，中央政府掌控主要税收
来源，地方只掌握少数税收项目，根本不可能在财政上自立，只有依
赖中央政府财政拨款。中央政府可以利用财政收支分配权力控制地方
政府。因此，所谓的地方自治实际变成地方对中央的配合，各地区认
为自治更像一项责任而非一项权利：地方政府有责任去实现国家的目
标和加强国家的统一。④ 地方政府谈不上自治，只是受中央政府委托

<hr>

① Colin Mac Andrews, ed. , *Central Government and Local Development in Indonesia*, Sin-
gapore：Oxford University Press, 1986, pp. 21 – 24.

② Edward Aspinall and Greg Fealy, eds. , *Local Power and Politics in Indonesia：Decent-
ralisation and Democratization*, Singapore：Institute of Southeast Asian Studies, 2003, p. 2.

③ Colin MacAndrews, ed. , *Central Government and Local Development in Indonesia*, Singa-
pore：Oxford University Press, 1986, p. 20.

④ Gabriele Ferrazzi, "Use the 'F' Word：Federalism in Indonesia's Decentralization Dis-
course," *The Journal of Federalism*, Vol. 30, No. 2 (2000)：63 – 85.

执行中央政府转移的部分职能，无决定权。中央政府拥有制订计划和财政的全部决策权，执行这些决策的工作转移到地方政府，地方政府要向中央政府报告其工作并对中央政府负责。1974 年第 5 号法令、1979 年第 5 号法令基本上否定了地方管理自己事务的权力，地方一切行动听从中央安排，自主权有限，"在许多政策上，地方只是负责执行，决策机制还是掌握在中央手中，所谓地方自治的美意是很难被应用到实际的统治行为"。[①] 最终，印度尼西亚的中央地方制度的关系就是："中央是地方的中央，地方是中央的地方。"[②]

最后，增强了中央政府的渗透力。印尼中央政府通过军人对地方事务的介入而大大增加了其渗透力。苏哈托通过发动军事政变上台，其政权基础是军队。为了使军人政权合法化，苏哈托提出了"双重职能"理论，认为军队不仅是军事力量，也是社会政治力量，负有保家卫国与参加国家建设的军事、政治双重职责。"双重职能"理论为军队干预政治和军人集团的统治合法化提供依据。因此，在苏哈托统治时期，军队可以公开参与政治、经济和社会事务。同时，由于印尼地方的反政府活动长期活跃，为了维护地方安全稳定，苏哈托认为需要军队发挥作用。于是，苏哈托利用总统拥有任免地方长官和军事长官的权力，把军人（退伍）安插到地方重要部门和岗位。在苏哈托统治时期，军队渗透进地方事务的方方面面。随着自治从省级机构向省以下地方单位的推进，军队亦层层渗透，印尼政府对地方的渗透力大大增强。

此外，苏哈托实行的有限政党制度，使执政党专业集团可以在没有对手的情况下，渗透进各地方，亦加强了中央政府的渗透力。专业集团作为执政党，其成员主要是公务员和军人，遍布各地方基层机构。因此，执政党实际可以渗透进基层，而其他政党则受到限

---

① 戴万平：《印尼中央与地方关系发展与展望》，《亚太研究论坛》第 27 期。

② Han I. Bakker, "The Hindu-Javanese World View: The Structural Rootsof the Pancaslia State," in J. Bernardi, G. Forth and S. Niessen. Ottawa eds. , *Managing Change in Southeast Asia: Local Identities*, Global Connections, Canadian Council for Southeast Asian Studies, 1995, pp. 189 – 205. 转引自戴万平《印尼中央与地方关系发展与展望》，《亚太研究论坛》第 27 期。

制无法在基层活动。还有，交通事业尤其是地方交通的发展，使首都至最远省份都可以实现一日到达，对于增强中央政府的渗透能力，强化地方对中央和国家的认同，都产生了积极作用，有利于中央对地方的渗透和控制。

苏哈托政权采用的处理中央和地方关系的举措对国家建构亦产生一些负面影响，而且影响深远，并在苏哈托下台后充分体现出来。苏哈托时期积极推动经济发展，取得不俗的发展成就，被喻为"建设之父"。本来大多数国家在发展过程中都无法避免地区不平衡发展的问题，而苏哈托政府处理中央与地方关系的大爪哇主义政策加剧了区域不平衡发展，区域不平衡发展反过来又加深地方对中央政府的不满。一些学者把印尼爪哇与外岛的关系描述为中心与边缘，殖民者与被殖民的关系。苏哈托政府几乎动员全国各地区的资源投入爪哇的发展，外岛成为原料供应地，爪哇成为经济中心，引起外岛民众的强烈不满。"亚齐独立运动"在 1976 年 12 月发表的"独立宣言"中声称："在过去 30 年中，亚齐人和苏门答腊人见证了我们的故土被爪哇新殖民主义者剥削、已经陷入灾难性的状况……亚齐人、苏门答腊人每年为爪哇的新殖民主义者创造超过 150 亿美元的收入，而他们几乎把所有的收益都用于爪哇岛和爪哇人。"[1]

表 2 - 1　　　　　　　　印尼区域失衡指标[2]

区域生产比值	贫穷指标	财政分配	建设分配	
东印度尼西亚（东西努沙群岛，摩鹿加，帝汶）	20.2	4.2%	7.5%	-5.8
苏拉维西	8.6			
爪哇与巴利（包括马都拉岛）	11.5	32.4%	38.9%	-10.3
出产石油天然气与矿业的省份（包括亚齐，廖内，东加里曼丹，伊里安加亚）	11.2	5.3%	7.5%	8.2

---

① David Brown, *The State and Ethnic Politics in Southeast Asia*, London：Routledge, 1994, p. 155.

② 戴万平：《印尼中央与地方关系发展与展望》，《亚太研究论坛》2005 年第 27 期。

续表

区域生产比值	贫穷指标	财政分配	建设分配	
苏门答腊（不包括亚齐与廖内）	10.3	13.4%	15.4%	-3.1
加里曼丹（西，中，南加里曼丹）	17.1			
雅加达	2.5	44.7%	30.7%	11.0
全国	11.3	100.0%	100.0%	

苏哈托政府的"大爪哇主义"或"爪哇中心主义"加剧了中央和地方、爪哇和外岛的矛盾，严重影响了地方对中央政府的认同，进而影响中央政府的合法性。苏哈托时期，印尼的国家权力主要掌握在爪哇人手里。根据 Bill Dalton 统计，在苏哈托统治时期，大约有 2000 名精英掌控印度尼西亚政治，其中只有数十人是非爪哇人。[1] 爪哇人不但掌握官僚体系，也掌握军队，地方政府亦由爪哇军人掌控。如前所述，爪哇传统政治哲学的核心是中央集权，苏哈托把这种传统政治哲学发挥到了极致。来自中央政府的爪哇高官和地方官员有着强烈的"爪哇中心主义"和优越感，缺乏对地方，尤其是对外岛传统的尊重，其政策措施并非从地方利益出发，只是为了强化中央对地方的控制，因而受到地方的抵制和反抗。另外，苏哈托政府把大量爪哇居民移民外岛，这些人大部分是爪哇人，爪哇移民在政府优惠政策支持下，很快在移民地占据土地资源等优势，损害当地居民利益，也引发外岛人对爪哇人的仇恨。"1965 年之后，爪哇人在政权中的中心化和集中化，使得外岛一些人认为受到爪哇人的殖民"。[2]

由于地方政府和外岛人没有得到他们希望的自治，反而感受到来自中央政府和爪哇人从各个方面的渗透和威胁，自然产生了抵触情绪，以各种方式开展抵制中央政府、反对中央政府的斗争。持续几十年的亚齐独立运动正是兴起于苏哈托统治时期。1976 年，哈桑·迪

---

① Bill Dalton, *Indonesia Handbook*, C. A.：Moon Publications，1991，转引自戴万平《印尼中央与地方关系发展与展望》，《亚太研究论坛》2005 年第 27 期。

② Christine Drake, *National Integration in Indonesia Patterns and Policies*, University of Hawaii Press, 1989, p. 53.

罗发起自由亚齐运动，追求亚齐独立，并建立伊斯兰国。在苏哈托统治时期，亚齐独立运动构成对中央政府的极大威胁，中央政府在亚齐建立军事占领区，实行军事统治。暴力镇压招来更大的仇恨和反抗，亚齐人与中央政府的对抗在苏哈托下台后达到了高峰。除了亚齐，其他地区亦发生过分离主义活动，不过在苏哈托时期被镇压下去了。

苏哈托的"大爪哇主义"统治及对地区利益的盘剥削弱了地方对中央的认同，强化了地方认同和族群认同。当时印尼的现代国家构建处于反向角力状态：集权—分权；国家认同—地方认同。

另外，苏哈托政府的中央集权亦属非理性的中央集权。克劳奇认为，新秩序时期的印尼具有强国的许多弱点，同时也存在一些弱国的特点，这就是过度依赖单一的制度。[1] 苏哈托家族和军人掌控中央政府，虽然也有技术官僚、政党，但实际上是军人掌控政权，苏哈托的统治建立在军人对他个人忠诚的基础之上，这存在两种弊端：一是非理性的高度中央集权加剧了印尼政府的腐败，影响了其权威和合法性；二是建立在单一力量的个人忠诚基础之上的权威是不可靠的。1998 年，苏哈托在人民的反抗声中遭遇了军人的背叛，黯然下台，下台后因为执政期间的腐败行为受到司法机关检控。

总体来看，苏哈托政权对中央和地方关系的政策措施，对印尼现代国家构建的影响可谓功过参半：一方面完善了政治制度，维护了国家统一和领土完整，为经济发展提供了相对稳定的社会环境；另一方面其对地方权力高压和资源分配不公的政策加剧了地方的离心倾向，导致苏哈托下台后印尼地方的不满全面爆发，给后来的印尼政府带来非常严峻的考验。

四　民主化时期的分权自治及其对现代国家建构的影响

（一）民主化时期的分权自治

1998 年 5 月，苏哈托在那场席卷包括印尼等许多亚洲国家的金

---

① Harold Crouch, "Indonesia's 'Strong' State," in Peter Dauvergne ed., *Weak and Strong States in Asia-Pacific Societies*, Allen & Unwin Australia Pty Ltd., 1998, pp. 108 - 110.

融危机中被迫下台，印尼开始政治转型，从威权政治转向民主政治。在自由宽松的环境下，长期被压制的地方不满情绪出现了总爆发，各地方纷纷要求自治甚至分离、独立。其中最严重的是亚齐、巴布亚和东帝汶的分离主义运动。这三个地区都比较晚纳入印尼版图，对印尼的国家认同度一直不高，分离倾向比较严重。

东帝汶原是葡萄牙的殖民地，于1975年宣布独立。1976年印尼出兵占领东帝汶，列为印尼第27个省。不过，联合国一直不承认印尼对东帝汶的占领。东帝汶也一直坚持独立斗争，终于在1999年8月，通过全民公决得以脱离印尼独立。2002年5月20日东帝汶正式宣布独立建国。

东帝汶的独立公投与独立建国在印尼引发"多米诺骨牌"效应，其他地区纷纷提出更高的自治要求，甚至提出举行独立公投，脱离印尼独立。

如前所述，亚齐地区在1913年才被荷兰殖民者征服，纳入荷兰殖民统治下的印尼版图。印尼独立后，亚齐的分离活动兴起于苏加诺时期，在苏哈托时期进入武装反政府斗争的高潮，不过遭到苏哈托政府的残酷镇压。苏哈托统治后期，在亚齐实施军事管制，以暴力手段严厉镇压分离主义运动，而反抗者亦以暴易暴，造成紧张的对抗和仇恨。苏哈托垮台后，亚齐分离主义运动产生强烈反弹，亚齐分离主义运动日趋活跃，尤其是东帝汶公投独立后，亚齐亦要求举行公投脱离印尼独立。1999年11月8日，150万人在亚齐首府班达亚齐的大街上示威游行，要求举行公投；2000年12月，班达亚齐再次举行超过40万人的游行示威，支持独立公投。

巴布亚原是荷兰殖民地，系荷属新几内亚的一部分，1961年12月1日宣布独立，名西巴布亚。当时印尼苏加诺政府称，作为前荷兰殖民地，巴布亚理应是独立印尼的一部分，于是在1963年出兵合并之。1969年，联合国在主持自由选择行动后，同意巴布亚并入印尼，改名西伊利安。1973年更名西伊利安查亚，2002年恢复巴布亚的名称。巴布亚在并入印尼后，反抗活动一直没有停息，不过，和亚齐独立运动一样，巴布亚的分离活动在苏哈托统治时期也遭到了严厉镇压。进入后苏哈托时期，巴布亚独立呼声重新高涨。2000年，巴布亚成立人民代表大会，发表独立宣言，谋求建立独立国家。

进入民主化以来，印尼国家认同与中央政府的合法性遭遇了空前的危机。人们不禁担心，经历了半个多世纪建国历程，印尼会不会走向分裂。一些学者甚至断言，印尼正在走向分裂。"走向分裂的印度尼西亚"①，"这么多年来，这个国家似乎第一次有明显的可能会走向分裂"② 等标题和论点充斥于报章杂志和学者的论作中。

面对地方自治与分离的要求，从哈比比临时政府开始，民主化时期历届印尼中央政府努力改善中央与地方关系，寻求在统一的印尼国家之下的解决方案，其中最重要的举措就是向地方放权，推进地方自治。

1. 哈比比政府的分权与自治措施

1999 年 5 月，哈比比政府通过"地方自治法"（Regional Autonomy Law No. 22/1999），明确规范中央与地方权力关系和地方政府职责，中央政府保留的绝对权力包括外交、国防、财政、宗教、司法，其他权力下放地方，给予地方较大的自主权。在人事权方面，省级立法会议直选产生，省长由省级人民立法会议选举产生，总统予以批准。省级以下地方行政首脑由区域内全体选民选举产生。地方立法会议享有对行政首脑的任免权。在财政权方面，地方政府享有税赋、采矿、捕鱼与森林砍伐权的自主权利。另外，地方人民立法会议被赋予更大的权利，在不违背上级政府的政策、法律的前提下，不需要中央政府的批准，可以自主制定和颁布法律法规、批准预算、创建新制度。

也是在 1999 年，哈比比政府颁布第 25 号法令《中央、地方财政均衡法》（Fiscal Balance between Central and Local Governments Law on 25/1999），赋予地方政府决定公共事业发展的权力，并为此给予财

---

① ［日］井上治：《走向分裂的印尼》，司韦译，《南洋资料译丛》2002 年第 2 期。

② Damien Kingsbury and Harry Aveling, eds. , Autonomy and Disintegration in Indonesia, New York：Routledge, 2002, p.11.

政能力的支持。地方政府的收入包括地方税收、税收再分配以及地方产出收益，其他财政收入来源包括中央政府一般配置基金和特别配置基金、税收共享、非税收共享（资源开发）。地方税收项目包括照明税、娱乐税、地表水使用税、旅店餐馆税、矿产开采税。不过地方收入不足以应对日常开支，要依靠中央政府财政拨款或通过增加地方税收负担来增加收入。

表 2 - 2　　　　　　中央与地方税收和资源收入分配比例①　　　　（单位:%）

综合收入类别	不动产税	地产交易税	森林	矿产	渔业	石油	天然气
中央	10	10	20	20	20	85	70
地方	90	20	80	80	80	15	30

1999 年 8 月，哈比比政府还通过了第 44 号法令，承认亚齐特别行政区的地位，赋予亚齐在宗教、文化和教育事务方面的自治权利。

哈比比的改革是激进的，"1999 年第 22 号法令对印尼的政体进行激进的重塑，从一个世界上最专权和集权的国家之一，转向最民主和高度分权的国家之一"②。

2. 瓦希德的分权自治举措

民主化时期，历任总统的自治改革中，以瓦希德的改革最为大胆，但也因为如此，引来民族主义保守派的强烈反对，导致他任期未满便被弹劾下台。

2000 年，瓦希德政府颁布《中央、地方财政均衡法》施行细则（Regulation 25/2000），就哈比比政府颁布的《中央、地方财政均衡法》制定详细的实施办法，对中央和地方在财政税收方面的事权与

①　"Fiscal Balance between Central and Local Governments Law on 25/1999，"转引自 Pratikno，"Local Autonomy and Democracy in Indonesia"，in Maribeth Erb, Priyambudi Sulistiyanto, and Carole Faucher, eds.，*Regionalism in Post-Suharto Indonesia*，New York：Routledge Curzon，2005，p. 27。

②　Simon Butt, Tim Lindsey, *The Constitution of Indonesia：A Contextual Analysis*，Hart Publishing，2012，p. 161。

利益分享作出规定，并于 2001 年开始正式实施。其中对中央政府和省政府的权属事项进行了详细列举，其余未列入分权清单的事项则归区级和市级政府。①

为了执行 1999 年第 25 号法令第 10 条关于中央和地方财政均衡的规定，印尼政府于 2000 年又制定了第 104 号规定。而为了落实 1999 年第 25 号法令关于中央和地方财政均衡的第 15 条规定，瓦希德政府于 2000 年 11 月 10 日相应出台第 107 号政令②。

此外，瓦希德政府主导了东帝汶独立公投，而对亚齐与伊里安查亚，则另外以特别自治法案回应其自治诉求。

2000 年，瓦希德提出推行联邦制度改革，遭到反对。随着 2001 年 7 月他被弹劾下台，联邦计划随即被中止。

3. 梅加瓦蒂的自治改革

梅加瓦蒂是苏加诺的女儿，也继承了父亲的民族主义思想，不赞成瓦希德的联邦改革方案，与保守派联手把瓦希德赶下台。但她继续推进地方自治改革，她提出的基本原则是必须在统一的印度尼西亚前提条件下推进分权。

2001 年 12 月 31 日，梅加瓦蒂政府颁布第 84 号政府规定，对瓦希德政府制定的 2000 年第 104 号政府规定进行了修订，主要对其中的第 17 条和第 18 条进行了修订。③

2001 年颁布的《巴布亚省特别自治法令》④（Law No. 21/2001, *On Special Autonomy for the Papua Province*），给予巴布亚省高度自治权利，并于 2002 年开始实施。印尼的中央政府就区域自治问题还给予

---

① Pratikno, "Local Autonomy and Democracy in Indonesia," in Maribeth Erb, Priyambudi Sulistiyanto, and Carole Faucher, eds., *Regionalism in Post-Suharto Indonesia*, New York：Rout-ledgeCurzon, 2005, p. 25.

② "Government Regulationno. 107/2000 Dated November 10, 2000 Concerningregional Loans," http：//storage. jak-stik. ac. id/ProdukHukum/Perdagangan/gr107. pdf.

③ "Government Regulation No. 84/2001 Dated December 31, 2001," http：//storage. jak-stik. ac. id/ProdukHukum/DalamNegri/84. pdf.

④ "Law No. 21 of 2001, On Special Autonomy for the Papua Province," http：//www. refworld. org/docid/46af542e2. html.

了巴布亚省更大的自主权：由巴布亚立法会议选举省长和副省长，巴布亚省的上议院席位平均分配给土著群体、宗教团体和妇女权益组织，且也是公投直接产生。[①]

2002 年 1 月 1 日，印尼中央政府宣布在亚齐实行"伊斯兰教法"，这是印度尼西亚共和国成立以来，中央政府第一次同意在一个省份单独实施"伊斯兰教教法"。[②]

2004 年颁布的地方治理法令（Regional Governance Law No. 32/2004，又称 2004 年自治法令 Autonomy Law 2004），取代 1999 年的第 22 号法令。根据该法令，地方公民可以直接投票选择地方首长（省长、市长、县长），并于 2005 年 6 月举行了首次地方首长直选。[③]

梅加瓦蒂还于 2004 年颁布《平衡中央与地方财政法令》（*Fiscal Balance between Central Government and Regional Governments*，Law No. 33/2004）。[④]

除了上述法令法规的制定和实施，梅加瓦蒂政府更在宪法层面对地方自治制度予以明确。2002 年，印尼人民协商会议通过宪法修正案，在宪法层面对中央和地方权力配置、地方自治原则作了明确界定，地方政府由省（provinces）、区（regencies）、市（municipalities）组成，省长、区长和市长通过选举产生，地方权力机构由行政长官和地方代表理事会成员组成。在坚持单一制度原则的前提下，尊重地方的自治权利。[⑤]

2002 年宪法修正案作出一项重要规定：组建地方代表理事会

---

① M. Ryaa Rasyid, "Regional Autonomy and Local Politics in Indonesia," in Edward Aspinall and Greg Fealy, eds., *Local Power and Politics in Indonesia*：*Decentralization & Democratization*, Singapore：ISEAS-Yusof Ishak Institute, 2003, p. 71.

② 张洁：《民族分离与国家认同：关于印尼亚齐民族问题的个案研究》，社会科学文献出版社 2012 年版，第 153 页。

③ Coen J. G. Holtzappel & Ramstedt Martin, *Decentralization and Regional Autonomy in Indonesia*：*Implementation and Challenges*, Singapore ：ISEAS Publishing, 2009, p. 12.

④ " Law of the Republic of Indonesia Number 33 of 2004", http：//www. kemenkeu. go. id/en/Peraturan/law-republic-indonesia-number-33-2004.

⑤ "The 1945 Constitution of the Republic of Indonesia," http：//www. embassyofindonesia. org/wordpress/wp-content/uploads/2014/03/Indonesian Constitution. pdf.

（The Council of Representatives of the Regions）和人民代表会议（The People's Representative Council）组成两院制的国会系统。地方代表理事会于 2004 年 10 月成立，地方代表理事会的成员从各省通过普选产生，代表以个人身份参选，每省选举 4 名代表。

地方代表理事会的主要职能是负责处理有关中央与地方、地方自治的法律工作，反映地方的利益需求。根据宪法，地方代表理事会的职能如下。

1. 向人民代表会议提出与地方有关的法案，包括：（1）地区自治法；（2）中央政府与地方政府关系法；（3）地区的建立、扩张和合并法；（4）自然资源和其他一些经济资源管理法；（5）中央和地方的财政平衡法。

2. 参与讨论与地方有关的法案，包括：（1）地区自治法；（2）中央政府与地方政府关系法；（3）地区的建立、扩张和合并法；（4）自然资源和其他一些经济资源管理法；（5）中央和地方的财政平衡法；（6）可以对人民立法会议关于国家预算以及税收、教育和宗教的法律提供意见。

3. 监督法律实施。地方代表理事会可以对有关法律的执行予以监督，包括：（1）地区自治法；（2）地区的建立、扩张和合并法；（3）中央政府与地方政府关系法；（4）自然资源和其他一些经济资源管理法；（5）国家预算、税收、教育、宗教等法律。

4. 地方代表理事会成员免职应依法律规定和程序进行。①

2002 年宪法还有一项重大修改，就是直选产生总统。以往总统由人民协商会议选举产生，从 2004 年起改为直选产生。在新宪法规定总统由直选产生的同时，选举法规定总统候选人须在至少一半省份获得至少 20% 的选票才能当选。②

除了在亚齐和巴布亚省实行特别自治外，梅加瓦蒂政府主要推进

---

① "The Council of Representatives of the Regions," http：//www. dpd. go. id.

② Harold Crouch, "Political Update 2002：Megawati's Holding Operation," in Edward Aspinall and Greg Fealy, eds., *Local Power and Politics in Indonesia：Decentralization & Democratization*, Singapore：ISEAS-Yusof Ishak Institute, 2003, p. 17.

二级地方行政区自治，以地区为导向的分权主要出于以下两个方面的考量：首先，将分权化改革实行到二级行政区有助于促进民主化，因为地方社群在获得自治地位后会有更大的积极性参与到当地政治事务中来。其次，以区域划分的自治区能够避免分权带来的分离主义倾向，因为印尼历史上的分离主义运动主要集中在省一级别，通过划分出上百个在地理面积上远小于省级单位的自治区，一方面让这些自治区形成在经济发展上互相竞争的关系；另一方面大大减少某一族群将某一区域视为自己故土的可能性。① 此外，二级行政区更了解基层民众的需要，可以更有效地施政。

梅加瓦蒂政府就地方自治实施的标准提出了具体的目标。（1）真实。地方自治的实施应该与当地的具体情况一致。（2）负责。中央政府有责任对全国有条件的地方实施地方自治。（3）活力。地方自治的实施应该使该地区更发达，经济更有活力。②

5. 苏西洛的自治改革措施

苏西洛于 2004 年成为第一任直选产生的总统。他上任后继续推进地方自治改革。

2005 年颁布的第 3 号法令，对梅加瓦蒂政府的地方自治法令进行修改（《对 2004 年第 32 号地方政府法令的修正》）。

2006 年 7 月，印尼国会通过了第 11 号法案《亚齐自治法》（Law No. 11/2006），给予亚齐特别自治地位，赋予亚齐省地方政府更大的自治权。根据《亚齐自治法》，亚齐开发石油和天然气收入的 70% 将由本省支配。该法允许曾经从事分离主义活动的人组建政党，鼓励他们在体制内参与政治。

2008 年第 12 号法令（Law No. 12/2008《第二次对 2004 年第 32 号地方政府法令的修正》）。

2008 年 4 月，印尼中央政府颁布第 1 号政令（Regulation No. 1/

---

① Edward Aspinall, Greg Fealy, "Introduction: Decentralisation, Democratisation and the Rise of the Local," in Edward Aspinall and Greg Fealy, eds., *Local Power and Politics in Indonesia: Decentralization & Democratization*, Singapore: ISEAS-Yusof Ishak Institute, 2003, p. 4.

② 许利平：《印尼的地方自治：实践与挑战》，《东南亚研究》2010 年第 5 期。

2008），对 2001 年颁布的《巴布亚自治法令》（Law No. 21/2001）进行了修改，把原来的伊利安查亚分为：西巴布亚和巴布亚；删去由巴布亚立法会议选举省长和副省长的条文。

2014 年 9 月，苏西洛总统签署了新法令（Law No. 23/2014），[①]对民主化以来在分权自治方面的偏差进行了纠偏，收紧了地方自治权力，中央政府比起以前有更强的权力，包括任免地方政府领导人。[②]

（二）民主化时期的分权自治对印尼现代国家建构的影响

首先，中央和地方关系得到协调。通过放权与自治改革，印尼建国以来第一次真正落实地方自治，尤其是在市一级的自治权力得到强化，省政府对地方政府的监控减弱。中央政府承认和保护了地方利益，使地方主义得到释放和疏解，缓和了地区矛盾，暂时遏制了分离主义势头。

在财政权方面，地方的财政权利增长了，地方权利也得到提升，表 2 - 3 是近年来印尼中央与地方财政预算收支的比例。数据显示，近年来，地方财政支出占总财政支出维持在 31%—33%，而获得分配的各种基金则呈现逐年上升的趋势，2005 年首次分配了乡村基金。

表 2 - 3　　　2007—2011 年印尼国家财政预算之中央和地方
财政预算　　　（单位：十亿卢比）

预算 ＼ 年份	2007	2008	2009	2010	2011
收入与拨款	723058	781354	985725	949656	1104902
支出	763571	854660	1037067	1047666	1229558
1. 中央政府支出	504776	573431	716376	725243	836578
2. 地方政府支出	258795	281229	320691	322423	392980

---

① "Law of the Republic of Indonesia Number 23 of 2014, About Local Government", http://www. indolaw. org/UU/Law%20No. %2023%20of%202014%20on%20Local%20Government. pdf.

② Robert Endi Jaweng, "Overcoming Problems in New Autonomy Era", http://www. thejakartapost. com/news/2014/12/22/overcoming-problems-new-autonomy-era. html.

续表

年份 预算	2007	2008	2009	2010	2011
（1）平衡基金	250343	266780	296952	306023	334324
①收入共享	68462	66071	85719	81405	83558
②普通分配基金	164787	179507	186414	203485	225533
③）特别分配基金	17094	21202	24819	21133	25233
（2）特别自治区与平衡基金	8452	14449	23739	16400	58656
（3）乡村基金	—	—	—	—	—
财政收入与拨款	1311387	1529673	1667141	1793589	
财政支出	1435407	1683011	1842495	2039483	
1. 中央政府支出	964997	1154381	1249943	1392442	
2. 地方支出	470410	528630	592552	647041	
（1）平衡基金	399986	444798	487931	516401	
①税收共享	100055	101962	113712	127692	
②普通分配基金	273815	311139	341219	352888	
③特别分配基金	26116	31697	33000	35821	
（2）特别自治区和平衡基金	70424	83832	104621	121574	
（3）乡村基金	—	—	—	9066	

Source：Statistics Indonesia，https：//www. bps. go. id/linkTabelStatis/view/id/1178.

在政治参与方面，地方参与机制得到了加强和完善。一是体现在国家事务的参与机制得到了完善。苏加诺和苏哈托时期的国会制度不规范，地方代表的利益得不到伸张。2004 年成立的地方代表理事会是真正代表地方利益的代议机构，因为其代表产生办法是以个人身份独立参加选举，这种独立性可以在一定程度上避免政党和利益集团操控，有利于直接表达选民的诉求。地方理事会成立十多年来，在人民直接投票选举制度下，印尼各地方逐渐出现了一些平民政治家，现任总统佐科威就是最著名的例子。他从地方起家，最终问鼎总统宝座。二是地方事务的参与机制得到加强，公民的民主参与权利得到了落实。地方议会的权力增加，包括任免和监督行政机构首长；新的自治法案的实施使地方政府层面有更多的文官代表走上政治舞台，更多的女性开始担任地方领导职务；[①] 许多地方上的村民对参与当地政治表现出极大的热情，通过村民代表委员会对村庄进行治理，西苏门答腊省甚至将当地传统的 Nagari 政治结构（一种包含伊斯兰文化、传统教法、民主治理等元素的政治理念）合法化。[②]

其次，地方经济增长，带动全国经济增长，也提升了中央政府的合法性。实行地方自治后，地方的自主性和积极性得到发挥，经济持续以较高速度增长，贫困率也下降，人文发展指数提升。苏西洛（Susilo Bambang Yudhoyono）总统在地方代表理事会（Regional Representatives Council，DPD）发表讲话时认为在其任内地方自治取得了成功，体现在各省经济社会发展取得了成就和进步。[③] 在这期间，所有省份的贫困率均有所下降，2005 年印尼的贫困率为 35.1%，2014 年下降到 28.3%，[④] 人文发展指数也逐步提高（见表 2 – 5 和表 2 – 6）。

表 2 – 4　　　　　　　印尼近年来 GDP 年均增长率　　　　（单位：%）

2002 年	2003 年	2004 年	2005 年	2006 年	2007 年	2008 年	2009 年	2010 年	2011 年	2012 年	2013 年	2014 年	2015 年
4.5	4.8	5.0	5.7	5.5	6.3	6.0	4.6	6.2	6.2	6.0	5.6	5.0	4.8

Source：http：//data. worldbank. org/indicator/NY. GDP. MKTP. KD. ZG？end = 2015&start = 2014&year_ high_ desc = true.

---

① M. Ryaa Rasyid, "Regional Autonomy and Local Politics in Indonesia," in Edward Aspinall and Greg Fealy, eds. , *Local Power and Politics in Indonesia*：*Decentralization & Democratization*, Singapore：ISEAS-Yusof Ishak Institute, 2003, p. 65.

② Hans Antlov, "Not Enough Politics! Power, Participation and the New Democratic Polity," in Edward Aspinall and Greg Fealy, eds. , *Local Power and Politics in Indonesia*：*Decentralization & Democratization*, Singapore：ISEAS-Yusof Ishak Institute, 2003, p. 80.

③ Erwida Maulia, "Yudhoyono Declares Regional Autonomy a Success", http：//www. faithbasednetworkonwestpapua. org/news_ release/yudhoyono_ declares_ regional_ autonomy_ a_ success.

④ *Statistical Yearbook of Indonesia 2015*, BPS-Statistics Indonesia, 2015, pp. 1 – 2.

表 2 - 5　　　　　　　印尼人文发展指数趋势（1990—2014）

HDI rank	Country	Human Development Index (HDI)							HDI Rank		Average annual HDI growth			
		Value		change（%）						2013	2009—2014	1990—2000	2000—2010	2010—2014	1990—2014
		1990	2000	2010	2011	2012	2013	2014	2013					
110	Indonesia	0.531	0.606	0.665	0.671	0.678	0.681	0.684	110	3	1.34	0.92	0.71	1.06

Source：http：//hdr. undp. org/en/composite/trends.

表 2 - 6　　　　　　　2014 年印尼人文发展指数及其构成

人文指数排名	国家	人文指数（HDI）	人均寿命（年）	预期受教育年限（年）	受教育平均年限（年）	人均收入（2011 PPP $）	人均收入排名与人文指数排名差距
110	Indonesia	0.684	68.9	13.0	7.6z	9788	- 9

Source：http：//www. hdr. undp. org/en/composite/HDI.

　　印尼地方自治改革还存在一些有待解决的问题，或者说产生了一些负面影响。

　　一是原有集中于中央层级集中统一的社会发展决策、规划机制遭到了瓦解，苏哈托时代行之有效、取得巨大成功的发展规划不复存在，代之以各自为政的现象，甚至有人称为伪装的封建主义。[①] 地方利益上升，造成了地方利益之间、地方利益与中央利益之间出现大量矛盾摩擦，利益博弈造成了效率下降和成本上升。印尼前内务部部长和印尼地方自治方案的主要设计者声称，地方自治已经失败。[②]

　　二是原有的管理精英阶层和官僚队伍主要集中于中央层级，地方缺乏有效的官僚体制和人才。印尼政府委派的分权效果评估小组（IRDA）在调查中发现，地方政府在分权大潮中暴露出了其行政能力受限于组织内部过于臃肿且许多人员缺乏经验。由于地方政府必须接

---

　　① Calvin M. Sidjaya, "Regional autonomy concept：Feudalism in disguise？" *The Jakarta Post*, December 17, 2012.

　　② Anita Rachman, "Regional Autonomy Has 'Failed'," Jakarta Globe, http：//jakarta-globe. beritasatu. com/archive/regional-autonomy-has-failed/.

受中央政府下调过来的行政人员，而各地区之间又缺乏流动性，再加上不少地方在任命官员时的不透明和本土保护主义倾向，这些问题被进一步放大，① 大大降低了地方的行政能力和水平。

　　三是由于缺乏有效的监管，地方腐败增加。地方自治实施十年来，大约有 1000 名地方领导人和高官涉嫌贪污而受到调查。② 分权使地方滋生严重的卖官鬻爵现象，不但许多职位被明码标价，而且价钱的高低还会因人而异。以中苏拉威西省首府帕卢为例，如果谋求官职者有亲戚或同种族的相识在政府内工作，那么他们需要支付的贿赂就较低，而那些没有任何内部关系的人则要付出高得多的价钱。在 2003 年 9 月的公务员考试中，当时的无关系者被要求支付 2000 万卢比（约合当时的两千美元）来申请一个初级职位，其中一半的钱在任命结果出来前就必须交给相关部门领导。但假如疏通不成（被上级地方长官驳回），这笔钱也不会退还，贿赂者只能得到第二年还能过来疏通打点的保证。③ 中央政府官员的贪污腐败问题没有得到缓解，地方官员的依法腐败又呈现上升趋势。这些现象表明，政府的腐败问题在自治放权后更加严重了。

　　四是军队仍然在地方发挥其影响力。平民出身的总统佐科为了应对政治对手，巩固权力基础，转向军人寻求支持，他上台后任命一些重要的军方领导人和原来的将军担任重要职务，其中现陆军参谋长加托·努尔曼蒂约（Gatot Nurmantyo）统领军队，前将军苏蒂约索（Sutiyoso）领导印尼情报机构，前将军亚米扎尔德·里亚库（Ryamizard Ryacudu）担任国防部长，前将军卢胡特·潘查伊坦（Luhut Panjaitan）担任参谋长，提名前将军里杜担任国防部长。这

① Jr. Arellano A. Colongon, "What is Happening on the Ground? The Progress of Decentralisaion." in Edward Aspinall and Greg Fealy, eds., *Local Power and Politics in Indonesia: Decentralization & democratization*, Singapore: ISEAS-Yusof Ishak Institute, 2003, pp. 95 – 96.

② Calvin M. Sidjaya, "Regional Autonomy Concept: Feudalism in Disguise?" *The Jakarta Post*, December 17, 2012.

③ Lorraine V. Aragon, "Elite Competition in Central Sulawesi," in Henk Schulte Nordholt & Gerry van Klinken, eds., *Renegotiating Boundaries: Local Politics in Post-Suharto Indonesia*, Leiden: KITLV Press, 2007, pp. 40 – 41.

是 1998 年民主改革以来军方人物第一次担任重要的文职职务。佐科不仅在政府高层任用军方人物，还重新把军队作为执行其国家建设议程的重要力量，尤其是利用地方军队参与建设工作。2015 年以来，军队与多个文职机构签署了十多份谅解备忘录，使军队在国家建设中发挥作用。①

此外，虽然许多学者和官员认为印尼民主化以来地方自治权力过大，一些地方政府没有能力用好这些权力，因而呼吁回收部分权力。但是地方依然不满意，印尼地方代表理事会的框架类似西方两院制中的参议院，它的功能仅限于提出、讨论、监督涉及中央与地方关系的议题，却并没有对已通过国会（DPR）的法案的否决权。因此，地方自治要求依然不断高涨，来自地方上的 70% 的提案都要求单独建立自治区、自治市甚至自治省。②

于是，2014 年印尼政府开始回收部分下放的权力，希望克服民主化以来地方自治改革出现的新问题，加强中央政府对地方政府的监控。

可见，印尼中央与地方关系仍未找到合理的度，中央与地方仍在博弈，寻找共同利益和各自利益最大化。印尼的国家结构形式仍在变化和调整中。

第四节　比较分析

一　马来西亚与印尼国家结构形式的异同及其成因

（一）相同点

马来西亚和印尼在处理中央与地方关系问题上，有一个共同点：赋予各地区有差别的地方自治地位和自治权力。在马来西亚，东马二

---

① Emirza Adi Syailendra, "Under Suharto's Shadow: Jokowi and the Indonesian Military," *Foreign Affairs*, August 12, 2015. https://www.foreignaffairs.com/articles/indonesia/2015 - 08 - 12/under-suhartos-shadow.

② Pratikno, "Local Autonomy and Democracy in Indonesia," in Maribeth Erb, Priyambudi Sulistiyanto and Carole Faucher, eds., *Regionalism in Post-Suharto Indonesia*, New York: Routledge Curzon, 2005, p. 32.

州与西马各州、西马各州之间的地位和自治权力存在差异；在印尼，亚齐和巴布亚获得特别自治地位。

　　马来西亚和印尼对地方采取有差异的自治权力配置，这与两国均存在多元的政治、经济、社会和宗教文化差异有关。首先，两国均经历"分而治之"的殖民统治，这份殖民统治遗产影响到两国独立后，不同的地区自治诉求与对中央政府的认受度不同，那些受到殖民政府直接统治的地区，对中央政府的认受度较高；而那些处于间接统治的地区，自治诉求较高，对地方的认受度更高。印尼在殖民地时期，荷兰亦实行"分而治之"的政策，对爪哇大部分地区实行直接统治，对外岛实行间接控制。外岛地区对中央政府的认受度低于爪哇地区。马来西亚在殖民地时期，英国采取"分而治之"的殖民统治政策，把马来半岛分为"海峡殖民地""马来联邦""马来属邦"进行统治，对"海峡殖民地"实行直接统治；对马来联邦引入联邦制度，由英国派驻扎官进行治理，但给予各州一定的自治权力；对马来属邦，则允许其保持名义上的独立，保留苏丹及原来的行政机构，由英国派驻顾问进行治理，但各土邦保留了较多的实权。英国这种"分而治之"的殖民统治遗产对马来西亚现代国家构建产生了较大的影响，海峡殖民地各邦经历了超越邦之上的统治机构的管理，并向这个统治机构交出大部分或全部的权力，形成了对更高的权力机构的认知和服从的习惯；马来联邦各邦也对上一级行政长官——英国驻扎官有认知，同时也形成自治的意识；而属邦各邦尽管在重大问题上不得不听命于英国顾问，但毕竟没有经历过超越邦之上的统治机构的管理，有较高的自治诉求，对更高一级的权力机构有抵触情绪。鉴于上述情况，马来西亚联邦政府不可能采取"一刀切"的方法对各州一视同仁，而是尊重历史，给予各邦不同的自治权力。于是，在西马，原马来属邦各州的自治权略大于原马来联邦各州及槟榔屿、马六甲二州。[①]　其次，两国都是多元族群国家，马来西亚有三大族群和其他土著族群，印尼有 300 多个族

---

　　① B. H. Shafruddin, *The Federal Factor in the Government and Politics of Peninsular Malaysia*, New York：Oxford University Press, 1987, pp. 48－99, pp. 131－153.

群，族群分布存在地域差别，在马来西亚独立之初，主体族群马来人集中在西马农村；华人主要居住在城市；土著集中居住在东马二州。在印尼，主体族群爪哇人集中居住在爪哇岛，少数族群分布在外岛。不同的族群有着不同的宗教信仰和文化习俗。而政府亦需要回应不同族群的利益诉求以维护国家认同。再次，两国各地区纳入国家版图有先后。在马来西亚，东马二州比其他州较迟加入马来西亚联邦。东马的沙巴、沙拉越二州原与西马没有直接的关系，只是同为英国的殖民地。西马各州于 1957 年独立，建立起马来亚联合邦。1963 年，在英国同意下，东马二州有条件地加入马来西亚联邦。所谓有条件指的是东马二州要求保留比西马各州更多的自主权。于是，现在东马二州成为马来西亚联邦中自主权最大的两个州。在印尼，亚齐只是在荷兰殖民统治末期才被纳入荷兰殖民统治下的荷属东印度版图，巴布亚在1963 年被纳入独立的印尼共和国版图，东帝汶也在 1976 年曾被印尼侵并。这些地区分离倾向和独立愿意十分强烈。最后，两国均由相互分隔、地位重要的两个以上的地理单位组成，马来西亚由位于马来半岛的西马和加里曼丹岛的东马两部分组成；印尼则由 17000 多个岛屿组成。

马来西亚和印尼上述地区差异性导致各地方诉求不同，于是两国均采取了有差别的地方自治权力配置模式。

（二）差异

首先，两国通过国家结构形式促进现代国家构建的具体途径存在差异：印尼通过分权强化国家能力、马来西亚通过集权强化国家能力。马来西亚独立前在宗主国英国的帮助下，三大族群通过协商选择了倾向于中央集权的联邦制度，大部分权力归联邦政府，小部分权力归各州。在马来西亚联邦成立初期，赋予东马二州及其他一些州在某些领域的特殊地位和权力。随着国家稳固，联邦政府不断缩减或取消州的特殊地位和权力。例如，逐步取消东马沙拉越和沙巴州的特权；1984 年对宪法有关条文的修改，削弱了州苏丹的权力。另外，马来西亚长期实施紧急状态法令，州联邦政府随时以国家安全的理由限制州的权力，联邦政府不断趋向集权。① 不过，马来西亚联邦政府的集权并非一帆风顺，亦曾遭遇州政府的抵制，无论是执政党掌控的州，抑或反对党控制的州，都曾出现抵制联邦政府的现象。② 印尼在独立初期受到来自宗主国荷兰的压力，不情愿地接受了联邦制度，但在荷兰撤出印尼后，马上改行单一制度。改行单一制度后，为了回应地方自治的诉求，从苏加诺政府到苏哈托政府都尝试过推进地方自治，但苏加诺时期由于财政困难等原因，政府所制定的《地方自治法案》成为一纸空文。而在苏哈托时期，虽然政府在地方制度建设方面取得了实质性的进展，建立了完整的地方行政管理机构，然而，它在地方自治方面并无实质性的进展。进入民主化时期后，印尼加快放权和自治步伐，地方自治权力大大提升。

马来西亚从一开始就建立倾向于中央集权的联邦制度，这种非典型的联邦体制，呈现单一制度特征，被称为"准单一制"。印尼则从中央集权走向地方自治，呈现联邦体制特征，被称为"准联邦制"。马来西亚和印尼在独立建国过程中，其纵向权力配置朝着相反的方向演进：马来西亚不断削减州的权力，趋向联邦政府中央集权；印尼则朝着地方自治方向发展。自1998年以来，随着实质性地方自治的实施，以及对宪法的修订，创建地方代表理事会代表地方权益，印尼平衡了中央与地方权力配置。通过对地方诉求的多元化、更有弹性的政策回应，中央与地方紧张关系得到了缓和。因此，印尼已经建立起一种准联邦制度。③

每个国家对政治制度的选择受到很多因素影响。具体到国家结构

---

① 参阅黄云静《马哈蒂尔时期的修宪与马来西亚宪政发展》，载李文主编《东亚：宪政与民主》，社会科学文献出版社2005年版，第92—106页；［马来西亚］辜瑞荣编《内安法令（ISA）四十年》，朝花企业出版社1999年版，该书记录了在紧急状态下，州权力受到限制和侵犯的多个案例。

② B. H. Shafruddin, *The Federal Factor in the Government and Politics of Peninsular Malaysia*, New York : Oxford University Press, 1987, pp. 307 – 333, 338 – 358.

③ Jacques Bertrand, "Indonesia's Quasi-federalist Approach: Accommodation Amid, Strong integrationist Tendencies," *International Journal of Constitutional Law*, Vol. 5, Issue 4（2007）: 576 – 605.

形式的抉择，在本章开头已经论述了不同国家对单一制度和联邦制度的偏好。马来西亚之所以选择联邦制度，首先是路径依赖，在殖民地时期已经引入联邦制度，马来西亚精英能够接受联邦制度并熟悉联邦制度的运作。其次是马来西亚国内存在的多元差异：一是英国在马来西亚实行"分而治之"的殖民统治政策，造成各地区对超越其上的权力机构的认受度不同；二是加入马来西亚联邦时间不同，对地方自治的诉求也不相同；三是马来西亚存在三大主要族群和其他少数族群，它们的宗教文化、经济地位和地域分布存在差异。当然，英国人在马来西亚选择联邦制度过程中发挥了重要作用，英国人认为联邦制度有利于整合马来西亚多元社会，故在移交主权之前为马来西亚精心设计了一套复杂而精密的联邦制度。这一套复杂而精密的制度设计充分考虑了马来西亚的国情，具有较强的可操作性，能够应对各种挑战。故在几十年里其大方向基本没有变化，包括后来削减地方自治权利，亦是朝着既定的中央集权方向演化。

而印尼在国家结构形式的选择上则经历了很多波折。荷兰虽然把联邦制度强加于印尼，但是它在印尼的影响毕竟比不上英国在马来西亚的影响，因为印尼幅员过于辽阔，荷兰人始终无法完全掌控。因此，荷兰人一走，印尼人马上推翻联邦制度，改行单一制度。此后，印尼长期实行单一制度，这与苏加诺等民族主义势力长期占据政治舞台有很大关系。苏加诺坚持印尼必须是一个统一的印尼，为此，他在建国初期，无论是政教之争，还是联邦主义与单一主义之争，他都坚定印尼必须是一个世俗的、单一制度国家。苏哈托也是一个民族主义者，军人将领多数由爪哇人担任，他们的大爪哇主义影响了苏哈托政权以地方自治之名，强化中央集权之实。当中央集权之路难以往下走时，印尼政府改弦更张，在民主化时期逐步向地方放权，地方自治取得实质性进展。印尼的纵向权力配置经历了大改革和大变动之后，目前尚未定型。

马来西亚和印尼各自选择不同的国家结构形式，又在实践中朝着不同的方向进行调整，其目标都是为了寻找中央与地方关系的舒适度，建立协调而有效的中央和地方关系，完成从传统国家向现代国家的转变。

其次，两国军队在国家结构形式中的地位也存在差异。马来西亚军队中立，不介入中央和地方权力分配，印尼军队深度介入。这与两国国情差异有关。马来西亚独立的方式是和平移交主权，军队没有卷入政治的经验和资本，而且英国人主导制定的宪法明确军队中立。印尼军队在印尼独立过程中与荷兰殖民者浴血奋战，为国家独立立下汗马功劳，在印尼民众心目中拥有较高地位。另外，由于地方分离主义运动长期活跃，军队在维护国家统一和领土完整中居于重要地位，加上苏哈托统治30多年，主要依赖军队维持统治，军队公开参与政治、经济和社会发展，深度介入地方事务，在印尼中央与地方关系中长期扮演重要角色。即使进入民主化时期，印尼宪法规定军人退出政治领域后，军方势力至今仍然在地方事务中发挥重要作用，只不过从台前转到幕后而已。

二　马来西亚与印尼纵向权力配置对现代国家建构的影响

马来西亚的联邦制度与印尼的单一制度对各自的现代国家构建产生了重大影响。

（一）相同点

从现代国家构建的目标来看，两国都取得了成效。首先，两国都维持了国家统一和领土完整，并且在国家整合方面均取得不同程度的进展。马来西亚联邦建立以来，除了它主动放弃新加坡外，还没有哪个联邦成员有能力挑战马来西亚的国家统一和领土完整。在印尼，虽然长期面临来自地方的各种挑战，但除了它主动放弃东帝汶外，也没有哪个地区有能力挑战印尼的国家统一和领土完整。其次，两国都在制度建设方面取得一定的成就。例如，两国都建立起强大的中央政府、地方行政机构和官僚体系。在当代政治学学者的研究中，马来西亚和印尼通常都被列为强国家，或威权国家，因为它们均有着强大的中央政府，对地方及其他各方面事务具有较强的行政监控能力。最后，两国的公民权益得到不同程度的实现。马来西亚经过几十年的发展已经步入中等收入国家行列；而印尼在苏哈托时期已经进入中低等收入国家行列，尤其是自民主化以来积极推行地方自治，地方经济获得较快发展，社会发展也取得一定进步。马来西亚独立以来，从州到全国的民主选举从未间断，州的公共参与渠道得到保障；印尼在民主化时期，地方自治权力得到落实，被誉为最民主和高度自治的国家之一。

虽然上述成就并非只是纵向权力配置合理化所带来的结果，但每一项成就都与纵向权力配置密切相关。其中，国家统一和领土完整的维持，与地方权力配置直接相关；而国家结构形式设置亦是制度建设的重要组成部分，对制度完善产生重要影响；公民的民主参与及公共福利的提升与地方政治经济和社会发展密切相关。因此，纵向权力配置与地方发展既是现代国家建构的重要组成部分，也对现代国家建构产生重大影响。

（二）差异

马来西亚在独立后较短时间内建立起稳定的中央和地方关系，而印尼则经历了半个多世纪的时间，纵向权力配置至今未达到理想的稳定状态，还在调整和变革当中。

从独立初期的单一制度，到荷兰人强加的联邦制度，再到单一制度的恢复，民主化后分权自治的改革，被视为"准联邦制度"的实践……印尼建国以来在国家结构形式，即纵向权力配置问题上走过了曲折的历程，至今仍未理顺中央与地方关系，未能建立起稳定的中央与地方关系机制。在 2014 年总统竞选中，佐科的主要竞争对手是普拉博沃·苏比安托（Prabowo Subianto），系前总统苏哈托女婿，曾任印尼的特种部队司令。普拉博沃在大选中落败后，趁佐科尚未上任，在国会发起取消地方直选制度的议案，目的是打击像佐科这类草根阶层通过民主途径获取政治职位的机会。他提出的理由有两个：一是印尼地方直选的条件尚未成熟；二是地方直选制度花费巨大，更容易滋生腐败。于是提出废除地方直选制度。而该议案在 2014 年 9 月 26 日举行的表决中获得了通过，反对直选的以 226 票打败支持直选的 135 票。这意味着印尼的省长、市长等地方领导人不再由人民一人一票直接投票选出，而是退回到 1998 年以前的办法，即由地方立法议会推举。这对 1998 年总统苏哈多倒台之后开展的印尼政治民主化是一大重挫。当时的候任总统佐科谴责这个法案。佐科在国会表决之前曾表示，该法案若获得通过将使印尼民主倒退。他说："直选的领导人道德上对人民有义务，他们是人民挑选出来的，因此必须照顾他们。"①在舆论等各方压力下，时任总统苏西洛颁布了具有替代法令效力的政府条例，取消修正案，维持地方行政首长直接选举制，而普拉博沃则声称不会善罢甘休。可见，印尼现代国家建构依然任重道远。

　　影响上述差异的原因在于两国国情不同。马来西亚国土面积较小，约 33 万平方公里，而且主要人口分布于马来半岛，版图比较紧凑，有利于中央政府的渗透和管理。印尼陆地面积 1904443 平方公里，而且是世界上最大的群岛国家，由 17000 多个岛屿组成，其领土由东到西的最远距离约 3200 英里，从北到南的最远距离约 1200 英里，居民分布于几千个岛屿上，这是阻碍中央政府对地方渗透的重要因素。此外，印尼各地区的族群文化多样性差异比马来西亚要大得多，构建国家认同的任务也相应比较艰巨。除印尼语外，还有几百种方言。印尼的多元族群文化可能会使社会学家、人种学家或者其他科学家感兴趣，但对现代国家构建而言是巨大的挑战。在前殖民地时期，印尼历史上建立过许多王朝国家，但这些王国的影响范围主要限于爪哇，很少到外岛。殖民地时期的征服过程漫长，且实行的是间接统治，对外岛的控制相对弱。外岛的地方自治诉求和地方认同比较强。独立初期，印尼国家意识就特别集中在爪哇与苏门答腊的都市等中央政府与人口较为集中之地，② 而外岛居民对于印尼国家的认同不容易轻易建立。③

---

① 《印尼国会废除地方首长直选》，《联合早报》2014 年 9 月 27 日，http：//www.zaobao.com/sea/politic/story20140927 - 393643。

② Leo Suryadinata, "Pribumi Ethnic Group and National Integration," in Leo Suryadinata, *Interpreting Indonesian Politics*, Singapore：Times Academic Press, 1998, p. 75.

③ Leo Suryadinata, "Nation-Building and Nation-Destroying：The Challenge of Globalization in Indonesia," in Leo Suryadinata ed., *Nationalism and Globalization：East and West*, Singapore：Institute of Southeast Asian Studies, 1999, p. 41.

小　结

　　现代国家建构是发展中国家取得民族独立后面临的重大挑战，一些国家成功了，一些国家却以失败告终。成功的国家，路子各不相同；失败的国家亦然。"一方面，每一个国家都能够、也必须坚持自己独特而有效的国家建构道路，另一方面这样国家建构之路必然是以国家权力的合理化以及个人权利和社会权利为最终依归的。"① 就国家权力合理化而言，纵向权力配置的合理化体现为中央与地方关系的协调，它意味着一个强大稳定的中央与一个充满自由活力的地方。马来西亚实行联邦制度，印尼实行单一制度。在实践中，马来西亚趋向于中央集权，形成非典型的联邦制度；印尼则朝着地方自治方向改革，形成准联邦制度。因此，单一制度与联邦制度并非彼此对立、不可逾越的国家结构形式，而是可以通过对纵向权力配置的调整达到互相趋同，最终实现中央和地方关系的协调稳定，中央有权威，地方有活力，这是现代国家中央和地方关系的理想状态。

　　目前，马来西亚拥有一个强大稳定的中央，但地方活力相对逊色；而印尼的中央权力正在下放，地方活力正在逐步提升，但目前面临地方权力过大，中央监控困难的新问题。于是，2014 年，印尼中央政府又颁布法令，把部分地方自治权力收归中央。印尼地方自治的困境反映了在这样一个多样性的、幅员辽阔的群岛国家里，现代国家建构是非常艰巨的任务。

　　另外，一个民族的认同观念不是一成不变的，族群认同与国家认同可分可合，也具有可逆性。② 未来印尼是否会因为地方自治权力增加而导致新的地方认同和族群认同，马来西亚联邦成员单位是否会出

---

　　① 王威海：《西方现代国家建构的理论逻辑与历史经验：从契约国家理论到国家建构理论》，《人文杂志》2012 年第 5 期。

　　② 张洁：《民族分离与国家认同：关于印尼亚齐民族问题的个案研究》，社会科学文献出版社 2012 年版，第 195 页。

现新的自治诉求，这是值得关注和探讨的问题。实际上，随着马来西亚进入后马哈蒂尔时代，政治自由度提高，多元化的诉求得到表达，地方对自治权力的诉求也在增加。这是马来西亚联邦政府需要应对的新挑战。

第三章 国家能力与发展中的社会公平：
越南与菲律宾的比较

　　发展中国家能够获得成功的只是少数，在发展的同时确保社会公平的就更少。"追求成就与公平发展——益贫式的经济增长——是很少的，多数国家取得经济发展成就都有困难，更不用说公平了。只有少数国家实现了公平的增长。"[①] 在少数取得发展成就的国家中，越南是一个典型的案例。越南实施革新开放 30 年，经济快速增长，同时实现相对的社会公平。而在多数发展困难且缺乏社会公平的国家中，菲律宾是一个典型案例。菲律宾是遭遇发展困境的国家之一，20 世纪 80 年代以来，菲律宾长期经济低迷，社会问题丛生，被称为"亚洲病夫"[②]。

　　前面第一章中从发展观视角，比较分析了越南和泰国为何同样在经济增长上取得成功，却在处理地区均衡发展问题上出现成败差异。现在，如果将菲律宾与越南放在一起看，一个经济增长与社会公平均欠佳；另一个则二者兼得，又该如何解释这种差异呢？本章尝试从国家能力的视角，寻找问题的答案。

---

　　① Erik Martinez Kuhonta, *The Institutional Imperative*：*The Politics of Equitable Development in Southeast Asia*, C. A.：Stanford University Press, 2011, p. 3.

　　② Jr. Augusto Legasto, *A Nation's Blueprint to the True Prosperity*：*Antidote to Financial Meltdowns*, Legasto Ents, Inc., Philippines, 2009, p. 87.

第一节　基本概念与理论

马克斯·韦伯最早系统界定了现代国家和政府官僚体系，他提出，现代国家必须是非人格化的，现代政府严格按照功能组织起来，官员的任命必须通过业务资格考试来确定。①

对现代国家之国家能力（state capacity）的探讨兴起于 20 世纪七八十年代，是"把国家带回来"（bring state back）思潮的产物。理论源于实际，但往往与实际不同步，要么超越于人们的经验认知，要么滞后于现实。第二次世界大战后，社会科学出现去国家化现象，"社会中心论"主导了学术界。然而，在欧洲，凯恩斯主义倡导国家干预，导致国家的地位上升；在发展中国家，少数成功跻身新兴工业化国家行列的国家，奉行的都是政府主导发展模式。而那些践行"社会中心论"的国家，尤其是发展中国家，往往导致强社会弱国家，社会利益集团绑架了政府，经济发展受阻，公平正义被漠视，导致严重的社会问题。"活生生的经验召唤'国家'重回理论与政治选择的视野。在'回归国家'的范式转化背景之下，'国家能力'成为比较、解释发达国家治理绩效与后发国家现代化成就的重要术语。"②

当代学者中较早关注国家能力的学者是塞缪尔·P. 亨廷顿。他在《变化社会中的政治秩序》一书开篇就指出："各国之间最重要的政治分野，不在于它们政府的形式，而在于它们政府的有效程度。有的国家政通人和，具有合法性、组织性、有效性和稳定性，另一些国家在政治上则缺乏这些素质；这两类国家之间的差异比民主国家和独裁国家之间的差异更大。"③

---

① ［德］马克斯·韦伯：《经济与社会》（上卷），林荣远译，商务印书馆 2004 年版，第 238—251 页。

② 李剑：《转变中的"强"国家——国家能力的理论逻辑及其演进》，《国外理论动态》2014 年第 6 期。

③ ［美］塞缪尔·P. 亨廷顿：《变革社会中的政治秩序》，王冠华等译，生活·读书·新知三联书店 1989 年版，第 1 页。

随着 20 世纪 70 年代以来政治学界"回归国家"研究，对国家能力的关注也逐渐增加。

一　国家能力的内涵和要素

如同其他政治概念一样，"国家能力"的概念也有各种不同的界定。

亨廷顿在《变化社会中的政治秩序》中提出有效能的国家，并对有效能的国家的要素进行了阐释，学者们称之为"强大政府论"①。亨廷顿认为，有效能的国家具备以下特征：能够安邦定国、具备强大的、能适应的、有内聚力的政治体制（有效的政府机构、组织完善的政党、民众对公共事务的高度参与、文官控制军队的有效系统、政府在经济方面的广泛活动、控制领导人更替和约束政治冲突的一套合理而行之有效的程序）、具有合法性（享有公民的忠诚，从而有能力去开发资源，征用民力，创制并贯彻政策）。②

米格代尔（Joel S. Migdal）则称：国家能力为一国中央政府"影响社会组织、规范社会关系、集中国家资源并有效地加以分配或使用的能力"，"国家能力是国家运用各种统治机器控制社会民众并实现既定目标的能力，简言之，即实现政治目标的能力"③。"国家能力包括渗入社会的能力、调节社会关系、提取资源和以特定方式配置或运用资源四大能力。强国家是能够完成这些任务的国家，而弱国家则处在能力光谱的低端。"④ 汉森等将国家能力划分为三个不同的类型：汲取能力、强制能力和官僚能力。⑤

---

① ［美］塞缪尔·P. 亨廷顿：《变革社会中的政治秩序》，王冠华等译，生活·读书·新知三联书店 1989 年版，沈宗美所作中译本序，第 5 页。

② 同上书，第 1 页。

③ ［美］乔尔·米格代尔：《强社会与弱国家——第三世界的国家社会关系及国家能力》，张长东等译，江苏人民出版社 2009 年版，第 5 页。

④ 同上。

⑤ Hanson, Jonathan and Rachel Sigman, "Leviathan's Latent Dimensions: Measuring State Capacity for Comparative Political Research", 2013 Unpublished Manuscript, http://faculty. maxwell. syr. edu/ johanson / papers / hanson_ sigman13. pdf.

福山在《政治秩序的起源：从前人类时代到法国大革命》① 和
《政治秩序与政治衰败：从工业革命到民主全球化》② 两本著作中论
述了国家和国家能力理论，提出良好的政治秩序需要强国家能力、负
责任的政府和完善的法制。他认为，发挥国家功能的能力即国家能
力。他根据世界银行关于国家功能的分类，认为国家发挥的功能越
大，显示国家能力越强。

图 3 - 1　国家功能范围和国家机构力量③

世界银行关于国家功能的三个类别。④

最简功能：提供纯粹公共物品（包括国防、法律和秩序、产权、
宏观经济管理、公共健康）、保护穷人（包括反贫困计划、灾难救
济）。

中等功能：处理外部性（包括基础教育、环境保护）、监管垄断
（包括公共事业管理、反垄断）、克服信息不对称（保险、金融监管、
保护消费者）、社会保障（重新分配养老金、家庭津贴、失业保险）。

积极功能：行业政策、财富再分配。

---

① ［美］弗朗西斯·福山：《政治秩序的起源：从前人类时代到法国大革命》，毛俊
杰译，广西师范大学出版社 2014 年版。

② ［美］弗朗西斯·福山：《政治秩序与政治衰败：从工业革命到民主全球化》，毛
俊杰译，广西师范大学出版社 2015 年版。

③ ［美］弗朗西斯·福山：《政治秩序的起源：从前人类时代到法国大革命》，毛俊
杰译，广西师范大学出版社 2014 年版，第 52 页。

④ *World Development Report 1997: The State in a Changing World*, Oxford University Press,
1997，p. 27.

王绍光和胡鞍钢是中国最早关注国家能力建设的学者，他们主要是借鉴了西方回归国家学派的概念工具对中国的国家能力问题进行了研究。王绍光、胡鞍钢认为：现代国家发展必须兼具多面向的国家能力，如具有攫取社会资源的汲取能力（extractive capacity）；引领社会经济发展的调控能力（steering capacity）；制造认同、形成共识进而合法化其统治的合法化能力（legitimation capacity）；使用或威胁使用暴力手段巩固其执政地位的强制能力（coercive capacity）等。①

刘瑜则糅合米格代尔和汉森等学者的观点，把国家能力中性地定义为"国家实现其政策目标的能力"。它包括三个维度：汲取能力、强制能力和官僚能力。②

笔者认为，福山和米格代尔的观点比较直观，故将在下文的论述中综合采用二者的观点。米格代尔所说的"国家能力"是国家运用各种统治机器实现政治目标的能力，主要是指中央政府的能力，包括渗入社会的能力、调节社会关系、提取资源和以特定方式配置或运用资源四大能力。米格代尔的国家能力概念及其理论富于解释力，较好地解释了为何一些发展中国家的现代化取得成功，而另一些国家却遭遇现代化陷阱，甚至失败。而福山的观点则为具体评价一国之国家能力提供了比较直观的标准。

二 国家能力基本理论问题

（一）影响国家能力的主要因素

国家能力是国家实现政治目标的能力，这种能力的大小与强弱受到以下因素的影响。

1. 制度化水平

"制度化是组织和程序获取价值观和稳定性的一种进程。"③ 一国

---

① 王绍光、胡鞍钢：《中国国家能力报告》，辽宁人民出版社 1993 年版。

② 刘瑜：《民主化后国家能力的变化——对"第三波"民主化国家/地区的类型学分析（1974—2014）》，《学海》2016 年第 2 期。

③ ［美］塞缪尔·P. 亨廷顿：《变革社会中的政治秩序》，王冠华等译，生活·读书·新知三联书店 1989 年版，第 12 页。

之政治体系制度化包含两个层面。内在层面的制度化，指的是政府尤其是中央政府的制度化。国家是抽象的，其意志通过政府组织来体现。一个国家的政府尤其是中央政府制度化程度影响着政府的行动能力。政府的制度化包括组织机构完善、运作有序。外在层面的制度化，指的是政府与社会沟通机制化。政府与社会联系渠道畅通与否也是制度化的重要标志。

如何衡量一个国家政治体系的制度化程度？亨廷顿认为，"任何政治体系的制度化程度都可根据它的那些组织和程序所具备的适应性、复杂性、自治性和内部协调性来衡量。同样，任何一个组织或程序的制度化水平也可以套用这几个条件加以衡量"。亨廷顿对这些条件进行了具体论述：①

适应性——组织和程序的适应性越强，其制度化程度越高；反之，越低。所谓适应性就是适应环境挑战的能力和存活能力。衡量一个组织的适应性有三种方法：一是组织的寿命。一个组织或程序存在的年代越久，其制度化程度就越高。二是组织领导层更替的方式。一个组织若能实现领导层的和平更替，则制度化程度高；反之，则低。三是组织的职能转换。一个组织的职能如果能够应对形势的变化而及时调整不墨守成规，则其制度化程度高；反之，则低。

复杂性——复杂性有两个含义：一是指一个组织具有数量庞大的下属组织，从上到下，隶属明确，职责不同；二是这个组织不同类型的下属组织各具高度专门化水平。一个组织越复杂，其制度化程度就越高。

自主性——政治组织和政治程序独立于其他社会团体和行为方式而生存的程度越高，自主性越强；反之，则从属性越强。一个缺乏自主性的政府容易受到其所依附的利益集团操控乃至绑架，难以公平公正进行决策，也就不可能建立公平公正的社会。

内聚力——一个组织越团结，越具有内聚力，其制度化程度也就

① ［美］塞缪尔·P. 亨廷顿：《变革社会中的政治秩序》，王冠华等译，生活·读书·新知三联书店 1989 年版，第 12—21 页。

越高；反之，则越低。如果一个组织内部歧见甚多，势必四分五裂，难以达成共识，更不容易保持行动一致，行动力会大打折扣，难以形成合力应对外来挑战。

此外，制度化与历史及社会结构密切相关。一个历史上制度化程度高的国家，有利于形成制度化程度高的现代国家；一个社会结构差异小的国家容易形成强内聚力的国家。社会力量越是多元，对支配和社会控制的争夺越是激烈，越容易引发冲突。社会力量包括正式组织起来的政党和利益集团，亦包括非正式组织的社会力量，如宗族、家族、部落、不同阶层、群体等。

2. 合法性

关于国家权威的合法性问题，最经典的论述应属韦伯（Max Weber）。他从政治统治的角度出发，认为任何一种真正的统治关系都包含着一种特定的最低限度的服从意愿，即从服从中获取（外在的和内在的）利益。这种服从意愿是国家合法性的根基。韦伯将合法性的基础划分为三大类型：法理基础（相信统治者是合法授命进行统治的）、传统基础（相信历来适用的传统神圣性以及统治者由传统授命实施权威）和魅力基础（对统治者个人魅力、超凡品质的信服）。韦伯在此基础上，就合法型统治、传统型统治、魅力型统治这三种不同的统治类型的特点进行了详细分析。① 在现实政治生活中，权威的合法性来源是多元而非单一的，它包括制度基础（即政治意识形态）、法律基础、历史基础以及政绩基础（经济和社会发展）等。② 只是每个共同体在不同的发展阶段，其合法性来源的侧重点不同，主要取决于被统治者当下所关注的问题。例如，面临外敌入侵时，国民关注国家的安危，政府的合法性主要决定于其是否能够提供足够的国防安全。在和平建设时期，国民更多关注经济发展、生活水平的提高，政府合法性的主要来源是政绩。但无论哪个阶段，就一个现代国家而言，其权威的合法性来源均应该建立在法理基础上。这是现代国

---

① ［德］马克斯·韦伯：《经济与社会》（上），林荣远译，商务印书馆 1997 年版，第 238—241 页。

② 朱光磊：《现代政府理论》，高等教育出版社 2006 年版，第 50—55 页。

家与传统国家的主要区别之一，也是当前很多发展中国家进行现代国家建构的目标所在。

概而言之，合法性是对统治者与被统治者关系的评价，是被统治者对统治者的"统治权力的承认"①。合法性是人们内心的一种态度，即是否把一种政治统治或政治权力认为是正当的、合乎道义的，从而自愿服从或认可。它强调的是统治的正当性，与权威有着密切关联。

政治合法性包括两个层面和两个维度。

两个层面为：对制度和机构的认同与忠诚以及对政策的认可。二者互相促进，对制度的认同和机构权威的认同有助于政策的推行，而对政策的认可有助于强化对制度和机构的认同。

对制度和机构的认同包括两个维度：政治制度和中央政府的权威得到民众认同和忠诚。对政治制度的认同包括政治理念、政治原则的认同，对中央政府权威的认同包含了地方对中央的忠诚及民族对国家的忠诚。

概而言之，一国政权之政治合法性的基础是大众的认可，是一种心理现象，其对立面是政府的武力镇压。因此，判断政治合法性高低的主要标准是：警察的数量、游行示威的多少（民主制度下）以及暴力程度的高低……②

3. 强制力

国家强制力包括暴力强制力和法律强制力。国家强制力体现为国家强制贯彻其意志的行动能力，政府必须拥有强有力的暴力机器和执法队伍作为后盾，服务于国家意志和政府目标。一个国家如果没有强大的强制力为后盾，当合法性欠缺的时候，无法用强制力去实现国家政策目标，国家就会变成弱国家。强制力量的衡量包括军队、警察和其他执法队伍的实力。特别要强调的是，军队不能掌控在个人和个别集团手中，而应是在文官掌控之下，只有这样，国家暴力机器才真正

---

① ［法］让－马克·夸克：《合法性与政治》，佟心平等译，中央编译出版社 2002 年版，第 10 页。

② ［美］迈克尔·G. 罗斯金等：《政治科学》，林震译，中国人民大学出版社 2014 年版，第 9 页。

成为公器，服从政府的需要，听从政府的命令，服务政府的目标，强化国家能力。

（二）国家能力与公共利益

公共利益（public interest）是相对于个人利益（personal interest）或私人利益（private interest）而言。但对于公共利益的具体界定有多种，概说有以下三种。

一是认为是私人利益的总和。功利主义者边沁将公共利益理解为某种"共同体利益"，而共同体的利益是"组成共同体的若干成员的利益的总和"①，亦即公共利益由个人利益所构成。按照社会功利主义的定义，"公共利益"不是别的，就是私人利益的总和，私人或个体利益是公共利益的组成部分，不存在任何超越私人利益的"公共利益"②。

二是认为是公民的整体利益。卢梭认为，"国家全体成员的经常意志就是公意"而"公意"只着眼于公共利益，而且公意"永远是公正的，而且永远以公共利益为依归"，"公意"本身是不可分割、不可转让、不可被代表的。③

三是认为是大多数人的利益。美国学者林德布洛姆（Lindblom，C.E.）认为，公共利益并非一致同意的利益，而是某些人认为对公众有利的事情，有时则用来指共同的好处。④ 余少祥认为"所谓公共利益，即在一定社会条件下或特定范围内不特定多数主体利益相一致的方面，其中不特定多数主体既可能是全体社会成员，也可能不是全体社会成员，而利益范围既包括经济利益，也包括正义、公平、美德等抽象价值"⑤。

上述三种定义，第一种定义倾向于社会视角，认为通过市场调节

① ［英］边沁：《道德与立法原理导论》，时殷弘译，商务印书馆2000年版，第58页。
② 张千帆：《"公共利益"的构成——对行政法的目标以及"平衡"的意义之探讨》，《比较法研究》2005年第5期。
③ ［法］卢梭：《社会契约论》，何兆武译，商务印书馆1980年版，第140、39页。
④ ［美］林德布洛姆（Lindblom，C.E.）：《决策过程》，竺乾威等译，上海译文出版社1988年版，第27—28页。
⑤ 余少祥：《什么是公共利益——西方法哲学中公共利益概念解析》，《江淮论坛》2010年第2期。

自动形成公共利益；第二种定义属于抽象和规范意义上的公共利益，不符合经验事实；第三种界定更接近普遍的经验事实。

较强的国家能力有助于具体界定公共利益，并且有助于促进公共利益。

较强的国家能力如何有助于界定公共利益？在实践中，对公共利益下定义容易，具体界定公共利益却十分困难。例如，如果我们采纳上述第三种定义，公共利益是大多数人的利益。那么现实中谁来认定这多数者的利益？根据前面对国家能力的界定及其影响因素，国家能力受到包括制度化、合法性和强制力等因素的影响。较强的国家能力有助于界定公共利益，首先，因为较强的国家能力意味着复杂的组织体系，可以代表公共利益的不同侧面。亨廷顿认为"公共利益就是公共机构的利益。它是政府组织制度化创造和带来的东西。在一个复杂的政治体系中，政府的各种组织和程序代表着公共利益的不同侧面"①。其次，较强的国家能力意味着具有较高的合法性，能够得到被统治者的认同，而被统治者对政府的认同往往基于政府是否有助于实现自己的利益。显然，合法性越高，意味着国家对公共利益的照顾越全面。最后，较强的国家能力有助于创建公共利益，而"创建政治制度的能力就是创建公共利益的能力"②。

较强的国家能力如何有助于实现公共利益？首先，制度化意味着政治制度和官僚机构的非人格化和自主性，使其摆脱了各种社会力量的支配，可以理性、相对超然地处理公共利益，避免偏私的立场。"没有强有力的政治制度，社会便缺乏去确定和实现自己共同利益的手段。"③ 其次，合法性意味着得到较高的认同和忠诚，有利于汲取社会资源，实现公共利益。最后，强大的强制力亦有助于排除对公共利益的一切干扰，必要时使用强制手段推行国家政策，维持社会稳

---

① ［美］塞缪尔·P.亨廷顿：《变革社会中的政治秩序》，王冠华等译，生活·读书·新知三联书店1989年版，第23页。

② 同上。

③ 同上。

定，为公共利益的实现保驾护航。

（三）国家能力与发展

本书开篇提到，第二次世界大战结束后，亚洲和非洲大批殖民地、半殖民地国家纷纷独立。这些国家在取得民族独立后，均面临着发展问题，各国纷纷聚焦发展问题。尤其是冷战结束后，发展中国家纷纷把政府工作的中心和重点转移到民生和民主问题上来，制订各种发展战略、发展计划，设定发展目标……发展问题得到了前所未有的关注。但迄今成功发展的只是少数，多数国家遭遇这样那样的困境。

学者们研究得出的结论，是少数发展中国家之所以成功，国家能力是关键。东亚新兴工业化国家的发展均为政府主导的发展模式，并且具有较强的政府能力，它们的国家能力对发展的效用主要有两方面：一是制订适合本国国情的发展战略和发展计划。国家能力强意味着组织化和制度化，"一个制度化的政治共同体比非组织化的政治共同体更适应于做出决议和发展政策"[1]。二是由于具有较强的行动能力，它们能够运用各种统治机器控制社会民众并实现既定目标。在现代化发展过程中，涉及提取资源、分配资源、调节社会关系，动员社会参与发展等活动，较强的国家能力有助于在这些方面顺利开展工作，分阶段、按计划实现发展目标。根据米格代尔的研究结论，多数国家是弱国家，无力推动发展。而他所界定的强国家必须能够完成渗入社会、调节社会关系、提取资源和以特定方式配置或运用资源等任务。但是他认为，多数国家至多能够完成渗透任务，其他任务则难以完成。"就渗透能力而言，许多国家都显示强大的能力……然而，对于多数国家来说，当你转向国家能力的其余方面，尤其是调整社会关系和按既定方式使用资源的能力的时候，答案往往都是否定的。"[2]当一个国家无力提取资源、合理配置资源、不能处理好社会关系，那

---

[1]　Carl J. Friedrich, *Man and His Government*, New York: McGraw-Hill, 1963, p.150。转引自［美］塞缪尔·P. 亨廷顿《变革社会中的政治秩序》，王冠华等译，生活·读书·新知三联书店1989年版，第23页。

[2]　［美］乔尔·米格代尔：《强社会与弱国家——第三世界的国家社会关系及国家能力》，张长东等译，江苏人民出版社2009年版，第5页。

就意味着这个国家无力推动发展。

（四）国家能力与社会公平

较强的国家能力不仅能够促进公共利益，而且能够促进公共利益的公平分配。社会公平是每个社会公共利益的体现，一个能力较强的国家和政府可以在推进社会公平方面有所作为。而那些"制度化程度低下的政府不仅是个弱的政府，而且还是一个坏的政府。政府的职能就是统治。一个缺乏权威的弱政府是不能履行其职能的，同时它还是一个不道德的政府，就像一个腐败的法官，一个怯懦的士兵，或一个无知的教师是不道德的一样"①。

社会公平主要包括收入的公平分配，各种公共资源的公平分配。国家是主要的公权机关，在社会公平方面负有最主要的责任。根据前述福山的观点，国家（政府）发挥国家功能的能力即为国家能力，发挥的功能越多，国家能力越强。收入的分配包括市场分配和政府分配，在市场分配环节，由于各种原因可能导致分配不公平的现象，这时就需要政府介入二次分配。政府介入的手段主要通过征税等手段增加国家财政收入，把国家财政收入进行再分配。通过对富裕群体征收更多税收，并对贫困群体进行收入补贴，实现相对的公平。

在资源配置方面，国家能力主要体现在福利的安排，例如教育、卫生、社会保障等方面，通过国家财政预算拨款进行安排。能力强的国家因为其制度化的特质有助于实现资源的公平、有效配置，避免了腐败。

只有强有力的政府才能介入并有魄力通过收入的二次分配实现相对的社会公平。因为收入再分配直接触及各方面的利益，尤其是触及既得利益集团的利益，会引起抗争，只有强势政府才能推动有关工作。

---

①　［美］塞缪尔·P. 亨廷顿：《变革社会中的政治秩序》，王冠华等译，生活·读书·新知三联书店1989年版，第26页。

第二节 越南革新开放中的国家能力与社会公平

越南从 1986 年起开展全面的革新开放，30 年来取得了举世瞩目的发展成就，从世界最不发达的国家发展成为中低收入国家，正在向中等收入国家迈进。更重要的是，越南在发展过程中确保相对的社会公平。下面集中探讨国家能力对越南发展与社会公平的影响。

一 越南革新开放中的国家能力分析

从政府、政党以及政府与社会沟通的制度化以及合法性与强制力来衡量，革新开放中的越南具有较强的国家能力。下面从四个方面具体进行论述。

（一）高度制度化的越南共产党

越南共产党的高度制度化体现在以下几方面。

首先，从适应性来看，越南共产党存续时间长，实行集体领导，在危急关头成功实现了自我改革、功能转化。

从存续时间看，越南共产党成立于 1930 年，至 1986 年革新开放时已经存续了 57 年，至 2016 年，则已经存续了 87 年，将近一个世纪。这从某种程度上证明其强盛的生命力。1930 年 2 月 3 日，胡志明受共产国际的委托，在中国香港召开会议，将 3 个越南革命组织合并成为统一的越南共产党。同年 10 月，把党的名称改为印度支那共产党。1951 年 2 月召开印度支那共产党第二次全国代表大会，会议决定公开党的活动，并改称"越南劳动党"。1976 年 12 月，越南劳动党在河内召开第四次全国代表大会，决定改名为"越南共产党"。更名后的越南共产党就是今天越南唯一的政党，国家和社会的领导力量。

从领导更替看，一般来说，"完全仰仗某一个人的政治体制是最简单的政治体制。同时，这种体制也是最不稳定的"①。而越南共产

---

① ［美］塞缪尔·P. 亨廷顿：《变革社会中的政治秩序》，王冠华等译，生活·读书·新知三联书店 1989 年版，第 16 页。

党从诞生时起，长期"坚持集体领导而非个人崇拜"①。越南共产党由胡志明等人创建，胡志明深受越南民众的敬重，拥有国父的地位。但他没有居功自傲，没有对越南共产党实行个人领导，在他有生之年，在发挥精神领袖作用的同时，培养了越南共产党集体领导的传统。他去世之后，越南共产党并不因领袖个人离去而受冲击。在革新开放 30 年间，越南共产党领导人实现了领导人正常退休制度，并对领导人任期作出规定，领导人实现了定期有序的更替。

从职能转换看，越南共产党诞生于革命战争年代，领导越南人民取得了民族解放事业的胜利。此后，又大力推进革新开放，领导革新开放事业，取得了巨大的发展成就。越南共产党诞生于 20 世纪 30 年代，领导越南人民展开反抗法国殖民统治和日本侵略的民族独立运动。1945 年 8 月，越南共产党发动"八月革命"，夺取政权，于 1945 年 9 月 2 日宣告成立越南民主共和国。第二次世界大战结束后，法国殖民者卷土重来，为了保存力量，越南共产党组织转入地下活动，并于 1946 年开始领导越南战后抗法战争，经过 8 年抗战终于取得胜利，签订了《日内瓦条约》，实现了和平。从 20 世纪 60 年代到 70 年代，越南共产党又领导越南人民开展抗美斗争，并于 1975 年解放了南部并于 1976 年统一了全国。从 1986 年起又实行全面革新，领导越南现代化建设。从战争年代到和平年代，越南共产党实现了从革命党到执政党的转换，其职能亦从革命转换为建设。虽然在转换过程中，越共经历了挫折，例如在 1976 年全国统一后犯了急进冒进的错误，在南部推行激进的社会主义改造，导致了严重的经济危机与社会对立情绪。但越南共产党在危机面前能够自我反省，1986 年 12 月，越南共产党第六次全国代表大会召开，主张改革的阮文灵当选总书记。越共领导层对越南 1976 年全国统一以来的工作，尤其是经济工作的失误进行了全面、深刻的检讨与反省，提出了全面革新开放的路线，从此进入革新开放的新时期，把工作中心转移到经济建设上来，越南共产

---

① Erik Martinez Kuhonta, *The Institutional Imperative*：*The Politics of Equitable Development in Southeast Asia*, C. A.：Stanford University Press, 2011, p.234.

党成功实现从革命党到执政党的政党职能转换。

其次，从复杂性来看，越南共产党在将近一个世纪的发展历程中已经建立了从中央到地方乡村的严密组织体系。

越南共产党在印度支那共产党和越南劳动党时期就建立起高度组织化的政党，建立了遍布全国的分支机构。最高权力机构为每五年举行一次的党全国代表大会，该大会选出中央委员会，中央委员会选出政治局和总书记，现任总书记为阮富仲。至越共"十二大"召开，共有党员 450 多万人，基层组织近 5.4 万个。① 越共还有完善的舆论宣传工具——中央机关报《人民报》，中央政治理论刊物《共产主义》。越南共产党中央的决策机制是民主集中制和集体决策，也就是说，越共的集体决策机制建立在党内民主之上。越南共产党党内民主的重要体现是各级党代会代表和党组织领导人的民主选举。基层和地方党组织领导人的选举方面，2009 年 3 月 6 日，越共中央组织部颁布了《关于在基层党组织全体大会上直接选举常委会、书记、副书记的指导意见》，改变由党代表选举委员、委员选举常委和常委选举书记及副书记的做法，规定基层党组织的领导机构须由广大党员民主选举产生。从 2010 年 5 月开始，越南在全国各省全面铺开基层民主选举，所有各级代表和委员、常委都必须以直接和最少不低于 15% 的差额进行选举。在基层民主选举中，采用了两种不同的民主表决方式，一为投票表决，二是举手表决。前一种方式通常用于在差额选举时，后一种多用于会议决议以及对整体领导班子的信任等问题的表决。基层党委领导人直接选举的举措，加强了基层党组织建设，保障了基层党员的民主权利，进一步推动党内民主制度的发展。与此同时，越南共产党试行直选、差额选举省委书记。2010 年 9 月 9 日，阮清平当选河静省委书记，成为首位由出席党代表大会的代表选举出的省委书记。中央党代会的选举方面，从越共"九大"开始，越共中央委员会选举改变了以往的等额选举方式，以差额选举方式选举中

---

① 《越南共产党第十二届全国代表大会开幕词》，http://dangcongsan.vn/tu-lieu-van-kien/van-kien-dang/van-kien-dai-hoi/khoa-xii/doc-331720169205246.html。

央委员等重要领导职位。并在选举前，把中央委员会的所有候选人的简历、政绩、住址、联系电话等信息向全社会公开，接受监督。此外，中央政治局委员亦由中央委员会差额选举产生。例如，越共"十二大"180名正式委员和20名候补委员是从246名候选人中差额选举产生。

再次，从自主性来看，越南共产党在革命年代领导人民取得了民族独立斗争的胜利，树立起权威政治地位，同时宪法确保越南共产党为唯一的合法政党以及国家和社会的领导力量，这些政治资本和法律保障确保了越南共产党的自主性，能够在决策中保持相对独立、超然、自主的地位。

最后，越南共产党经受了苏联和东欧社会主义演变的冲击，经过党内理性争论后达成了坚持社会主义道路的共识，因此，在革新开放大部分时间里，越南共产党具有较强的内聚力。

（二）越南特色的政治制度

"形式简单的政府最易衰败，而'混合的'政府形式则稳定得多。"① 越南在革新开放过程中逐步形成具有越南特色的、混合政治制度模式，既坚持了共产党一党领导，又坚持了集体领导与分权制衡，同时确保政府与民众之间的沟通渠道畅通，是威权和民主结合的制度，是越南特色的社会主义民主集中制度。

1. 共产党一党领导。越南实行社会主义制度，其政治制度的核心和基础在于共产党的领导，共产党的领导地位由宪法保障，在国家重大决策中起主导作用。根据越南现行宪法（2013年宪法）的表述：越南是"属于人民的、由人民所组成、一切为了人民的社会主义法制国家"。越南共产党是"国家和社会的唯一的领导力量"。越南实行一党制度，越南共产党是执政党，也是唯一合法的政党。

越南共产党有许多外围群众组织，用来动员整合社会团体，其中最重要的是祖国阵线。祖国阵线是越南统一战线组织，成立于1955

---

① ［美］塞缪尔·P. 亨廷顿：《变革社会中的政治秩序》，王冠华等译，生活·读书·新知三联书店1989年版，第18页。

年9月，南北方统一后于1977年同"越南南方民族解放阵线"和
"越南民族、民主及和平力量联盟"合并。这是各政治组织、经济组
织、社会组织和代表了社会、民族、宗教、定居国外的越南人的各个
阶级、各个阶层中所有个人的自愿联合体。① 目前，越南祖国阵线包
括越南共产党、越南人民军、越南退伍军人协会、胡志明共产主义青
年团、越南劳动总联合会、越南妇女联合会、越南农民协会、越南红
十字会、越南佛教协会、越南天主教团结委员会、越南律师协会等
44个成员组织。② 宪法规定越南祖国阵线的性质为人民政权的政治基
础。其主要职责为：加强人民在政治和精神方面的一致，参加建设和
巩固人民政权；有权同各级政权机构一起负责国会代表选举的组织工
作；从中央到地方的各级选举委员会或选举小组均须有越南祖国阵线
的代表参加，负责向各选举单位介绍国会代表候选人的情况。此外，
越南祖国阵线还有权向国会提出议案，有权向国会常委会或地方人民
代表会议推荐各级人民法院包括最高法院的陪审员，并由该权力机关
任免，各级委员会主席可以在讨论有关问题时应邀参加政府、地方人
民代表会议和人民委员会的会议。越南共产党和祖国阵线的关系可以
用祖国阵线第六届中央委员会主席黄担的话来概括："党是领导者，
也是越南祖国阵线成员。"

越南共产党通过祖国阵线这一统一战线组织建立了广泛的联系和
团结其他社会力量的网络体系：共产主义青年团、妇女联合会、工人
协会、农民协会……③等组织在越南祖国阵线中与阵线的其他各个成
员组织一道配合和统一行动。"紧密的组织结构使党能够推动社会改
革，反过来这种改革又巩固了其社会基础，进而使党组织化。越共有
许多外围群众组织，用来动员整合社会团体。"④

2. 集体决策与分权制衡。越南宪法明确了国家权力是统一的而

① 《越南社会主义共和国宪法》（2013）。

② "越南祖国阵线成员"，http：//mattran. org. vn/home/gioithieumt/gtc4. htm。

③ LE HONG HIEP，"Performance-based Legitimacy：The Case of the Communist Party of
Vietnam and Doi Moi，" *Contemporary Southeast Asia*，Vol. 34，No. 2（2012）：145－172.

④ Erik Martinez Kuhonta，*The Institutional Imperative：The Politics of Equitable Development
in Southeast Asia*，C. A.：Stanford University Press，2011，p.235.

非分立的，同时强调权力的互相监督和互相制约。就顶层权力分布而言，自越共"九大"（2001 年）以后，越南形成"四驾马车"格局，即越共总书记、国家主席、国会主席、政府总理的分权模式。总书记兼任中央军委书记，拥有实际的军权，但不担任国家元首；政府总理掌管最高行政权力，负责领导政府的行政管理工作；国家主席为国家元首，拥有名义上的军权和其他象征性权力；国会主席掌管最高权力机关——国会。

就顶层决策机制而言，越南共产党实行集体领导，由总书记领导下的中央政治局为越共的集体决策机构，不设政治局常委。第十二届中央政治局委员共 19 人，由国家主要机构和党内各部门主要负责人及军方人士组成。

顶层权力的分布与决策机制充分体现了国家机关在行使各种立法权、执法权、司法权中，国家权力既有统一，又有分工、配合与监督。

3. 问责制度。越南建立起对政府官员的问责制度，主要由国会代表履行问责职能。越南国会的地位提升始于 1992 年宪法。该宪法规定通过直接选举和差额选举产生国会代表。国会代表候选人的提名需经过所在单位、居住社区和祖国阵线（统一战线组织）的三轮无记名投票，候选人的简历和财产等情况均在新闻媒体上予以公布，之后候选人需与选民直接对话，接受选民质询，并陈述行动计划，最后再通过规定的差额直选产生正式代表。以 2016 年 5 月举行的第十四届国会选举为例，越南第十四届国会代表选举投票 22 日在越南全国各地展开，约 6700 万名选民参加投票，从 870 名候选人中选出 496 名国会代表，差额比例高达约 43%。[①] 国会代表产生方式的改革大大增强了人民群众的参政意识。同时，越南国会的立法职能得到强化，按照规定，国会制定每部重要法律都由全体国会成员讨论表决，这也增强了代表的责任感和使命感。更重要的是，越南国会的监督职能逐步得到加强和完善，这从质询制度和信任投票制度上得到充分体现。

---

① 《第十四届国会 496 名代表名单正式公布》，http://vov.vn/chinh-tri/quoc-hoi/chinh-thuc-cong-bo-496-dai-bieu-quoc-hoi-khoa-xiv-518820.vov。

越南 1992 年宪法即赋予国会和国会代表质询权力和职能。政府的每一位部长都要面对国会代表的质询。2002 年越南开始全面实施国会质询制度并全程向全国民众直播，迫使受质询的官员丝毫不敢怠慢。质询分为几个步骤，先由国会代表在老百姓中征集各类意见，进行书面质询，各部部长进行书面答复。对部长们的书面答复不满的地方，国会代表将在国会会议召开阶段，公开当面质询。当面质询的主要做法是，在国会开会期间安排专门时间，供代表们就某些问题质询相关政府、高检或高法官员，同时允许电视台和广播电台全程跟踪直播，民众可以观看直播节目参与其中。质询通常针对政府损害公共利益的政策和行为。例如，2012 年 11 月 14 日越南第十三届国会第四次会议进入第 19 个会议日。会上，越南政府总理阮晋勇接受该国 4 名国会议员直接质询，先后有两名议员在发言中要求阮晋勇为近年来越南经济发展不力承担领导责任。阮晋勇在开幕式上就曾说，他为未能尽职监管国企尤其是大型央企，导致该国国有企业低效及违法经营，由此给党和国家造成了巨大损失和严重后果，向国民道歉。国会议员杨仲国（Dương Trung Quốc）在质询时说："现在（政府）应该承担起真正的责任来，而不只是道个歉。"阮晋勇在接受杨仲国质询时仍然表情平静。杨仲国接着说："（政府官员）应开启（主动）引咎辞职的政治文化。"阮晋勇面对公开批评，回应称自己从未想到过谋求高官厚禄，"既不乞求亦不推托党交给的工作"[①]。

　　信任投票制度（confidence vote）是问责制度的另一种形式。2002 年第十一届国会规定，如果 1/5 以上的国会代表或国会专门委员会提出要求，国会常务委员会将向国会提出对国家主席、国会主席、政府总理等高级官员进行不信任投票，如果 2/3 以上的国会代表投不信任票即可。2012 年 11 月 21 日越南国会通过信任投票案。根据该法案条文，国会将针对包括国家主席、国家副主席、国会主席、国会副主席、国会各委员会主任、国会常务委员会各成员、政府总

---

① 《我既不乞求亦不推托党交给的工作》（Tôi không xin hay thoái thác nhiệm vụ Đảng giao），http：//kinhdoanh. vnexpress. net/tin-tuc/vi-mo/toi-khong-xin-hay-thoai-thac-nhiem-vu-dang-giao-2723984. html。

理、副总理、部长、政府其他成员、最高人民法院院长、最高人民检察院院长、国家审计长等实施信任投票；省级代表大会将针对一些重要官员实施信任投票。2013 年 1 月 16 日，第十三届国会常委会第十四次会议通过了国会关于《对由国会、人民议会推选或批准的领导人投信任票》的 35/2012/QH13 号决议实施细则。2013 年 6 月 10 日，在河内召开越南第十三届国会第五次会议期间，国会代表对由国会选举产生或由国会任命的 47 名国家领导人进行信任投票。投票结果显示，国会代表普遍对本届政府的信任度低，获得过半数"非常信任"票的政府部长只有国防部长冯光青和公安部长陈大光。在三驾马车中（越共总书记不是国会选举产生或者任命的，故不必参与信任投票），国家主席的信任度最高，330 人对他投了"非常信任"；其次是国会主席阮生雄，328 人投"非常信任票"；而代表们对总理阮晋勇的信任度非常低，他获得的"非常信任"为 210 票（42.17%），而其中低信任票则高达 160 票，说明有超过 1/3 的国会代表对他不信任。阮晋勇对这样的结果无异议。他说："结果是可信的，它提醒领导者，他们的行为是受监督的。"①

（三）较高合法性的共产党政府

如前撰述，越南共产党的职能在不同时期各有不同，面对不同的形势以及危机，越南共产党及时转换其职能，越南共产党执政之合法性也得以维持和强化。

越南共产党建党至全国统一前（1930—1975），越共合法性来源主要有以下几方面：民族主义，第二次世界大战前的反对法国殖民统治的斗争、其间的抗日战争、战后的抗法和抗美战争，越南共产党都是领导力量，因而赢得民众的支持。越南共产党领导建立的社会主义制度亦得到广大工人和农民的支持。越南共产党和越南民主共和国的缔造者胡志明在领导越南革命中奠定了国父的地位，民众对胡志明的拥戴也成为越南共产党及其政府合法性的重要来源。而中国、苏联和

---

① 竹翃：《越南国会的刚性监督》，中国人大网，http：//m. npc. gov. cn/npc/zgrdzz/ 2013-08/14/content_ 1802925. htm。

其他社会主义国家对越南民主共和国的支持亦增强了越南民众对政府的信心和支持。

在 1976 年越南全国统一至革新开放前, 越南共产党及其政府的合法性面临着重重危机, 原有的一些合法性消失, 例如胡志明已经于 1969 年去世, 而原来的民族敌人已经被打败, 外部威胁大大下降, 原来凝聚民众的民族主义热情逐步消退; 越南共产党在全国统一后, 在南部推行激进的社会主义改造, 遭遇强大的阻力, 经济发展亦受阻; 加上越南入侵柬埔寨受到国际社会制裁, 越南的国民经济陷入深重的危机, 越南共产党和政府的合法性被削弱。

面对严峻的政治和经济危机, 越南共产党实施革新开放, 重新获得新的合法性来源。① 由于实行革新开放, 越南国内经济社会得到较为迅速的发展, 越南的国际处境大为改善, 越南共产党和政府得到民众的支持, 提升了其合法性。这是革新开放中越南政府合法性的重要来源。另外, 1992 年越南修改宪法, 把胡志明思想列入宪法, 明确其为越南社会主义建设的指导思想, 重新唤起越南民众对胡志明的情感, 增加了共产党和政府的合法性。

越南加入东盟等国际组织, 与所有大国及其他国家建立起正常的双边关系, 其国际影响力也不断提升。随着越南现代化进程的推进, 越南加强海洋经济发展, 在南海问题上对争端国家采取越来越强硬的立场, 重新唤起了越南民众的民族情绪, 近年来可以说达到了新的顶峰。

总体来看, 革新开放后的越南共产党政府成功推动经济发展、提高国际地位, 因而获得较高的合法性。

(四) 较强的国家强制力

国家强制力包括暴力强制力和法律强制力。国家强制力体现为国家强制贯彻其意志的行动能力, 包括军队、警察和其他执法机构的组织力量和行动能力。共产党领导下的越南拥有较强的国家强制力。

首先来看暴力强制力, 越南拥有较为强大的人民武装力量 (军

---

① Le Hong Hiep, "Performance-based Legitimacy: The Case of the Communist Party of Vietnam and Doi Moi," *Contemporary Southeast Asia*, Vol. 34, No. 2 (2012): 145–172.

队、公安、民兵）。第二次世界大战后，当其他许多发展中国家实现
了民族独立，获得和平的发展环境时，越南还长期处于战争状态，先
后经历了三次印支战争（抗法战争、抗美战争和入侵柬埔寨的战争）。
在三次印支战争中，越南的北部政权和南部政权先后得到中国、苏联
和美国的支持，帮助训练部队，提供武器援助。抗美战争结束时，越
南拥有了大批先进的武器。而战争的环境亦磨炼了越南的军队，形成
纪律严明、行动能力强的特点。近年来，越南的军事实力在不断增长。
根据全球火力网（Global Power Fire，GFP）发布的数据显示，截至
2016 年 4 月，越南的军事实力在世界排名第 17 位，[①] 而同期的越南人
均 GDP 排名为世界第 132 名。[②] 相对其经济发展水平而言，越南的军
队实力较强。越南的警察部队与军队有着密切联系，其中海上警察力
量是军队的一部分。2008 年 1 月 26 日，越南国会对 1998 年 3 月颁布
的《越南海上警察力量法令》进行了修改，修改后的《越南海上警察
力量法令》规定，海上警察力量是越南人民军队的一部分，属于国家
专职武装力量，由国防部负责组建，实施职能管理。修改后的《越南
海上警察力量法令》还重新定义了成立于 1998 年的海警部队——海警
局的职能，将海警局划归国防部直辖，在全国划分四个海区，与四个
海军军区相呼应。在越南国防部与外交部 2009 年 12 月联合公布的
《越南国防》白皮书中，又再次明确了越南海上警察与越南人民军、
民兵自卫队和人民公安力量一样，同属越南人民武装力量的一部分。
越南在战争时期越南全民皆兵，战争结束之后，民兵组织依然发挥重
要作用。1990 年越南专门制定《民兵自卫条例》，明确定位民兵的集
装箱职能。2009 年又专门为民兵立法，2009 年 11 月 23 日，越南国会
通过了《民兵自卫法》，把制订于 1990 年的《民兵自卫条例》上升到
法律的地位，规定全国 8600 万人口，从 18 岁到 45 岁的男性，从 18

---

① "Countries Ranked by Military Strength（2016），" http：//www.globalfirepower.com/
countries-listing.asp.

② http：//www.imf.org/

岁到 40 岁的女性有参加民兵的义务。① 越南人民武装力量在硬件和软件上的优势在和平环境成为社会主义建设的有力保障和坚强后盾。

其次来看法律强制力。随着国会制度的完善和国会地位的提升，越南的立法工作得到加强。革新开放以来，越南国会的立法涉及宪法、民法、经济法、行政法、诉讼法等几乎所有的部门法，形成了基本完备的法律体系。此外，执法机关和执法队伍亦不断壮大，为经济发展、社会稳定提供法律的保障。

亨廷顿提出强大政府特点之一是能够安邦定国。革新开放中的越南政府做到了这一点。以下是世界银行对越南政治稳定度的评价，其数值均为正值，说明稳定度较高。

表 3 - 1　　　　　　　　越南政治稳定评价②

年份	1996	1998	2000	2002	2003	2004	2005	2006	2007	2008
政治稳定	0.41	0.23	0.31	0.28	0.10	0.14	0.46	0.37	0.21	0.14
得分	58.65	54.33	58.65	54.81	48.08	50.96	61.54	57.21	52.88	49.76
年份	2009	2010	2011	2012	2013	2014				
政治稳定	0.24	0.11	0.17	0.24	0.22	0.00				
得分	52.13	50.94	53.30	54.50	55.45	46.12				

综上所述，越南共产党高度组织化、制度化，并在革新开放中通过政治改革形成了具有越南特色的政治制度，加上较高的合法性和较强的强制力，共产党领导下的越南政府具有较强的施政能力。

二　强国家能力在促进越南社会公平中的作用

（一）客观界定公共利益

越南共产党是越南国家和社会的领导力量，在国家大政方针制定

① 《民兵自卫法》（Luật Dân quân tự vệ），Luật số：43/2009/QH12，ngày 23 tháng 11 năm 2009。

② "The Worldwide Governance Indicators（WGI）Project," http：//info. worldbank. org/governance/wgi/index. aspx#home.

方面起决定性作用，和政府一起具体界定公共利益。虽然"越南实行一党制，但并没有忘记社会利益"①。这是由于越南共产党在纲领中明确代表工人、劳动人民和全民族的利益。② 如前所述，亨廷顿认为："公共利益就是公共机构的利益。它是政府组织制度化创造和带来的东西。在一个复杂的政治体系中，政府的各种组织和程序代表着公共利益的不同侧面。"③ 因此，共产党领导下的政府作为公共机构，其所界定的公共利益理应代表工人、农民和其他下层阶层的利益。越南共产党从中央到基层均有着严密的组织体系，可以有效聚集各阶层利益；同时，越南共产党联系社会力量的重要统一战线组织——祖国阵线由来自各行业、各领域的团体组成，目前有 44 个成员，这些组织是在自愿的基础上成立的政治、社会组织，它们代表和保护自己的组织的成员、会员合法的、正当的权益。越南共产党通过祖国阵线这一统一战线组织沟通与各种社会力量的联系，了解他们的利益诉求，从而更客观地界定公共利益。

越南特色的公众参与制度——全民参与讨论修改共产党全国代表大会的文件特别是政治报告，也是界定公共利益的重要途径。越共全国代表大会的文件是越共决策的指针，是界定公共利益的载体。从1986 年开始，越南共产党在每次党代会召开前都提前公布党的政治报告草案，征求修订意见。革新开放早期，党的工作报告主要在党内征求修改意见，1986 年"六大"召开前两个月，越南共产党公布政治报告草案，在全党进行讨论，然后对文件草案作了重大修改，正式提出革新开放路线。此后的越共"七大""八大"予以延续。后来，讨论范围从全党扩大至全社会。这种做法始于越共"九大"。2001 年越共"九大"召开前，越共通过新闻媒体公布政治报告草案，向全

---

① Erik Martinez Kuhonta, *The Institutional Imperative: The Politics of Equitable Development in Southeast Asia*, C. A.: Stanford University Press, 2011, p. 234.

② 《越南共产党党章》(ĐIU LỆ Đảng CỐng SảN VIệT NAM), http://www.chinhphu.vn/portal/page/portal/chinhphu/NuocCHXHCNVietNam/ThongTinTongHop/noi-dungvankiendaihoidang? categoryId = 10000716&articleId = 10038369。

③ ［美］塞缪尔·亨廷顿：《变革社会中的政治秩序》，王冠华等译，生活·读书·新知三联书店 1989 年版，第 23 页。

民征求修改意见。此后每届党代会召开前会把工作报告草案向社会公布，广泛征求修改意见。以越共"十一大"为例，越共"十一大"正式举行的时间是 2011 年 1 月 12—19 日，而在此前三个月，越南全国上下掀起了讨论越共政治报告草案的热潮，讨论之深入，争议之激烈，前所未有。2010 年 3 月底，越共中央政治局将"十一大"的各项文件草案，包括《1991 年纲领》（2011 年，补充和发展）、《2011—2020 年阶段社会经济发展战略草案》以及《十一大政治报告草案》，发给地方各级代表大会进行讨论，征求修改意见和建议。2010 年 9 月 15—10 月 31 日，越共在大众传媒公布上述各项文件草案，征询全体国民意见。文件草案公布，在全社会引起广泛的讨论，甚至引发了意识形态的论战，越共亦为此在全社会范围内经受了巨大的挑战。民意表达的途径多种多样，有些直接在网络媒体上表达自己的意见，有些则通过电子邮件、普通信函的方式参与，有些直接走进政府办公机构反映意见。大多数通过组织途径参与，比如通过越南国会、祖国阵线、胡志明共产青年团等各种政治组织反映自己的意见，知识界、宗教界、少数民族代表、越南海外侨胞代表等亦通过各种组织参与讨论，发表意见。

另外，国会的否决制度可以及时制止政府对公共利益的误判或损害。自从 1992 年宪法实施以来，越南国会否决政府方案并不鲜见，影响最大的当属国会否决"梦工程"——高铁新干线方案以及阻止主办亚运会。早在 2009 年 8 月，越南政府便经由越南国家铁路公司和日本新干线公司达成初步合作意向，经过近一年的准备，于 2010 年 5 月正式将此案提交越南国会审议。这是由总理、第一副总理（均为越共中央政治局委员）和诸位实权部长（建设部、交通部、投资部等）牵头的重大国家计划。但越南国内反对声此起彼伏。十二届国会七次会议期间，大家争议激烈。代表们质疑 560 亿美元的投资预算非越南国力可承受。最后 427 名议员（共 493 名，部分议员未能与会）投票表决，结果 185 名投赞成票，占 37.53%；208 名投反对票，占 42.19%；34 名议员投弃权票，占 7.96%，议案未获半数以上代表赞同，被否决了。① 越南国会还通过否决追加资金从而阻止了越南主办亚运会。2012 年，越南曾争取到承办 2019 年第十八届亚洲运动会的资格，但在筹办过程中不断追加资金，远远超过预算，遭到国会代表质疑，因此追加资金的方案一直未获通过，亚运会筹委会无米下炊，运动设施建设难以为继。从 2014 年 3 月底开始，越南国会举行听证会，讨论是否主办亚运会。在广泛听取国会代表和广大民众的意见后，2014 年 4 月 17 日，越南政府召开会议，最后讨论亚运会有关问题。会议结束后，总理阮晋勇宣布，越南政府决定放弃承办 2019 年原定在越南河内举行的第十八届亚洲运动会。总理阮晋勇在宣布这一决定时表示，越南政府感谢亚奥理事会支持越南发展体育运动以及支持越南首都河内市主办第十八届亚运会。然而，越南对于举办亚运会这样的大型赛事并无经验，也并没有为此做好准备。申办时，越南没有做好保证赛事成功举办的具体计划，而目前相关筹备计划也未得到政府的批准。阮晋勇认为，成功举办地区和国际体育赛事固然将对国家经济社会发展、提升越南形象做出贡献，如果一旦不能成功举办，可能会产生相反的效果。越南在金融危机和全球经济下滑中受到了巨大的影响，国家经济水平仍处于困境。目前，越南的中央和地方预算有限，应该用于更加紧急的任务中。

越南政府作出放弃主办第十八届亚运会的决定，国会发挥了重要作用，而国会则受到了公众舆论的影响。当越来越多人对主办亚运会发出质疑的声音，各路媒体进行了民意调查。调查结果高度一致，70%—80% 以上的民众不同意政府主办亚运会。在政府宣布放弃主办亚运会的决定之前，2014 年 4 月初，越南最大的网络媒体《越南快讯》（*VNExpress*）进行的民意调查显示，6883 名受访者中有 6033 人，即高达 88% 的受访者认为越南应该放弃亚运会主办权。② 而发行量最

---

① 《国会否决高速铁路项目》（Quốc hội bác dự án đường sắt cao tốc），越南网 2010 年 6 月 19 日：http://vnn.vietnamnet.vn/chinhtri/201006/Quoc-hoi-bac-Nghi-quyet-duong-sat-cao-toc-917086/。

② 《越南放弃第 18 届亚运会主办权》（Việt Nam rút đăng cai ASIAD 18），http://e.vnexpress.net/news/news/。

大的平面媒体之一《青年报》（trồ tuểi）的民意调查显示，在 14400
名接受调查的越南民众中，有 12162 人希望退出亚运会，占 84%。[①]
另一家在年轻人中具有广泛影响力的越南语门户网站 Zing News 的调
查结果，3869 名受访者中有 2970 人支持退出亚运会，占 76%。[②] 越
南民众认为，应该将钱先用在民生福利上，举办亚运会并不是目前最
重要的事。越南媒体指出，亚运会的总投资有可能高达 35 亿美元，
民众对如此大幅度的政绩工程极度反感，举办亚运会的支持率已降至
10%。面对强大的民意，越南政府何去何从？弃办亚运会将使越南政
府被国际社会指责"撂挑子"；硬撑举办亚运会，不仅对民生起不到
促进作用，反而会招致大部分国民的反对。在二者权衡之间，越南政
府最终作出了"弃办"决策。当政府的决定宣布后，越南《青年报》
在头版发文将之称为"一个赢得人心的决定"[③]。

　　由于越南共产党有着广泛的沟通和联系各阶层、各领域群体的途
径，能够掌握广大民众尤其是下层民众的利益诉求，下层民众的利益
长期成为政府政策议题。1991 年越共"七大"第一次提出"民富、
国强"的战略目标，明确发展的主要目标和动力是为了人民、来自
人民，经济—社会战略应将人置于中心位置。进而提出经济发展要与
社会进步相统一，要使经济增长与社会公平相结合。

　　（二）实施益贫增长战略，促进社会公平

　　越南政府界定的公益利益与下层群体利益密切相关，越南从革新
开放初期即关注发展与公平问题，正是这种清醒的发展观指导越南采
取"益贫式增长"战略，实现均衡的发展。

　　"益贫式增长"（pro-poor growth）战略。"益贫式增长"关注增
长、贫困和不平等三者间的相互关系，这一术语最早出现在 1997 年
英国的国际发展白皮书、1999 年亚洲开发银行（ADB）的报告以及

---

① "Vietnam PM pulls plug on Asian Games", http：//www.thanhniennews.com/sports/vi-etnam-pm-pulls-plug-on-asian-games-25086.html.

② "Vietnam PM pulls plug on Asian Games," http：//www.thanhniennews.com/sports/vietnam-pm-pulls-plug-on-asian-games-25086.html.

③ Ibid..

世界银行的世界发展报告中。亚洲开发银行较早给出相关定义，认为
"如果增长是吸收劳动（labor absorbing），并伴随着有助于降低不平
等、为穷人增加收入和创造就业的政策，特别是，如果增长有助于妇
女以及其他传统上被排除在增长及其成果分享之外的群体，则这种增
长就是益贫式的"。经合组织（OECD）及联合国（UN）等国际组织
将"益贫式增长定义为能使贫困显著减少的增长，强调这种增长应
该能使穷人得益，并为他们提供机会以改善经济处境"。世界银行的
经济学家则集中关注贫困与经济增长之间的关系，他们认为：如果能
使穷人的绝对收入等衡量其绝对福利水平的指标改善，令贫困缓解，
增长就是益贫式的。[①]

越南的益贫式发展战略体现在三方面：一是关注农村发展，惠及
广大农民；二是加大公共事业投入，促进整体公共利益，惠及普通民
众；三是直接扶持贫困群体，使之直接受惠。

1. 关注农村发展

发展中国家现代化起步时大都是传统农业国家，如何处理现代化
进程中的农村发展，直接影响发展中国家现代化成败。这首先是因为
农业构成现代化产业结构的重要组成部分，农业发展直接影响工业化
进程；其次，农村是贫困群体集中的区域，农民是否在发展中受益，
是评价公平发展的重要指标。因此，农村和农业发展是可持续发展的
关键。"农业发展是可持续发展的关键。……制度改革，特别是农
村、农业贸易改革对减贫至关重要。"[②]

越南实行革新开放政策过程所取得的巨大经济成就之一是促进了
农业生产发展，妥当解决国家粮食问题，保障国家粮食安全。越南地
形呈"S"形，人们形容越南版图好像"一根扁担挑着两个箩筐"，这
一方面是形容越南的地形特点，同时也描绘出越南作为农业国家、富
庶的鱼米之乡的特点。越南是传统的农业国家，拥有两大富庶的三角

①　Asian Development Bank, *Fighting Poverty in Asia and the Pacific: The Poverty Reduction Strategy of the Asian Development Bank*, Manila, Philippines. 1999, p. 6, note. 6.

②　Minh Son Le, Tarlok Singh, Duc-Tho Nguyen, *Trade Liberalisation and Poverty: Vietnam now and beyond*, New York: Routledge, 2016, p. 269.

洲——北部的红河三角洲，南部的湄公河三角洲，盛产大米。革新开放前由于政策失误，民不聊生，连大米都不能自给，需要从国外进口。因此农业也是越南最早推行革新开放路线的领域。早在1986年全国实行全面革新开放之前，越南已经在部分农村试行家庭联产承包制度，取消集中包给制下的统购统销政策。1986年"六大"后，农业改革在全国铺开，主要实行包产到户，以家庭为农村自主经济单位。1987年12月29日，越南出台首部《土地法》，此后分别于1993年、1998年、2001年、2003年进行修改。1987年的《土地法》明确了土地为国家所有，政府对土地实施统一管理，并把土地使用权授予个人或组织，明确使用者的权利和义务。1988年4月，越共中央作出了关于改进农业生产承包制的第10号决议，决定把土地长期承包到户，农户享有长期使用土地的权利，10—15年不变。1993年，越南政府颁布新的土地法，土地使用期限最长达50年。1998年12月，越南国会对第二部《土地法》进行修改和补充，土地使用期限再次延长至最长为70年。2003年，越南政府颁布第三部《土地法》，分别对国家和土地使用者（企业、集体、个人等）的义务作出了明确规定。2013年，越南再次修改《土地法》。2013年11月，越南第十三届国会六次会议通过《土地法》（修正案），于2014年7月生效。2013年《土地法》一共有14章212条，比2003年《土地法》增加7章66条。根据越南现行《土地法》规定，土地所有权属于国家，不承认私人拥有土地所有权，但集体和个人可对国有的土地享有使用权。国家统一管理土地，制定土地使用规章制度，规定土地使用者的权利和义务。土地使用期限分为长期稳定使用和有期限使用两种情况。对于有期限使用的土地，其使用期限分为5年、20年、50年、70年、90年不等。其中与农业密切相关的修改是延长了农业用地的使用期限，将以前规定的20年改为50年并规定"如有必要还可以继续延期"。

首部《土地法》和第10号决议大大激发了农民的生产积极性，促进了农业生产。1989年，越南摆脱粮食依赖进口的局面，实现自给并首次出口大米。20世纪80年代，越南的农业生产快速发展，给农民带来最强影响。越南政府"通过使土地分配更有成效延续了益贫的土地政策，而且增长是益贫式的。国家使增长分配朝向贫困的社会部门（家庭和地区），社会保障、援助、教育费豁免，直接到达贫困家庭"①。

越南政府在革新中比较成功地处理农村发展问题，促进经济持续高速增长；而广大农民亦在经济增长中受益，农村贫困人口大幅度下降，促进了越南社会公平。市场经济发展方向的政策方针充分调动了农民的生产积极性，成效十分显著。越南农村经济不仅实现本地商业化，而且走向国际贸易。革新开放短短几年，越南不但实现了粮食自给，还成为大米出口国家。1989 年以前，越南每年都要进口粮食，有时进口量高达 100 万吨。到了 1989 年，越南不但实现了粮食自给，而且还开始出口大米，当年出口了 103 万吨大米。从 1989 年起，越南每年出口 100 万—150 万吨大米，1995 年出口达 350 万吨，继泰国和美国之后成为世界第三大大米出口国；2004 年，越南出口大米 405 万吨，成为仅次于泰国的世界第二大大米出口国。② 2012 年，越南首次超过泰国，成为世界第一大大米出口国。目前，越南已经在国际农产品市场上确立了自己的地位，大米出口稳居前三名的位置。

广大农民的收入主要来自农产品贸易，越南农产品商品化及其走向国际市场使农民收入不断增长，很多农民摆脱了贫困。"农村家庭比城市家庭在经济增长中得到更多收益，地方上的贸易有利于减贫。"③

"农村发展是越南公平增长的一个轨迹，即使在 1990 年代越南开始自由化政策，它仍然坚持支持农村部门。这与泰国形成对比。泰国在工业化进程中，1980 年代经济快速增长时，不关心农村发展。"④

---

① Erik Martinaez Kuhonta, *The Institutional Imperative*: *The Politics of Equitable Development in Southeast Asia*, C. A.: Stanford University Press, 2011, p. 221.

② 中华人民共和国商务部：《越南建国 67 年农业取得较大发展》，http://www. mofcom. gov. cn/aarticle/i/dxfw/cj/201208/20120808315322. html。

③ Minh Son Le, Tarlok Singh, Duc-Tho Nguyen, *Trade Liberalisation and Poverty*: *Vietnam now and beyond*, New York: Routledge, 2016, p. 266.

④ Erik Martinez Kuhonta, *The Institutional Imperative*: *The Politics of Equitable Development in Southeast Asia*, C. A.: Stanford University Press, 2011, p. 221.

越南政府持续保持对农村经济发展的支持，是越南城乡差异与地区差异得到控制的关键因素。

2. 加大公共事业投入、惠及普通民众

越南政府保持对公共领域的财政投入，这种投入与其经济发展水平相比较高，高于同水平国家。其中做得比较突出的是教育方面。越南对教育事业的投入高于同等经济发展水平的国家。以 2005 年为例，人文指数最高的国家对教育的投入占 GDP 的 5%，次之的国家为 4.5%，低水平国家为 3.9%，而越南达到了 5.3%。2012 年，越南教育支出占 GDP 6.6%[①]，而人文指数最高的国家为 5.3%，低水平国家为 3.8%（见表 3 - 3）。而且越南政府还部分或全免贫困生小学、中学学费，使贫困学生有机会通过接受教育改变贫困的命运。

表 3 - 2　　　　　　越南政府对公共领域的财政支出　　　　　（单位:%）

年份\结构	2005	2007	2008	2009	2010	2011	2012	2013
教育培训	10.89	13.46	11.83	12.35	12.05	12.62	12.99	16.58
医疗卫生	2.90	4.11	3.18	3.45	3.87	3.93	4.03	5.85
养老和社会救济	6.76	9.16	8.20	8.96	9.90	9.92	8.76	10.45

数据来源：越南国家统计局，https：//www. gso. gov. vn/default_ en. aspx? tabid = 775。

表 3 - 3　　　　　　　　　教育财政支出　　　　　　　　（单位:%）

HDI Rank	Country	1980 年	1985 年	1990 年	2000 年	2005 年	2006 年	2007 年	2008 年	2009 年	2010 年	2011 年	2012 年
—	超高人文发展国家	5.2	5.0	4.8	4.5	5.0	5.1	5.0	5.1	5.4	5.2	3.6	5.3
—	高人文发展国家	3.2	2.9	2.8	4.0	4.4	4.3	4.6	4.5	5.0	5.2	4.4	4.6
—	中等人文发展国家	3.0	3.9	4.5	4.3	3.5	3.6	3.7	3.8	3.7	3.8	3.1	3.7

---

① "Government Expenditure on Education as % of GDP （%）", http：//data. worldbank. org/indicator/SE. XPD. TOTL. GD. ZS.

续表

HDI Rank	Country	1980 年	1985 年	1990 年	2000 年	2005 年	2006 年	2007 年	2008 年	2009 年	2010 年	2011 年	2012 年
—	低人文发展国家	3.3	3.1	3.9	3.2	3.4	3.6	3.4	3.9	3.4	3.6	3.7	3.8
121	越南	—	—	—	—	—	—	—	5.3	—	6.6	—	6.6

Source：http：//hdr. undp. org/en/content/expenditure-education-public-gdp.

由于政府重视教育，越南的教育事业得到较快较好的发展，其中普通教育阶段的学校数目从 1995—1996 年的 21049 所增加到 2011—2012 年的 28803 所；教师人数从 1995—1996 年的 492700 人增加到 2011—2012 年的 828100 人。公立大学从 1995 年的 109 所增加到 2014 年的 347 所，教师人数从 22800 增加到 74100 人，学生人数从 297900 人增加到 2050300 人。[①]

教育发展的影响是全方位的，可以提高民众素质，提高职业技术技能，还可以使受教育者增加收入，有助于摆脱贫困。"教育对福利有重要影响。一个家庭受教育的时间增加一年，收入增长超过 2%。这种影响在农村较大，在城市较小。"[②] 而在教育类型中，接受职业技术培训，拥有技术证书者，其收入比接受普通教育者的收入有增长，这"说明职业技术培训比一般的培训在福利改善中发挥更重要的作用"[③]。

3. 扶贫济困，直接惠及贫困群体

越南在革新开放初过半数的人口生活在贫困线下，因此，越南政府在大力推进革新开放的同时，高度重视解决贫困问题，除了通过益贫式发展战略让穷人共享发展成果，越南政府还重视对贫困群体的直接扶持和救助，长期致力减贫工作。

越南政府系的消除贫困工作发端于 1991 年越共"七大"。越南共产党对贫困问题的关注也始于"七大"，在这次会议上第一次提

---

① 越南国家统计局：https：//www. gso. gov. vn。

② Minh Son Le, Tarlok Singh, Duc-Tho Nguyen, *Trade Liberalisation and Poverty：Vietnam now and beyond*, New York：Routledge, 2016, p. 259.

③ Ibid. .

出了关于持久全面地"消饥减贫"的战略，"七大"的文件明确指出："在进行革新和实现经济增长的同时，要消除贫困，实现社会公平，避免贫富分化超过规定界限。"从此，消饥减贫（Xóa đói giảm nghèo）成为历届党代会和政府工作的重要议题。

1992 年，胡志明市委首先提出建立"消饥减贫"行动计划，由市财政拨出专款、市政府主导和社会互助相结合参与扶贫运动。胡志明市的经验被采纳，并被扩展到越南其他省份，"消饥减贫"运动迅速在全国推广。为了更好地展开"消饥减贫"的工作，越南成立专门的机构——消饥减贫指导委员会，主任由总理或副总理担任，成员由一些部门、团体的代表组成，其中社会劳动荣军部部长任该指导委员会常务副主任。各省、县、社也相应成立消饥减贫委员会指导该项工作。此外，越南政府相继颁布了一系列的扶贫项目计划，推出了许多扶贫新举措，包括土地和生产优惠政策、提供扶贫信贷、技术职业培训、改善未开发地区的基础设施、教育和医疗卫生条件以及提供信贷服务，等等。鉴于贫困地区最大的问题是缺乏资金，国家一方面采取一些财政倾斜政策，使贫困地区得到帮助：财政收入主要来自较富裕的地区，但财政支出（如用于学校、道路、诊所建设等）则面向更广的地区。也就是说，国家在税收和拨款、贷款方面向落后地区倾斜。国家对山区和少数民族地区的拨款主要集中在支持基础设施建设，如道路建设、电力供应、提供树苗、种畜、兴建学校、卫生站、医院等。贷款主要集中于农、林业发展及消饥减贫等。另一方面，开辟多种渠道筹集资金，主要办法有：贷款、吸引投资、成立扶贫基金会，引导国际社会（政府发展援助和非政府组织筹资）参与扶贫工作。①

特别值得一提的是越南政府积极与国际社会开展扶贫合作。越南政府重视扶贫工作，但由于越南经济发展水平低，既要发展，又要扶贫，资金有限。因此，政府借力国际社会开展扶贫工作，收到良好效果。

一是与国际政府间组织合作。越南与联合国及其下各专业机构如

---

① 参阅黄云静等著《发展与稳定：反思东南亚国家现代化》，时事出版社 2011 年版，第 46—59 页。

世界银行等开展扶贫、减贫工作，卓有成效，多次受到联合国等国际组织的称赞，树为典范。

二是与国际非政府组织合作。政府一方面严格规管国际非政府组织，防范对内政的干涉；另一方面，大开方便之门，引入国际非政府组织参与扶贫。越南革新开放中向经济体制转轨和政府职能的转变为民间组织的发展提供了较为广大的空间。同时，政府亦支持非政府组织在扶贫方面的活动。1992 年，在越南召开了"非政府组织对越南的援助"国际会议；同年，越南颁布一系列法律文件规范社团管理，许多非政府组织得以注册成立。

越南非政府组织的特点：

——以城市为根基建立组织，面向农村和边远落后地区。

——走精英路线。精英路线指的是非政府组织的负责人大多有来头，与党、政部门联系密切。"几乎所有的越南非政府组织都由社会关系强大的人来领导，他们当中多数是从国家职位上退下来，或者仍然为政府工作。"① "而工作团队都是受过良好教育的人，而非来自农村地区（与其他许多国家不同）。"②

——主要宗旨是服务弱势、边缘群体，推动本国经济社会发展。

——依靠国际援助。越南的非政府组织是在国际社会包括政府和非政府组织直接支持下发展起来的，活动资金基本上都是依赖国际社会的捐助。

越南政府亦尽可能创造有利条件鼓励国际非政府组织参与越南经济社会发展。曾任越南副总理的武宽说："越南还是一个贫穷的发展中国家，希望 NGOs 继续扩大与越南的合作。"他承诺将为 NGOs 在越南开展活动创造更有利的条件，尤其是法律环境。他要求外国非政府组织委员会（the Committee for Foreign NGO Affairs）和相关的部门

---

① Michael L. Gray, "Creating Civil Society? The Emergence of NGOs in Vietnam," *Development and Change*, Vol. 30 (1999)：693 –713.

② Ibid. .

修订法规文件，简化项目审批程序。① 越南还给予在越南实施非政府组织（NGO）援助项目的外国专家免除个人所得税待遇。②

国际非政府组织在越南增长迅速，"1993 年以来，越南的国际非政府组织增长了 277%，从 185 个增加到 514 个，来自 26 个国家和地区，其中 400 个非政府组织在越南有运营项目和计划"③。至 2013 年，越南已经与 950 多个外国非政府组织建立合作关系。④ 非政府组织在越南扮演重要的角色。首先，在越南经济发展中起到了政府分包商的作用，为越南社会经济发展做出了不小的贡献，外国非政府组织的援助金额亦从 1990 年的每年 3000 万美元增加 2013 年的 3 亿美元，⑤ 在越南消灾减贫领域做出了突出贡献。其次，促进越南公民社会的发展。这些非政府组在越南政府法律许可的范围内进行自治管理，通过参与这些组织的活动，越南民众提高公共参与意识和社会自治的能力。

（三）有效管控社会冲突，避免贫困与冲突恶性循环

贫困与冲突是一对"双生儿"，贫困容易导致冲突，而冲突又导致贫困恶化。因此，维护社会稳定是解决贫困问题的前提和基础。

越南政府具有较强的强制力，对于社会问题、社会矛盾的处理当机立断。在落后地区，尤其是少数民族聚居区，民族问题与民生问题结合在一起，容易引发社会矛盾和社会冲突。由于历史、自然地理和现实政策原因，处于不同地区不同民族的经济社会发展水平不一，少数族群多居住在偏远落后地区，民族问题与民生问题密切相关，当他

① "Vietnam Boosts Co-operation with NGOs," *Vietnam Business Forum*, Hanoi: No. 25, 2003.

② 越南《投资报》2007 年 6 月 4 日。

③ "Vietnam Boosts Co-operation with NGOs," *Vietnam Business Forum*. Hanoi: No. 25, 2003.

④ 《越南与外国非政府组织第三次国际会议》（Hội nghị Quốc t lần 3 v hợp tác giữa Việt Nam và các tổ chức phi Chính phủ nước ngoài），越南政府外国非政府组织工作委员会（ỦY BAN CÔNG TÁC V CÁC CHỨC PHI CHÍNH PHỦ NƯỚC NGOÀI）网站：http://comingo. gov. vn/chitiet/thong-tin-hoat-dong/hoi-nghi-quoc-te-lan-3-ve-hop-tac-giua-viet-nam-va-cac-to-chuc-phi-chinh-phu-nuoc-ngoai. aspx.

⑤ 同上。

们因为对现状不满而进行斗争时，往往隐含着民族地位和民生诉求。一些少数民族要求提高民族自治，甚至提出分离主义的主张。例如，西原地区，包括多乐（Đắk Lắk）、多农（Đắk Nông）、嘉莱（Gia Lai）、昆嵩（Kon Tum）、林同（Lâm Đồng）五省，是越南三大少数民族聚居区之一。由于西原地区民族成分多样，当地土著民族与外来移民之间的语言文化、宗教信仰、生活方式、风俗习惯各异，难免发生矛盾和纠纷。[①] 这些矛盾有时候会被境内外反政府势力所利用，唆使民众进行反政府活动，影响社会稳定。例如 2001 年 2 月，西原地区嘉莱省和多乐省发生反政府骚乱；2011 年 5 月，在越南北部中越边境少数族群地区，数千苗族人聚集奠边省一处山区，从事反政府活动；这些地区都是经济相对落后的地区。越南政府对贫困落后地区发生的社会冲突一般采取两手措施应对：一是采取强制力坚决打击反政府活动；二是采取务实政策解决民众的实际困难，从而维护社会稳定。

三　越南政府干预社会公平的效果

发展中国家能够实现发展已经不容易，能够实现公平的发展更是寥寥可数。越南是其中能够同时兼顾发展与公平的少数国家之一。

（一）经济增长

发展中国家的经验表明，一个国家要实现现代化，必须在一定时期内保持持续稳定的经济增长。越南的革新开放始于经济领域，亦首先在该领域取得成就，并在 30 年间持续保持较高的经济增长率，其中从 1991 年到 1995 年，越南国内生产总值（GDP）年均增长率为 8.2%，2001—2005 年和 2005—2008 年，国内生产总值年均增长率分别为 7.5% 和 7.84%。2008 年以来，受到世界性金融危机的冲击，越南经济增长有所放缓，不过仍然维持 5%—6% 的经济增长率（见表 3 - 4）。2015 年经济增长率达到几年来的新高，约为 6.11%。根据世界银行预测，2016 年越南经济增长率为 6.3%。

---

① 唐桓：《越南的上人问题及其影响》，《世界民族》2005 年第 2 期。

2014 年越南的人均 GDP 达到 2053 美元，比革新开放初期增长了上
百倍。[①]

表 3 - 4　　　　　　越南历年经济增长率　　　　（单位：%）

1991—1995 年：8.2	2001—2010 年：7.2
1997 年：9	2000 年：6.79
2001 年：6.89	2002 年：7.08
2003 年：7.34	2004 年：7.79
2005 年：8.44	2006 年：8.23
2007 年：8.46	2008 年：6.31
2009 年：5.23	2010 年：6.78
2011 年：6.5	2012 年：5.03
2013 年：5.4	2014 年：5.6

数据来源：笔者根据越南统计局历年统计数据整理。

2011 年，按照世界银行的标准，越南已经成为中等偏下收入
（Alower Middle-incomecountry，MIC）国家，正在成功迈向中等收入
国家。[②]

2014 年 9 月 2 日世界经济论坛公布了《2014—2015 年度全球竞
争力报告》，越南在 148 个国家中排名第 68 位。而根据世界经济论坛
最新发布的《2015—2016 年全球竞争力报告》显示，越南排名第 56
位，较上年的 68 位名次上升 12 位。世界银行网站在介绍越南时，是
这样评价越南的：越南是一个有发展成功的故事的国家，始于 1986
年的革新开放，已经把越南从当时人均收入只有 100 美元、世界最不
发达的国家，改变成为人均收入 2100 美元（2015 年）的较低中等收
入国家。[③]

---

① 世界银行：http：//www.worldbank.org/。

② "Vietnam：Achieving Success as a Middle-income Country"，http：//www.worldbank.
org/en/results/2013/04/12/vietnam-achieving-success-as-a-middle-income-country.

③ http：//www.worldbank.org/en/country/vietnam/overview.

（二）社会公平

"越南的经济增长是益贫的"①，在经济快速发展的同时，越南社会发展水平迅速提升。一般的发展中国家在现代化进程中无法兼顾效率与公平，随着现代化的发展，贫富分化越来越严重。但是，越南能够在效率与公平方面达到较好的平衡。联合国各机构尤其是开发计划署近年来发表的《人类发展指数年度报告》经常赞扬越南在经济发展和消除贫困方面的努力。在其《2003 年人类发展指数报告》（the UNDP Human Development Report 2003）中说，"在过去十年，越南在消除贫困方面已经取得令为印象深刻的进步"②。2006 年 9 月公布的联合国 2005 年"人类发展报告"，盛赞越南是"一个同时达成发展与均衡的国家"、是"人类成功发展的范例"。③ 联合国粮农组织在2009 年 11 月 17 日宣称，越南是在影响到世界上 10 亿人口的"消除饥饿和贫困"活动中取得成功的国家之一。④

迄今，越南已经达到甚至在某些方面超过了联合国千年计划目标（the Millennium Development Goals，MDGs），尤其是在减少贫困，发展教育和实现性别平等方面取得重要成就。

越南在社会公平方面取得的成就突出体现在以下三方面。

一是国民生活水平大幅度提升。2014 年越南的人均 GDP 达到2053 美元，比革新开放初期增长了上百倍。根据越南国家发展计划，在 2020 年越南将成为工业化国家。根据联合国开发计划署（UNDP）的资料，越南实施革新开放政策以来，经济持续高速发展，国民生活有了明显提高。2014 年，越南社会科学院与联合国开发计划署公布了 2014 年的人类发展指数报告，2013 年，越南在全球 187 个国家中

① Minh Son Le, Tarlok Singh, Duc-Tho Nguyen, *Trade Liberalisation and Poverty：Vietnam now and beyond*, New York：Routledge, 2015, p. 266.

② United Nations Development Programme, *Human Development Report 2003*, Oxford：Oxford University Press, 2003.

③ United Nations Development Programme, *Human Development Report 2005*, Oxford：Oxford University Press, 2005.

④ 《越南如何消除贫困》，新华网，http：//news. xinhuanet. com/observation/2010 - 05/10/c_ 1284929. htm。

排名 121 位，属于中等水平。但联合国指出，越南 HDI 虽然仍处于中等水平，但考虑到其起点低，基础薄弱，其发展速度是非常迅速的。从 1990 年以来，越南的人类发展指数（HDI）不断得到改善。教育方面，越南的教育事业亦取得巨大的成就，10 岁以上人数识字率从 1989 年的 88% 增加到 1999 年的 91%。到了 2000 年，越南已经消除了文盲，并实现了普及小学教育的目标。1990 年全国只有 9.3 万名大学生，平均 1 万人有 14 名大学生，到 2004 年，全国大学生人数增加到 131.98 万人，平均 1 万人中拥有 161 名大学生。卫生事业方面，1990 年，越南平均 1 万人中有 3.5 位医生，到 2004 年该比率为 6.1。1990 年 5 岁以下小孩缺乏营养比率为 51.5%，2004 年减至 26.7%。妇女、小孩的健康指数明显好转。越南人的平均寿命 1980 年为 55.7 岁，1990 年为 64 岁，2000 年的 68 岁，2012 年达到了 75.4 岁。[①]

表 3 - 5　　　　　　越南人文指数发展趋势（1990—2014 年）

HDI rank	Country	Human Development Index（HDI）							HDI Rank	Average annual HDI growth			
		Value							change	（%）			
		1990	2000	2010	2011	2012	2013	2014	2013	2009—2014	1990—2000	2000—2010	2010—2014	1990—2014
116	Vietnam	0.475	0.575	0.653	0.657	0.660	0.663	0.666	117	1	1.92	1.29	0.47	1.41

Source：http：//hdr. undp. org/en/composite/trends.

表 3 - 6　　　　　　2014 年越南人文发展指数及其构成

人文指数排名	国家	人文指数（HDI）	人均寿命（岁）	预期受教育年限（岁）	受教育平均年限（岁）	人均收入（2011 PPP ＄）	人均收入排名与人文指数排名差距
116	Vietnam	0.666	75.8	11.9	7.5	5092	15

Source：http：//www. hdr. undp. org/en/composite/HDI.

---

① 联合国开发计划署：http：//hdr. undp. org/。

二是在发展过程中原有的贫困问题逐步得到解决，没有造成新的贫困问题。在一些发展中国家，由于实行不平衡的发展战略，让一部分地区的一部分人先发展富裕起来，牺牲或忽略了其他地区群体的利益，导致相对贫困现象的出现，甚至造成新的绝对贫困问题。越南在现代化过程中，不仅没有造成新的贫困问题，而且原有的贫困问题亦因发展而得到减少甚至消除。革新开放初期，越南贫困状况十分严重。1990 年越南人均 GDP 只有 180 美元，1993 年也只有 230 美元，世界银行当年将越南列为世界上十个最贫穷的国家之一，按照每人摄入热量多少确定的贫困人数占全国的 51%。越南国家统计局的调查资料也显示，越南全国 51% 的人口生活在世界贫困水平线之下，即使在湄公河三角洲平原富饶地区，也有半数居民的消费能力低于水平线。而且地区贫困悬殊相当大，郊区居民生活水准比城市居民低，农村和山地贫困人口占全国贫困人口的 80% 以上。而革新开放 30 年来，越南人民的贫困状态得到改善，贫困率大幅度下降，现在越南已经提前实现了联合国提出的 1990—2015 年阶段减少贫困率一半的千年发展目标，贫困率从 1990 年的 58.1% 下降到 2008 年的 14.5%，下降了 75%。[1] 按照 2011 年购买力平价（purchasing power parity），以每天生活费低于 1.9 美元的国际贫困线为标准，越南的贫困率从 1990 年代的将近 50% 下降到 2012 年约 3%（见表 3-9）。世界银行使用总人口中底层 40% 人口的平均收入的增长衡量"共享的繁荣"（shared prosperity），1993 年和 2012 年，越南底层 40% 人口每年人均收入的增长率为 9%，这是世界上同类群体人均收入增长最快的国家之一，[2] 是巨大的社会发展成就。

三是贫富差距长期保持在安全范围。越南的贫富差距不因发展而加大，长期维持在安全范围。世界银行称："越南在实现快速增长的

---

[1] "Achieving the MDGs with Equity", http：//www. un. org. vn/images/stories/MDGs/MDG1_ Eng. pdf.

[2] "Inequality in Vietnam：A Special Focus of the Taking Stock Report", http：//www. worldbank. org/en/news/feature/2014/07/08/inequality-in-vietnam-a-special-focus-of-the-taking-stock-report-july-2014.

同时，收入不平等只是轻微上升。"① 在革新开放中持续维持较高经济增长速度的同时，其基尼系数在革新开放初期与革新开放 20 多年后，几乎没有发生大的什么变化。根据世界银行的统计数据，越南人均收入从 1990 年的不足 200 美元增加到 2010 年的 1560 美元，高速的经济增长并没有带来收入差距的扩大，1992 年的基尼系数为 0.357，10 年之后的 2002 年为 0.373，20 年后的 2012 年为 0.387，轻微上升，表明越南在快速的经济发展中只出现轻微的不平等的增加，而且长期在安全警戒线之内（见表 3 - 7）。

表 3 - 7 越南历年基尼系数

年份	1992	1998	2002	2004	2006	2008	2010	2012
	35.7	35.4	37.3	37.2	37.4	38.2	42.7	38.7

Source：http：//data. worldbank. org/indicator/SI. POV. GINI.

表 3 - 8 越南收入或消费的人口分布

参考年份	基尼系数	最低 10%	最低 20%	第二等级 20%	第三等级 20%	第四等级 20%	最高 20%	最高 10%
2012	38.7	2.6	6.5	10.8	15.3	21.8	45.7	30.1

Source：http：//wdi. worldbank. org/table/2.9#.

表 3 - 9 每日生活费低于 1.90 美元（国际标准）的贫困率和贫困人口

年份	1992	1998	2002	2004	2006	2008	2010	2012
贫困发生率（按人头计算,%）	49.2	34.8	38.8	27.1	22	16.2	4.8	3.2
贫困人口（百万）	33.7	26.3	30.8	22.1	18.3	13.8	4.2	2.9

Source：http：//povertydata. worldbank. org/poverty/country/VNM.

---

① "Inequality in Vietnam：A Special Focus of the Taking Stock Report"，July 2014，http：//www. worldbank. org/en/news/feature/2014/07/08/inequality-in-vietnam-a-special-focus-of-the-taking-stock-report-july-2014.

根据越南国家发展计划，在 2020 年越南将成为工业化国家。越南政府称：这标志着"民富国强、社会公平、民主、文明"的目标正逐步在越南实现。

第三节　菲律宾再民主化以来的国家能力与社会公平

近代以来，菲律宾先后沦为西班牙和美国的殖民地。美国殖民统治时期，在 20 世纪初引入美式民主政治制度，决意把菲律宾打造成亚洲的"民主橱窗"。1946 年 7 月 4 日，美国同意菲律宾独立，独立后的菲律宾继续沿用美国殖民统治时期的政治制度，仿效美国建立起总统制、两院制、两党制。

1965 年，马科斯当选总统，从此开始了马科斯家族统治时期，菲律宾的民主政治转向威权政治。直到 1986 年菲律宾"二月革命"推翻了马科斯政权，菲律宾进入再民主化时期。

独立以来，菲律宾的现代化发展一波三折，曾经经历过快速的经济增长，1981 年菲律宾人均 GDP 达 750 美元，世界银行将其列入中等收入国家行列。但随后却陷入发展陷阱，经济发展长期低迷，贫困率居高不下，社会问题丛生。进入再民主化时期依然如此。许多菲律宾观察家和研究者都在思考：为何菲律宾经济发展如此曲折？为何菲律宾贫困问题长期存在？为何菲律宾即使经济增长，贫困率下降依旧缓慢？社会依然得不到稳定？到底是什么问题长期困扰着菲律宾？

既然是长期存在的问题，可见，困扰菲律宾的问题并非普通的问题，也不是新的问题。[1] 学者们尝试从多种视角分析困扰菲律宾发展的问题。本书尝试从国家能力视角探讨解释这些问题。

---

[1]　Mely Caballero-Anthony, "The Philippines in Southeast Asia: An Overview", in Rodolfo Severino and Lorraine Salazar, eds, *Whither the Philippines in the 21 st Century?* Singapore: Institute of Southeast Asian Studies, 2007, p. 2.

一 再民主化以来菲律宾国家能力分析

有不少学者认为菲律宾的弱国家能力导致了独立以来长期处于困难境地，即使是再民主化以后依然如此。"穷国之所以穷，不是因为它们缺少资源，而是因为它们缺少有效的政治制度。"[①]

那么，菲律宾弱国家能力主要体现在哪些方面呢？国家能力集中表现为中央政府的施政能力，菲律宾中央政府长期处于软弱无能的状态，主要表现在以下几方面。

（一）制度化水平低

首先是政党制度化水平低。菲律宾的民主政治早于其他亚洲国家，20世纪初美国殖民统治初期，随着选举制度的引入，现代政党诞生了（1901年）。但是，菲律宾的政党从诞生时起，就与普通意义上的政党有区别。在民主政治制度下，政党既是民主政治的产物，亦是民主政治的基础。政党以掌握政权为目的，代表并表达特定群体的利益，以独特的意识形态联合特定群体。通过多元政党代表的多元利益的博弈，实现政治权力多元化和公共资源的配置。但是，受到传统庇护主义的影响，菲律宾的政党和民主政治中典型的政党不同，不是建立于特定的意识形态基础之上，而是建立在个人或家族影响力基础之上，它们不具备团体利益代表功能，所代表的往往是政客及其家族和朋友的私利。这些政党通常由政治和经济精英——具体来说是由家族所组建，目的是通过选举掌控政治职位，代表的是大家族和上层精英的利益，而非代表普通民众的利益，通常并无明确的政治纲领。因此，菲律宾的政党缺少组织深度、社会根基和动员能力，只是攫取权力而非代表集体利益的机构，被视为精英俱乐部，是政治经济权力的工具。[②]家族政治凌驾于政党之上，政党并未能成为民主政治的基

---

① ［美］弗朗西斯·福山：《政治秩序的起源：从前人类时代到法国大革命》，毛俊杰译，广西师范大学出版社2014年版，第19页。

② Mely Caballero-Anthony, "The Philippines in Southeast Asia: An Overview", in Rodolfo Severino and Lorraine Salazar, eds, *Whither the Philippines in the 21 st Century*? Singapore: Institute of Southeast Asian Studies, 2007, p. 6.

础。因此，党员的政党忠诚度极低，为了达到政治目的，党员经常从这个政党跳到那个政党，转党频繁。"政党庇护与个人主义特征在战后继续延续，转换政党成为政客实现其野心的游戏。"① "我们的政党不代表任何东西。他们有不同的名字，但实际上都是一样的。政客们根本不忠于他们的政党，仅仅忠于他们自己。他们像花园里的蝴蝶和蜜蜂一样，很轻易地就从一个党换到另一个党。"②

菲律宾这种政党政治生态延续至今，并无太大的变化。长期以来，菲律宾政党主要是为了选举和庇护而成立，无严格的政治纲领，组织化程度低，机会主义，缺乏政党忠诚，缺乏团结和凝聚成员的民主规则，缺乏凝聚力。③ 因此，菲律宾政党存续时间通常比较短，目前菲律宾国会中的主要政党，除了1903年成立的国民党（National Party）和1946成立的自由党（Liberal Party），其他政党多数是近年成立的。④ 由于存续时间短，政党很难适应不同历史时期的需要，因此很容易解体，在1992年与1998年甚至有50%的政党因为在选举中没有获得任何议席而脱离了政治体系。⑤

由于政党无法起到利益聚集、表达和代表的作用，无法对政府施加影响和压力，政府受到家族势力掌控，缺乏自主性和制度化。"凡充当某一特定社会团体——家庭、宗族、阶级——工具的政治组织便谈不上自主性和制度化。"⑥

---

① Erik Martinez Kuhonta, *The Institutional Imperative: The Politics of Equitable Development in Southeast Asia*, C.A.: Stanford University Press , 2011, p. 208.

② 李开盛:《菲律宾民主为何风光不再：很少有国家的政治家族垄断如此普遍》, http://www.thepaper.cn/newsDetail_ forward_ 1342243。

③ Jose V. Abueva, "Proposed Constitutional Reforms for Good Governance and Nation Building," in Rodolfo Severino and Lorraine Salazar, eds, *Whither the Philippines in the 21st Century?* Singapore: Institute of Southeast Asian Studies, 2007, p. 51.

④ Paterno Esmaquel Ⅱ, "Dominant parties: LP, UNA to Get More Perks", Rapplerhttp://www.rappler.com/nation/politics/elections/2016/129921-liberal-party-una-dominant-parties-election-day "the Congress of the Philippines", http://www.congress.gov.ph/.

⑤ Allen Hicken, "Party and Party System Institutionali-zation in the Philippines", Presented at a Workshop on "Party and Party System Institutionalization in Asia", McGill University, 27-28 August, 2009, pp. 6 – 9.

⑥ ［美］塞缪尔·亨廷顿:《变革社会中的政治秩序》, 王冠华等译, 生活·读书·新知三联书店1989年版, 第19页。

其次是缺乏制度化的中央官僚体制。菲律宾的现代官僚体制可以追溯至美国殖民统治时期。美国占领菲律宾不久，就开始推动菲律宾建立现代民主政治制度，把美国的一套政治制度移植菲律宾，又通过"菲化"政策和自治政策，培养菲律宾本土文官。但是，由于菲律宾不具备与美国政治制度相适应的政治文化，当美国的政治制度移植菲律宾，与菲律宾传统家族政治文化发生碰撞，产生了变异，民主选举制度受到家族操控，受操控的选举所产生的各种政府权力机构为家族所把持，形成了菲律宾独特的家族政治。"在家族化社会中，领袖的家庭或部落成员，在各政府功能上享有重叠或暧昧的权力，或干脆为特殊个人设立特殊官位。忠诚比公共管理能力更为重要，这种情况迄今仍存在于很多发展中国家（甚至少数发达国家）。国家部门中的官方权力分工，与权力的实际分配不符，导致机构松散。"① 菲律宾正是这种情形。

1946 年美国给予菲律宾独立，由于是和平移交权力，而且独立后菲律宾与美国长期保持特殊的双边关系，美国继续影响菲律宾。因此，独立后的菲律宾的政治结构和政治生态并无大的变化，家族政治得以延续。菲律宾独立后大多数时间实行民主政治，其间亦曾经历马科斯威权政治。但无论其形式是民主政治还是威权政治，菲律宾的政治制度都具有两大特点：一是家族政治；二是弱国家、强社会。

在民主政治时期，菲律宾在形式上完全照搬西方宪政模式，但在运作中则是富有本地传统色彩——表面上是美式民主，实际上是家族政治。自由但并非公正的选举定期举行。但选举只是若干政治家族的事情。全国著名的政治家族：许寰戈—阿基诺家族、马科斯家族、罗哈斯家族、阿罗约—马卡帕加尔家族、加西亚家族、埃斯特拉达家族。其中马科斯家族在菲律宾威权政治时期把持政权，在民主政治时期亦通过影响选举获取家族政治地位和经济利益。国会长期为各大家族所把持，行政机关由当选总统的家族及其亲友把持。菲律宾总统职位基本上由上述家族把持，地方上各有本地的政治家族，几乎每个省

---

① ［美］弗朗西斯·福山：《政治秩序的起源：从前人类时代到法国大革命》，毛俊杰译，广西师范大学出版社 2014 年版，第 408 页。

都有一个世代统治当地的家族。与家族政治密切相关，菲律宾的政治制度呈现弱国家、强社会的特点。从中央到地方，权力无不掌控在各大家族和寡头手中，公器私用，成为谋取私利的工具。

这些政治制度痼习导致菲律宾国家能力低下：任人唯亲而非唯贤，无法确保政府官员有足够的能力履行其职位职能；任人唯亲也极容易导致官员贪污腐败，影响政府的施政能力，严重影响经济发展和社会公平。

（二）中央政府欠缺权威

长期以来，菲律宾中央政府欠缺权威，合法性偏低。原因之一是制度设计的缺陷。根据菲律宾现行宪法，总统和副总统由民众分别直接投票选出，当两人意见不一致，无法达成妥协时，给政府施政带来负面的影响，轻者可能导致内部派系纷争，互相扯皮，影响政府的效率和形象，严重的可能导致政府无法正常运转，导致政权的分裂。菲律宾政府合法性偏低还有其他原因，国会和行政机构由政治家族把持，政府官员任人唯亲，贪污腐败，民众对政府普遍评价不高。民众认为政府换届只是家族的更换，对政府信任度低。反过来，由于政府合法性低，得不到民众支持，不利于政府开展工作，无法在发展问题上有大的作为，人民生活水平长期在低水平徘徊，如是陷于恶性循环的困境。

菲律宾政府官员贪污腐败泛滥成灾，马科斯担任领导人期间，其家族的贪污腐败达到登峰造极的地步。马科斯倒台后，菲律宾进入再民主化，但腐败现象依然严重。除了科拉松·阿基诺外，历届总统卸任后都涉嫌或遭遇贪污指控，2001 年埃斯特拉达总统更是因为涉嫌贪污腐败而被迫下台。阿罗约下台后因被指控贪污而长期被软禁。而2016 年刚刚卸任的阿基诺三世又面临挪用公款的指控。

由于腐败问题严重，在国际相关组织和媒体进行的调查中，菲律宾常常位列世界上最贪腐国家之列。透明国际 1995 年提出清廉指数，该指数以各国际组织及智库收集的数据为依据，对各国政治家及公务员等的清廉度进行评分，满分为 100 分。菲律宾在过去 20 年间的清廉指数从未超过 40 分（见表 3–10），长期在低位徘徊，显示其腐败情况比较严重。与世界其他国家相比，菲律宾的清廉度常常排名靠后（见表3－11）。

表3－10　　　　　菲律宾历年清廉指数（1995—2014）

1995 年	1996 年	1997 年	1998 年	1999 年	2000 年	2001 年	2002 年	2003 年	2004 年
27	26	30	33	36	28	29	26	25	26
2005 年	2006 年	2007 年	2008 年	2009 年	2010 年	2011 年	2012 年	2013 年	2014 年
25	25	25	23	24	24	26	34	36	38

Source：http：//. www. transparency. org.

表3－11　　　　　菲律宾历年清廉指数排名（2006—2015）

2006 年	2007 年	2008 年	2009 年	2010 年	2011 年	2012 年	2013 年	2014 年	2015 年
121	131	141	139/180	134	129/178	105/176	93	85/175	95/186

Source：http：//www. transparency. org.

(三) 政府无法安邦定国

独立以来，菲律宾军队和警察职能混合，军队未能国家化和中立化，军队对政治的干预长期存在，在马科斯实施军事管制统治时期达到顶峰。再民主化以来，阿基诺夫人担任总统期间，对军队进行改革，其中重大的改革是把军警分离，赋予军队对外防务的权力，而警察则负责内部安全，并置于文官掌控之下。[①] 由于触动军队利益，阿基诺夫人担任总统期间曾数次面对军事政变。此后的菲律宾总统亦对军队进行改革，但成效并不理想，军队对政治的挑战依然存在。军队、警察和其他执法机关成为利益集团的工具，缺乏理性强制力。而且菲律宾政府贪污腐败，其纪律部队亦不例外，这导致纪律部队缺乏纪律，缺乏战斗力。另外，由于经济发展困难，国库收入有限，对军队和警察的财政支持不足，也影响其硬件装备建设和人员素质的训

---

① Carolina G. Hernandez, "The Military in Philippine Politics：Retrospect and Prospects", in Rodolfo Severino and Lorraine Salazar, eds, *Whither the Philippines in the 21 st Century*? Singapore：Institute of Southeast Asian Studies, 2007, p. 86.

练。菲律宾的警民人数比例与周边其他国家相比处于低水平，例如
2012 年的警民比为 1：651，而新加坡为 1：142，印尼为 1：428。[①]

提供安全稳定的社会秩序是每个国家和政府的最基本职责之一。
但是，在世界银行对菲律宾政府能力的评价中，政治稳定这一项，菲
律宾历年的分值为负数，说明政治稳定度差或较差（见表 3 - 12）。

表 3 - 12　　　　　　　　菲律宾政治稳定评价[②]

年份	1996	1998	2000	2002	2003	2004	2005	2006	2007	2008
政治稳定	- 0.48	- 0.30	- 1.41	- 0.91	- 1.58	- 1.68	- 1.22	- 1.65	- 1.63	- 1.77
得分	30.29	32.69	11.06	18.75	7.21	5.29	13.46	8.17	8.17	8.13
年份	2009	2010	2011	2012	2013	2014				
政治稳定	- 1.71	- 1.63	- 1.38	- 1.16	- 1.06	- 0.70				
得分	5.69	5.19	9.91	14.22	16.59	22.82				

注：政治稳定指数：最低 - 2.5 分，最高 2.5 分；得分为百分制，满分 100 分。

菲律宾政府没有能力安邦定国，长期以来菲律宾的社会治安
差，犯罪率居高不下（见表 3 - 14、表 3 - 15），菲律宾及其首都被
称为"绑架之国"与"绑架之都"，民众缺乏安全感。根据菲律宾
的法律，菲律宾人可以合法拥有枪支，但是非法拥有的数量更大，
大量流散的非法枪支已成为警方打击暴力犯罪的主要障碍，导致菲
律宾枪杀犯罪率居高不下。根据联合国毒品和犯罪问题办事处
（UNODC）统计数据，菲律宾是世界上杀人犯罪率最高的国家之一
（见表 3 - 14）。尤其是南部地区，成为犯罪者的天堂。至今许多国
家都会警告本国国民勿往菲律宾南部地区，因为安全得不到保障。
菲律宾社会治安差，固然与贫困等问题有关，但亦与纪律部队未能
很好履行职能有很大关系。2010 年 8 月在菲律宾首都马尼拉，在光
天化日之下发生了劫持中国香港游客事件。事发时一辆载有 25 人的

---

① PNP Chief Directorial Staff Office, http：//pnp. gov. ph/.

② The Worldwide Governance Indicators（WGI）project, http：//info. worldbank. org/governance/wgi/index. aspx#home.

中国香港旅行客车在菲律宾首都马尼拉市中心的黎萨公园附近被枪手挟持，菲律宾警方与枪匪对峙超过 10 个小时，当断未断，一再错失解救人质的时机，导致游客遭到枪手集体屠杀，共造成 8 死 7 伤的流血事件。菲律宾政府和警察部队处理危机过程被现场直播，全球数以亿计的观众通过电视等媒体亲眼目睹了惨剧的全过程，对菲律宾警察行动能力之差有了深刻印象。人们纷纷谴责暴徒的残酷和菲律宾治安部门的无能。

表 3 - 13　　犯罪人数及每 10 万人中的犯罪率（2002—2012）①

年份	犯罪人数	犯罪率（％）	犯罪指数	非指数犯罪
2002	85776	108	54.6	52.4
2003	83704	103	52.1	50.1
2004	77253	93	51.1	41.4
2005	76758	91	51.6	38.4
2006	71227	83	47.8	34.1
2007	60215	69	41.8	32.6
2008	66846	75	40.4	33.5
2009	502665	552	327.1	217.9
2010	324083	350	218.0	208.0
2011	246958	251	159.8	91.3
2012	217812	227	134.8	92.4

表 3 - 14　　2000—2012 年菲律宾杀人犯罪率（每 10 万人口中，杀人犯罪率和犯罪人数）

年份	2000	2001	2002	2003	2004	2005	2006	2007	2008	2009	2010	2011	2012
犯罪率（％）	7.4	7.4	8.1	7.8	7.5	7.5	7.1	6.5	6.4	6.9	9.5	9.1	8.8
犯罪人数（人）	5735	5852	6553	6436	6344	6434	6196	5739	5820	6368	8897	8674	8484

Source：https://www.unodc.org/gsh/en/data.html.

---

① Source：the Philippine National Police（PNP），转引自 Senate Economic Planning Office of Philippine，Crime Statistics At A Glance，http://www.senate.gov.ph/publications/AAG% 202013 – 05％20 – ％20Crime％20Statistics.pdf.

二 弱国家能力对菲律宾社会公平的消极影响

对照前述世界银行提出的三类国家功能，菲律宾政府连最简单的功能都无法履行。世界银行提出的国家最简功能是：提供纯粹公共物品（包括国防、法律和秩序、产权、宏观经济管理、公共健康）、保护穷人（包括反贫困计划、灾难救济），而菲律宾政府在这些方面都乏善可陈，更别提中等功能和积极功能了。

贫困问题是菲律宾独立以来历届政府必须面对的重大政策问题，但历届政府在这个问题上的作为有限。因此，菲律宾不仅有着高于其他东南亚国家的贫困率，而且减贫速度缓慢，成为东南亚地区经济社会发展表现最差的国家。[①] 即使有些年份经济增长不错，但贫困率下降依然缓慢，贫困率的下降对收入增长的回应性很弱。[②] 下面作具体分析。

（一）无法清晰界定公共利益与私人利益

菲律宾的政治制度建立在家族主义基础之上，缺乏理性、非人格化的官僚体系，政府决策通常受到领导人家族和朋友的偏好影响，缺乏自主性，而"缺乏自主性的政治组织和政治制度就是腐败的"[③]。由于家族主义的影响，作为公权机构的政府不能清晰界定公共利益与私人利益的界限，家族利益常常凌驾于公共利益之上，甚至取代公共利益。"菲律宾国家从来未能在利益与私人利益之间建立明确的边界。从西班牙殖民统治到今天，国家就是个人与财富的聚集处、庇护所，而非提供公共产品的基地。不管是在民主还是威权统治下，家族主义已经构建了公共权威和政策输出的特质。"[④]公共利益既不在政府议程中，更遑论穷人的利益了。

---

① Arsenio M. Balisacan, "Why Does Poverty Persist in the Philippines? Facts, Fancies, and Policies", in Rodolfo Severino and Lorraine Salazar, eds, *Whither the Philippines in the21 st Century*? Singapore: Institute of Southeast Asian Studies, 2007, p. 202.

② Ibid. , p. 217.

③ ［美］塞缪尔·P. 亨廷顿著：《变革社会中的政治秩序》，王冠华等译，生活·读书·新知三联书店1989年版，第20页。

④ Erik Martinez Kuhonta, *The Institutional Imperative: The Politics of Equitable Development in Southeast Asia*, C. A.: Stanford University Press, 2011, p. 196.

　　和政府一样，菲律宾大多数政党只是把政党作为实现自己政治野心和经济利益的工具，对公共议题和公共利益漠不关心，大众的利益在政党制度中根本无法得到表达。① 少数左翼政党倒是关注公共利益，尤其是下层阶层的利益，不仅势单力薄，而且由于主张用激进手段实现社会公平正义，因而往往受到政府镇压而未能真正发挥作用。精英当中也有少数有识之士提出对贫困阶层利益的关注，但也只是精英个人的主张，很难纳入政党的纲领，更加不可能进入政府决策程序。②

　　在家族政治体系下，寡头控制了政治议程，控制了决策过程，根本"不必担心行动的张力及应对公共利益的需要"③。公共议题和私人议题、公共利益和私人利益混为一谈，甚至取而代之。

　　当一个政府无法清晰界定公共利益，又如何能够主动、积极促进公共利益？

（二）无法制定符合公共利益的发展战略

　　大多数亚洲新兴工业化国家几乎都是在威权主义阶段开启现代化进程并实现经济起飞，在这个过程中，国家通过发展机制或官僚机构发挥了关键性的作用。④ 而菲律宾国家和政府却未能发挥同样的作用。在后发型现代化国家中，国家发展计划通常成为一项重要的政策工具，而在制订国家发展计划中起主要作用的是技术官僚和经济专家。在理性化的国家里，这些技术官僚和经济专家的任职资格首先是基于其专业水平。但是，菲律宾政府的技术官僚和经济专家往往基于与政治领导人的私人关系而得到任命，这些专家在制订发展计划中缺乏独立性和自主性，往往迎合政治领导人的需要。"经济精英能够影响政治决策，使之符合他们的利益。这不仅是因为候选人在大选中寻求他们的支持，还因为上层社会无处不在的亲缘关系网络把政治与经

① David Wurfel, *Filipino Politics: Development and Decay*, Ithaca: Cornell University, 1988, pp. 10 – 11.

② Erik Martinez Kuhonta, *The Institutional Imperative: The Politics of Equitable Development in Southeast Asia*, C. A.: Stanford University Press, 2011, p. 214.

③ Ibid., p. 197.

④ Ibid., p. 196.

济两个世界联系起来。"① "政治权力和经济权力的结合，使菲律宾政治家不仅可以利用政策来攫取利益，而且可以利用政策打击政治对手的经济利益。"② 出于私利而制定的发展战略，如果不是完全违背公共利益，起码也是偏离了公共利益。菲律宾无论是民主政治时期，抑或威权政治时期，均出现重大战略失误，导致菲律宾在发展过程中数次错失发展良机。再民主化时期，把持菲律宾政坛的家族王朝依旧屹立不倒，菲律宾的发展战略是这些家族王朝的博弈。

1. 产业发展战略的失误：忽视农业发展

绝大多数发展中国家在现代化发展之前都是农业国家，一般都要经过以农业为主到以制造业为主，再到以服务业为主这样一个产业结构的变迁过程。若忽视农业的发展，其后果十分严重，轻则会影响粮食供给，严重的会导致农村地区产生严重的贫困发生率，从而影响社会稳定，影响现代化进程。菲律宾和其他发展中国家一样，2/3 的贫困人口集中在农村，依赖农业发展和农业收入维持生计。从理论上来说，经济增长有助于减贫。因此，农村经济发展对减贫至关重要。菲律宾在独立后一段时间内也曾经比较重视农业发展，曾经推行农村"绿色革命"，在农业发展方面亦取得显著成绩。菲律宾是东南亚绿色革命的发祥地，当时其政府非常重视农业发展，从 1977 年起，菲律宾已由一个长期缺粮国变为粮食出口国。③ 但后来由于种种原因，农业生产大受影响。原因之一，政府为了追求增长速度，而把经济发展的重点放到第二、第三产业，尤其是因为受到商业资本家利益集团的影响，而把重点放到第三产业上。菲律宾从西班牙统治时期起就卷入了世界经济体系，在商品经济大潮中，菲律宾农业经济作物如香烟、雪茄、甘蔗种植业得到发展，出现了身兼大地主和商业资本家的寡头，他们掌控了中央和地方政

---

① David Wurfel, *Filipino Politics: Development and Decay*, Ithaca: Cornell University, 1988, p. 327.

② Antoinette R. Raquiza, *State Structure, Policy Formation, and Economic Development in Southeast Asia: The Political Economy of Thailand and the Philippines*, New York: Routledge, 2011. p. 23.

③ Nelia T. Gonzalez：《菲律宾的农业》，白冰译，《世界农业》1985 年第 1 期。

府，这种情形一直延续至美国殖民统治时期以及菲律宾独立之后，直至今天。只不过商业资本家所经营的范围越来越广泛，早已不限于农业经济作物。商业资本家不依赖长期资本运作，不依赖资本回收周期较长的工业发展计划，他们所控制的政府，把第三产业作为产业发展的重点，导致菲律宾农业和制造业发展都受到影响。原因之二是菲律宾于 1995 年加入 WTO，贸易自由化给菲律宾农业带来了冲击。1980—1994 年，菲律宾农业年均增长率为 1.5%，在同期发展中国家中属于最低水平；1995—2003 年，菲律宾农业增长率有所上升，为 2.4%，但比起同期的中国的 3.5% 和越南的 4.25%，则差距较大。① 农业经济发展缓慢，导致农村贫困率下降非常缓慢，从而影响整个国家贫困率的下降。2004 年菲律宾取消大米关税和进口配额，这项政策严重伤害了依靠种植和销售大米为生的农村贫困人群的利益，反而导致贫困率上升。②

当然，菲律宾农业经济发展缓慢与土地制度亦有关联，后面有关社会改革部分将进一步论述有关问题。

2. 经济转型战略失误：进口替代战略向出口导向战略转型严重滞后

大多数发展中国家在现代化初期都是采取进口替代政策，培植民族企业和培育国内市场。但到了一定阶段必须转型才能维持可持续的发展。可以说，转型成功与否是发展中国家现代化成功的关键因素之一。"无数证据证明：如果实行进口替代的时间过长，战后无限制提供的创造优异的经济成就的机会就会失之交臂。"③ 而菲律宾的进口替代阶段拖得太长，前后实行了 30 多年的进口替代政策。

---

① Arsenio M. Balisacan, "Why Does Poverty Persist in the Philippines? Facts, Fancies, and Policies", in Rodolfo Severino and Lorraine Salazar, eds, *Whither the Philippines in the 21st Century?* Singapore: Institute of Southeast Asian Studies, 2007, p.210.

② Caesar B. Cororaton and John Cockburn, "WTO, Trade Liberalization, and Rural Poverty in the Philippines: Is Rice Special?", *Review of Agricultural Economics*, Vol. 28, No.3 (2006): 370 – 377.

③ ［菲］阿塞尼奥·M. 贝利沙坎：《菲律宾经济发展战略中的农业》，《南洋问题译丛》1990 年第 1 期。

为何菲律宾实行这么长时间的进口替代发展战略？为何不能及时转变发展战略？主要原因在于菲律宾政府在推行进口替代发展战略期间，设置关税壁垒，保护民族工业和国内市场发展，培养了一批既得利益集团，这些既得利益集团绑架了政府，令政府决策失误，一再错失发展良机，导致经济发展陷入长期低迷状态。对比其他新兴工业化国家，新加坡从进口替代转向出口导向，只花了6年时间；韩国则花了10年左右，中国台湾也是大概用了10年（20世纪50年代）的时间实施进口替代发展战略，从20世纪60年代开始进入外向型发展阶段。从亚洲新兴工业化国家的现代化进程我们看到，它们都是在20世纪60年代转向出口导向发展战略。20世纪60年代正是西方发达国家进入产业升级转型阶段，它们把低端产业转移到发展中国家，大量的资金流向发展中国家。新加坡等国家抓住了这个良好的机遇，成功转型并实现经济起飞。[①] 菲律宾在再民主化后转换了发展战略，转向出口导向发展战略，但是，由于实施长达30年的进口替代战略，长期过度保护国内民族工业（主要是低附加值的农产品加工业和其他一些民用轻工业），导致菲律宾产业不具有国际竞争力，转型后经济效益不可能马上显现。实际上，转型后20年，菲律宾经济仍然处于低迷状态。一位经济学家形象地描述了菲律宾的现实发展困境：与菲律宾的长期经济低迷形成鲜明对比的是，亚洲"四小龙"（新加坡、中国台湾、中国香港、韩国）从1965—1996年经历了4%—7%的GDP增长率；被喻为亚洲"小虎"的泰国、马来西亚、印尼自1980年以来也经历了同样速度的发展；中国、印度的发展更快。菲律宾被这些呼啸而过的"老虎"们踹倒，一败涂地，被称为"亚洲病夫"[②]。

　　3. 人口发展战略失误：忽视人口发展计划

　　菲律宾贫困问题长期居于高位而且贫困率下降缓慢，一方面与经

----

　　① 参阅黄云静等《发展与稳定：反思东南亚国家现代化》，时事出版社2011年版，第308—309页。

　　② Jr. Augusto Legasto, *A Nation's Blueprint to the True Prosperity*：*Antidote to Financial Meltdowns*, Legasto Ents, Inc., Philippines, 2009, p. 87.

济增长水平不高有关；另一方面与人口增长率高于经济增长率有关。菲律宾是天主教国家，教会反对计划生育，导致生育率长期居高不下，高居亚洲第一位。以再民主化时期为例，1986—2006 年，菲律宾的人口增长率为 2.3%，而年均经济增长率低于人口增长率，1980—2005 年为 0.63%，2000—2005 年为 2.5%。[1] 本来就不高的经济增长率又往往为高生育率所抵消，导致贫困率下降缓慢。

　　进入 21 世纪，菲律宾的经济表现有所好转，但人口增长率仍然处于高位，2000—2010 年，菲律宾的人口增长率为 1.9%（见表 3 - 15），人口增长迅速。2011 年 1 月 31 日凌晨，全球第 70 亿人口——女婴丹妮卡·卡马乔在菲律宾马尼拉一家医院呱呱坠地。至 2015 年，菲律宾迈入过亿人口国家行列（见表 3 - 16）。2015 年 7 月 27 日凌晨，在菲律宾首都马尼拉市的何塞·法贝拉纪念医院内诞生的女婴乔纳琳·森蒂诺，被菲律宾政府人口委员会确定为"第 1 亿宝宝"，她的诞生标志着菲国正式跻身 1 亿人口大国俱乐部。菲律宾成为世界上第 12 个人口过亿的国家。

表 3 - 15　　　　　　菲律宾每年人口自然增长率[2]

参考时期（年）	每年人口增长率（%）
2010—2015	1.72
2000—2010	1.90

表 3 - 16　　　　　　菲律宾人口普查数据[3]

人口普查年份	人口普查参考日期	人口数量（百万）
2000	2000 年 5 月 1 日	76.51

[1] World Development Indicators 2006, http://documents.worldbank.org/curated/en/918311468316164759/World-development-indicators-2006.

[2] Commission on Population of Philippines, Highlights of the Philippine Population 2015 Census of Population, https://www.psa.gov.ph/content/highlights-philippine-population-2015-census-population.

[3] 菲律宾人口委员会：https://www.psa.gov.ph/content/highlights-philippine-population-2015-census-population。

续表

人口普查年份	人口普查参考日期	人口数量（百万）
2010	2010 年 5 月 1 日	92.34
2015	2015 年 8 月 1 日	100.98

菲律宾政府既无力推动经济增长，亦无法控制居高不下的人口增长率，导致贫困率长期处于高位，减贫缓慢。甚至出现这样一种现象，贫困率虽然缓慢下降了，但贫困家庭的数目增加了（见表 3 - 17），其原因正是过高的人口增长率。①

表 3 - 17　　　　　　　　**菲律宾历年贫困数据**

年份	1985	1988	1991	1994	1997	2000
家庭贫困率（%）	44.2	40.2	39.9	35.5	31.8	33.7
贫困家庭数目（户）	4355052	4230484	4780865	4531170	4511151	5139565

菲律宾人口发展失控，固然与民众的天主教信仰以及教会的压力有关，但是，菲律宾政府的责任不可推卸。因为世界上的天主教国家不只菲律宾，但像菲律宾这样出现人口失控的天主教国家并不多。另外，即使是在菲律宾国内，同样信奉天主教，但中产阶级以上家庭的生育率低于贫困家庭的生育率。这说明，政府应该对人口增长过快负起一定的责任。菲律宾历届政府对人口控制没有给予足够的重视，甚至存在对立的观点，认为人口增长可以让菲律宾享受人口红利，如输出劳工，换取外汇。政府不重视人口控制，一旦遇到来自教会的压力就知难而退，未能真正下决心采取措施解决人口增长过快的问题。在菲律宾，穷人的生育率高于富人，这一方面是由于穷人受教育少，生育观念比较传统保守；另一方面亦由于穷人缺乏生育知识，虽然愿意

① Celia M. Reyes and Lani E. Valencia, "Poverty Reduction Strategy and Poverty Monito-ring: Philippine Case Study," p. 3, http://siteresources.worldbank.org/INTPAME/Resources/Country-studies/philippines_ povmonitoring_ casestudy.pdf.

通过避孕等途径少生孩子但并不掌握相关知识。还有，即使穷人掌握节育的知识，但往往无力支付避孕药具费用。在这些方面，政府是有责任的，政府没能为穷人提供生育知识的教育和培训，没能免费或以较低费用为穷人提供计划生育药具的支持。菲律宾再民主化后，在20世纪90年代，新教出身的拉莫斯总统曾提出实施计划生育以解决贫困问题，并提出使用避孕用品达到节育的目的，但并没有进一步的行动。直到2010年阿基诺三世上台后强势推行计划生育政策，虽然遭到天主教会警告，扬言要开除他的天主教教籍，阿基诺三世仍然顶着压力推动计划生育立法。2012年12月17日和12月19日，菲律宾众、参两院相继通过了"健康生育法案"。12月29日，菲律宾总统阿基诺三世签署了该项法案，使之成为正式法律。阿基诺允许政府统一购买避孕用品并免费向民众发放。在他的任期内，性教育也在公办学校中得到推行。不过，2013年生效的这项计划生育法律的效果现在尚未真正显现。除了来自教会的阻力，政府内部主张人口红利与控制人口的意见分歧亦是重大障碍。2016年，新上任的总统杜特尔特表示要强力推行计划生育政策，以此作为解决菲律宾发展难题的突破口。果真如此，菲律宾的发展困境或许开始得到突破。

（三）无力推进公平正义的社会改革

家族政治是菲律宾政坛的痼习，大地产制是农业经济发展的重大障碍。再民主化后制定的1987年宪法曾经提出要进行社会改革，改革上述两大问题。1987年宪法于1987年2月2日由全民投票通过，由科拉松·阿基诺于同年2月11日宣布生效。该宪法规定：实行行政、立法、司法三权分立政体；总统拥有行政权，由选民直接选举产生，任期6年，不得连选连任；总统无权实施戒严法，无权解散国会，不得任意拘捕反对派；禁止军人干预政治；保障人权，取缔个人独裁统治；进行土地改革，改革家族政治。在土地改革方面，阿基诺夫人执政后曾经推动土地改革，制定综合土地改革计划（Comprehensive Agrarian Reform Program），出台并实施《综合土地改革法》（第6657号共和国法），可谓开创了菲律宾土地改革的新时代。但是她缺乏制度化的支持，她不参加任何政党，背后没有政党的支持，能力低下的中央亦不足以支撑阿基诺夫人的社会改革。仅单靠她个人的力量根本无法撼动已经存续几百年的痼习。虽然宪法赋予其权力，但那只是纸上的权力。另外，她的优柔寡断亦是导致社会改革失败的原因。她拒绝运用法令权力强力推进改革，而是允许由寡头控制的国会制定农业土地改革法案，这无异于羊入狼口。正是阿基诺夫人的犹豫不决导致了综合土地改革计划未能达到预期目标。这个计划由内阁改革家如经济家 Solita Monsod 设计，到了国会通过时已经被大打折扣："原计划重新分配2740 万公顷土地，但实际通过的只有 690 万公顷；计划让 300 万人受益，但实际上只有 200 万人得到土地，而且糖、椰子种植不再有任何上限的限制。"① 尽管如此，这次改革仍是战后规模最大、受益者最多、范围最广的一次土改。② 阿基诺夫人之后历届菲律宾政府继续实行《综合土地改革法》，推进土地改革。阿罗约政府于 2009 年 8 月 7日颁布了《综合土地改革计划延长与改革》法案（第 9700 号共和国法），旨在强化和改进《综合土地改革法》的实施。但是土地改革进展缓慢，到 2008 年也仅完成当时计划的 50% 左右。③ 2010 年 6 月，尼格诺·阿基诺三世上台后，誓言大力实施《综合土地改革法》。但他同样面临着巨大的阻力。"菲律宾土地改革中存在的主要问题，一是进展缓慢，计划任务迟迟不能完成。二是配套措施如农田基础设施建设、信贷支持、农业技术推广等不到位，农业生产仍然十分落后，农民生活普遍贫困。三是改革成果倒流，一些农民迫于生计困难，只好把到手的土地卖给地主，导致土地重新集中在地主手中。"④

没有制度可以持续捍卫改革，仅有政治领导人对穷人的政治愿望和同情是不足够的。由于缺乏制度的支持与约束，再民主化以来菲律宾的社会改革要么停留在纸上，要么半途而废，不了了之，最终不可避免地失败。菲律宾社会改革总是无法避免恶性循环的宿命："民众

---

① Erik Martinez Kuhonta, *The Institutional Imperative: The Politics of Equitable Development in Southeast Asia*, C. A.: Stanford University Press, 2011, p. 213.

② 徐建玲、陈期婷：《菲律宾土地改革和粮食安全研究》，《东南亚研究》2014 年第6 期。

③ 同上。

④ 仇志军：《菲律宾土地改革：进程、成效与展望》，《世界农业》2015 年第 10 期。

满怀希望，精英通过法案，最后以无效告终。"①

（四）在具体减贫工作方面缺乏作为

由于政府和大多数政党并不关心公共利益，贫困群体的利益很难进入政党和政府的政策议程，即使进入了政策议程，亦没能成为政府持续关注的问题。

1987—1992 年，菲律宾的国家发展计划提到减贫问题，并制定减贫目标。但有些发展计划如 2001—2004 年发展计划就不提减贫目标。②很难相信在这样一个贫困问题非常严重的国家，国家的发展计划竟然不提减贫目标。而且不同的政府所制订的减贫计划各不同相同，彼此不具连贯性，这样的减贫计划并不利于穷人。③ 例如，拉莫斯政府（1992—1998）提出"社会改革议程"（the Social Reform Agenda，SRA），涉及农渔业、服务业、政府善治等九个方面的改革计划，并成立了减贫基金（1996 Poverty Alleviation Fund）等组织支持该项改革计划。但随着他任期届满，埃斯特拉达上台，拉莫斯的计划被弃于一旁，取而代之的是"关怀穷人计划"（Caring for the PoorProgram），该计划从国库中提供减贫资金，为穷人提供医疗、住房等方面的补贴。2001年，埃斯特拉达受弹劾下台，他的计划亦随之中止。阿罗约上台后，发起的减贫计划聚焦贫困地区的减贫工作。不同政府的不同减贫计划，重点不同，措施不同，短时间难以见效，穷人无法从中受益。④

另外，政府对公共事业的投入也不足够，穷人无法从中受惠。在公共教育方面，菲律宾政府的财政投入低于所有类型国家的平均水平，即不仅低于超高人文发展的国家和中等人文发展的国家，亦低于低人文发展国家。1980 年，超高人文发展国家的教育投入占 GDP 的5%，高人文发展国家为 3.2%，中等人文发展国家为 3.0%，低人文

---

① Erik Martinez Kuhonta, *The Institutional Imperative*：*The Politics of Equitable Development in Southeast Asia*, C. A.：Stanford University Press, 2011, p. 214.

② Celia M. Reyes and Lani E. Valencia, "Poverty Reduction Strategy and Poverty Monitoring：Philippine Case Study", p. 10, http：//siteresources. worldbank. org/INTPAME/Resources/Country-studies/philippines_ povmonitoring_ casestudy. pdf.

③ Ibid. .

④ Ibid. , p. 12.

发展国家为 3.3%，菲律宾为 1.7%。2000 年，超高人文发展国家的教育投入占 GDP 的 4.5%，菲律宾为 3.3%，与低人文发展国家的教育投入（3.2%）基本持平。2012 年，超高人文发展国家的教育投入为 5.3%，低人文发展国家为 3.8%，菲律宾为 2.7%。（见表 3-18）

表 3-18　　　　　　菲律宾历年教育支出：与其他国家比较　（单位:% of GDP）

HDI 排名	国家	1980 年	1985 年	1990 年	2000 年	2005 年	2006 年	2007 年	2008 年	2009 年	2010 年	2011 年	2012 年
—	超高人文发展国家	5	5.0	4.8	4.5	5.0	5.1	5.0	5.1	5.4	5.2	3.6	5.3
—	高人文发展国家	3.2	2.9	2.8	4.0	4.4	4.3	4.6	4.5	5.0	5.2	4.4	4.6
—	中等人文发展国家	3.0	3.9	4.5	4.3	3.5	3.6	3.7	3.8	3.7	3.8	3.1	3.7
—	低人文发展国家	3.3	3.1	3.9	3.2	3.4	3.6	3.4	3.9	3.4	3.6	3.7	3.8
117	菲律宾	1.7	—	—	3.3	2.4	2.5	2.6	2.7	2.7	—	—	2.7

资料来源：联合国发展署，http：//hdr. undp. org/en/content/expenditure-education-pub-lic-gdp。

菲律宾政府在公共卫生事业方面的投入也长期处于低水平，从 20 世纪 90 年代，长期在 1.1%—1.6% 徘徊。（见表 3-19）

表 3-19　　　　　　菲律宾历年卫生事业支出　　　　　　（单位:% of GDP）

1995 年	1996 年	1997 年	1998 年	1999 年	2000 年	2001 年	2002 年	2003 年	2004 年
1.4	1.5	1.6	1.4	1.4	1.5	1.3	1.1	1.3	1.3
2005 年	2006 年	2007 年	2008 年	2009 年	2010 年	2011 年	2012 年	2013 年	2014 年
1.5	1.5	1.4	1.3	1.5	1.6	1.3	1.4	1.4	1.6

Source：世界银行，http：//data. worldbank. org/indicator/SH. XPD. PUBL. ZS。

由于菲律宾政府和政党缺席或无作为，代表穷人利益的责任落在了公民社会，菲律宾因此成为东南亚国家中公民社会最活跃的国家。

但菲律宾公民社会呈现碎片化的特征，各自在活动目标和活动策略上存在分歧，有些甚至是深刻的分歧：比如温和的非政府组织主张通过与政府合作，推进社会改革，实现社会公平。而激进的非政府组织则主张与菲律宾共产党联合，用暴力手段控制国家，全面推动社会变革。[1] 例如在土地改革问题上，针对科拉松·阿基诺政府提出的综合土地改革法案，菲律宾的非政府组织联合起来，组成了菲律宾最广泛的土地改革联盟——人民土地改革代表大会（the Congress for a Peoples Agrarian Reform，CPAR），通过联络媒体、游说行政、立法机构，促使土地改革持续成为政治议题。但是，由于联盟内部存在颇多分歧，一些组织寻求与政府合作，一些主张占领土地，武装夺取国家权力。最后 CPAR 各自为政，导致分化。最终，土地改革法案由国会中地主利益集团而非公民社会的社会力量所制定。[2]

菲律宾的公民社会在促进社会公平问题上发挥了一定作用，但其碎片化的弱点导致成效不大，反而强化了菲律宾的精英民主，由于公民社会无法构成重大挑战，政府精英缺乏足够的压力去关注和落实社会的公平正义。因此，公民社会虽然构成社会改革的重要动力，但不能成为改革的中流砥柱。

三 菲律宾再民主化以来的社会公平状况

（一）社会发展缓慢

1986 年再民主化以后，在将近 20 年的时间里，菲律宾经济长期低迷，从 2003 年起有所好转，其中 1980—2005 年的经济增长率为 0.63%，2000—2005 年为 2.5%。[3]

但无论经济发展良好或不好，菲律宾的社会发展始终都落后于经济发展，或者与经济发展不相称，集中体现人文发展指数的提升非常

---

① Erik Martinez Kuhonta, *The Institutional Imperative*: *The Politics of Equitable Development in Southeast Asia*, C. A.: Stanford University Press, 2011, p. 214.

② Ibid., pp. 214 – 215.

③ World Development Indicators 2006, http://documents.worldbank.org/curated/en/918311468316164759/World-development-indicators – 2006.

缓慢，1990 年，菲律宾的人文发展指数为 0.586，2014 为 0.668，与周边其他国家相比处于低水平，低于中位数（见表 3 - 20 和表 3 - 21）。

经济不景气，社会发展受影响，这个容易理解。但是，当菲律宾偶然出现较高的经济增长时，其社会发展并没有同步跟上，这显然是政府出了问题，无法推动公平正义的实现。

表 3 - 20 菲律宾人文发展指数趋势（1990—2014）

HDI 排名	国家	人文发展指数（HDI）							HDI 排名	HDI 年均增长（%）			
		数值							变化				
		1990年	2000年	2010年	2011年	2012年	2013年	2014年	2013年	2009—2014年	1990—2000年	2000—2010年	2010—2014年	1990—2014年
115	菲律宾	0.586	0.623	0.654	0.653	0.657	0.664	0.668	115	-1	0.61	0.50	0.52	0.55

Source：http：//hdr. undp. org/en/composite/trends.

表 3 - 21 2015 年菲律宾人文发展指数与其他国家人文发展指数比较[1]

	HDI	HDI 排名	预期寿命（岁）	预期受教育年限（年）	平均受教育年限（年）	人均收入（PPP US $）年
菲律宾	0.668	115	68.2	11.3	8.9	7915
泰国	0.726	93	74.4	13.5	7.3	13323
印尼	0.684	110	68.9	13.0	7.6	9788
东亚与太平洋	0.710	—	74.0	12.7	7.5	11449
HDI 中位数	0.630	—	68.6	11.8	6.2	6353

（二）贫困率居高不下且贫富悬殊

再民主化以来，菲律宾贫困人口长期居高不下，"虽然菲律宾的

---

[1] "Briefing note for Countries on the 2015 Human Development Report , Philippines", http：//hdr. undp. org/sites/all/themes/hdr_ theme/country - notes/PHL. pdf.

贫困率在下降，但下降速度低于其他新兴工业化国家，原因是其经济未如周边其他起飞，其次是政府没有制定减贫政策（无论是通过再分配还是建构经济发展模式减贫）"[1]。

从 20 世纪 80 年代其中到现在，菲律宾贫困状况并无大的改善，统计数据显示，1985 年菲律宾的贫困率为 49.20%，20 年后的 2006 年贫困率为 32.9%，说明贫困改善的速度非常缓慢。（见表 3 - 22 和表3 - 23）

表 3 - 22　　　　　菲律宾 1985—2006 年家庭贫困率　　　　　（单位:%）

年份	1985	1988	1991	1994	1997	2000	2003
贫困率	49.20	45.40	45.20	40.60	36.90	39.50	30.00

Source：National Statistics Office （NSO） of the Philippines and National Statistical Coordination Board （NSCB）, Republic of the Philippines.

而且菲律宾政府的统计数字与联合国的统计数据存在差异。根据联合国的统计数据，菲律宾贫困人口多于菲律宾政府统计的贫困人口。根据联合国 2009 年的人类发展报告 （Human Development Report），菲律宾仍然有 45% 人口面对严重贫困。[2]

表 3 - 23　　　　　　菲律宾贫困人口占总人口的比例　　　　　（单位:%）

年份	1991	2006	2009	2012
人口比例	34.4	26.6	26.3	25.2

source：http：//econdb. pids. gov. ph/tablelists/table/807.

菲律宾贫困人口长期居高不下，一方面是菲律宾经济发展长期

---

① Erik Martinez Kuhonta, *The Institutional Imperative*：*The Politics of Equitable Development in Southeast Asia*, C. A. : Stanford University Press , 2011 , p. 196.

② UNDP：Human Development Report 2009, The United Nations Development Programme, 2009 , p. 177. http：//hdr. undp. org/sites/default/files/reports/269/hdr _ 2009 _ en _ complete. pdf.

低迷所致，即使是在经济发展较快时期，菲律宾的贫困情形依然十分严重，这是因为较高的人口增长率抵销了经济增长份额，加上菲律宾长期忽视广大农村经济的发展，导致农村贫困发生率居高不下。

由于菲律宾社会财富分配严重不公，基尼系数长期处于警戒线以上，即超过了0.4。即使是在经济较快发展时期也是如此。再民主化以来，菲律宾的基尼系数仍然长期维持在0.40以上，超出安全范围，说明贫富差距比较严重。表3-24和表3-25分别是菲律宾政府和世界银行的有关统计数据，两种统计数据均反映了菲律宾社会存在严重的不平等。

表3-24　　　　　　　1985—2009年菲律宾基尼系数

（菲律宾政府统计数据）

年份	1985	1988	1991	1994	1997	2000	2003	2006	2009
基尼系数	0.4466	0.4446	0.468	0.4507	0.4872	0.4822	0.4605	0.458	0.4484

Source：National Statistical Coordination Board（NSCB）.

表3-25　　　　　　　基尼系数（世界银行统计数据）

年份	1985	1988	1991	1994	1997	2000	2003	2006	2009	2012
菲律宾	0.41	0.408	43.8	0.38.5	0.460	0.462	0.440	0.442	0.429	0.430

Source：世界银行 http：//data. worldbank. org/indicator/SI. POV. GINI.

第四节　比较分析

一　越南与菲律宾之社会公平与国家能力差异

（一）两国的社会公平差异

越南从1986年开始实行革新开放，对计划经济体制进行了改革，逐步向市场化方向发展，同时展开政治改革，逐渐形成具有越南特色的民主政治制度。菲律宾1986年发生"二月革命"，推翻了马科斯独裁统治，进入再民主化时期，开启了新历史发展时期。

30 年过去了，越南在经济发展和社会公平方面取得了较大的进步，而菲律宾则表现欠佳。1986 年，越南人均 GDP 不到 100 美元，为最不发达国家，2014 年为 2052 美元，成为中低收入国家，增长约 200 倍；菲律宾 1986 年人均 GDP 为 535 美元，按当时世界银行的标准，属中低收入国家，2014 年为 2843 美元，仍为中低收入国家，增长约 5 倍多。[①]

在社会发展方面，越南的人文发展指数从 1990 年的 0.475 上升到 2014 年的 0.666，年均增长 1.41%。菲律宾的人文发展指数从 1990 年的 0.586 上升到 2014 年的 0.668，年均增长 0.55%。

在社会公平方面，越南的贫困率从 1992 年的 49.2% 下降到 2012 年 3.2%，下降了 46%；贫困人口从 3370 万下降到 290 万人，减少了 3080 万人。菲律宾则从 1991 年的 27.5% 下降到 2012 年的 13.1%，下降了 14.4%；贫困人口从 1991 年的 1740 万下降到 2012 年 1260 万人，减少了 480 万。[②]

基尼系数方面，越南 1992 年的基尼系数为 35.7，2012 年为 38.7，按照世界银行的标准，收入分配相对合理；菲律宾的基尼系数 1991 年为 43.8，2012 年为 43.0，按世界银行的标准，收入分配差距较大。[③]

可见，在过去 30 年，越南实现了相对公平的发展；而菲律宾依然在发展的陷阱中苦苦挣扎，社会不平等问题比较突出。

（二）两国的国家能力差异及其对社会公平的影响

一个国家的社会公平取决于以下两方面因素。

第一，公共利益和穷人利益是否得到表达？具体来说是否有组织

---

① 有关数据来自世界银行：World Bank National Accounts Data, http://data. worldbank. org/indicator/NY. GDP. PCAP. CD；Historical Classifications by Income, https://datahelpdesk. worldbank. org/knowledgebase/articles/378833-how-are-the-income-group-thresholds-determined。

② Source：Poverty Headcount Ratio at National Poverty Lines（% of population），http://data. worldbank. org/indicator/SI. POV. NAHC? locations = PH.

③ Source：GINI Index（World Bank Estimate），http://data. worldbank. org/indicator/SI. POV. GINI.

（主要是政党）代表穷人的利益？穷人的利益是否成为政府的政策议题？

　　第二，政府是否有能力将公共利益和穷人利益政策议题付诸实践？

　　决定上述两方面问题的关键是国家能力（主要是中央政府的能力）。而国家能力大小主要取决于制度化的力量。"制度政党不一定能有效确保改革前行，但如果没有组织，我们可以肯定穷人的利益不可能持续影响政府。"①

　　越南和菲律宾两国国家能力对社会公平集中体现在对公共利益的界定以及实现公共利益和社会公平的作用上。越南共产党的政治意识形态使它关注集体利益、公共利益、下层民众的利益，使之长期成为政策议题；而制度化的政党和政府具有较强的行动能力，能够推动政策议题的落实。而菲律宾政党和政府则长期陷于公共利益与私人利益混淆的状态，无法长期保持对公共利益的关注，下层民众的利益更难以得到应有的重视。即使政府将社会公平列入政策议程，但受到利益集团掣肘的政府行动能力弱，很难有所作为。

　　在公共利益和穷人利益表达方面，越南有着高度制度化的政党——共产党，政府在共产党领导下履行其职能。越南共产党有严密的组织体系，能够渗透进各个领域、各个阶层，特别是广大农村，与穷人群体有着广泛而直接的联系，了解他们的诉求。当然，制度化的政党并不必然代表公共利益和穷人利益。政党的意识形态和政治纲领决定了它是否代表穷人利益。越南共产党的社会基础是工人阶级与农民阶级，决定了其与下层民众天然的密切联系。当然仅仅有这种天然的联系还不够，越南共产党的集体领导制度与顶层分权制衡制度有利于确保其执政不偏离政党纲领和意识形态，从而有助于界定公共利益，关注穷人利益。集体领导有助于界定更广泛意义上的公共利益而非某个人、某个集团的利益；顶层分权制衡，共产党总书记、政府总

---

　　①　Erik Martinez Kuhonta, *The Institutional Imperative: The Politics of Equitable Development in Southeast Asia*, C. A. : Stanford University Press, 2011, p. 10.

理、国会主席、国家主席作为顶层设计者，分别负责各领域的领导工作，有助于做出理性、符合全局利益的决策。因此，越南共产党的高度组织化和制度化，结合其意识形态、政治纲领，再加上集体领导，分权制衡的顶层设计，确保了公共利益和穷人利益成为政党和政府持续关注的政策议题。菲律宾的政党和政府由于受到家族政治的影响，其制度化程度都比较低，影响了多数政府的执政能力。由于执政能力弱，政绩不佳，政府的合法性较低，反过来又影响政府履行其职能。菲律宾主流政党制度化程度低，只是选举的工具，是精英的俱乐部，是寡头实现私利议题的工具，高高在上，与下层群体没有交集，无从了解亦不关心他们的利益诉求。菲律宾主流政党制度化既低，也无明确的意识形态和政治纲领，只服务于寡头私人利益，决定了其不可能代表公共和穷人利益。在菲律宾，代表穷人利益的责任落到公民社会的非政府组织头上，这些非政府组织有足够的自由活动空间，为穷人呐喊，但他们的声音很少得到政府的重视。公共利益和穷人利益无法持续成为政府的政策议题。

在政府行动力方面，关注了穷人利益的政策议题，还必须有足够的施政能力确保政策议题的落实。越南共产党的基层组织遍布全国，尤其是广大农村，可以自上至下，层层推动有关穷人政策议题的落实。同时，在革新开放中形成的问责制度能够确保共产党政府在施政中不偏离他们的政策议题。从质询制度到信任投票到否决制度，确保了国会代表对政府的监督。当政府损害公共利益时，国会代表可以通过上述制度制止政府行为，同时督促政府回归正道。而菲律宾政府的穷人利益得不到政党和政府的关注，即使成为政策议题，也可能是政府的一种装饰，并非真正从穷人利益出发，导致每届政府的减贫政策是不连贯的，东敲一榔头，西打一棒槌，穷人未能真正受益。国会受到寡头操控，政府受到寡头操控，二者要么是利益同盟，要么只是互相拆台，公共利益和穷人利益的诉求并不能构成对他们的施政压力，导致贫困问题长期得不到解决。

　　国家的干预很重要，"社会变革需要国家强有力的干预"①。在土地改革和农业发展方面，越南政府和菲律宾政府的行动能力形成鲜明的对比，可以说，农业发展的成败是越南和菲律宾发展及社会公平成败的关键。越南在独立建国后，先是在北部推行社会主义改造，打破了旧有的土地私有制度；在全国统一后又在南部展开了同样的土地改革工作。1980 年，越南宪法明确规定土地归全民所有，在各地广泛建立合作社，统一管理生产和分配产品，实行计划经济。这个时期越南的土地改革引发了社会的不稳定，付出了一定的代价，但打破了大地主土地私有制度，有利于国家对土地资源作统一支配，为革新开放以后的农业生产发展奠定了基础。土地所有制改革改变了生产关系，原有的大地主阶级不复存在，建立了比较平等的社会关系。以这种相对平等的社会关系为起点，加上革新开放后采取益贫式发展战略，重视贫困人口集中的农业发展，越南的贫富差距长期维持在较低水平，收入分配相对合理。

　　越南在革新开放过程中持续保持对农业发展的关注，尤其是对粮食生产的重视，这一方面可以推动整体经济的发展；另一方面对粮食生产的重视既可以保障农民的基本生活所需，也可以出口创汇，直接促进农村地区消除饥饿和贫困。而且重视粮食生产还可以保障国家的粮食安全，维护社会稳定。

　　反观菲律宾，大地产制度长期存在，贫富差距一直没有得到根本的解决。再民主化以来，虽然土地改革力度有所加大，也取得一定成效，但总的来说进展缓慢，加上政府在农业发展方面的政策失误，导致农业增长率低于周边国家，进而影响到农村贫困问题无法通过农业发展得到缓解，甚至出现粮食短缺，需要从国外进口粮食。

　　另外，对公共教育投入的差异也是导致越南和菲律宾社会公平差异的一个重要原因。越南对公共教育的投入高于发展中国家，亦高于发达国家，而菲律宾则相反。

---

　　① Erik Martinez Kuhonta, *The Institutional Imperative：The Politics of Equitable Development in Southeast Asia*, C. A.：Stanford University Press, 2011, p. 10.

二　越南与菲律宾国家能力差异的成因

（一）传统政治文化和意识形态：集体主义与家族主义

亲缘关系和家族关系对人类共同体政治制度的影响是普遍而长期存在的现象。越南和菲律宾都是非常重视家庭和亲缘关系的社会，在现代政治制度的实际运作过程中，都难免出现任人唯亲的现象，但是为何越南家族因素并未能在现代政治制度打下很深的烙印，不能左右政府？而菲律宾政党和政府却深受家族政治的困扰甚至绑架？

这里尝试从政治文化的视角进行分析。前面已经提到，越南传统社会长期存在公田制度，这种公田制度培养了越南人的集体主义意识，这是一种比小家庭、家族更广泛的团体意识，这种意识绵延上千年，渗透进越南人的血液里，成为传统政治文化的重要组成部分。共产党在越南建立后，共产主义的意识形态与越南传统的集体主义产生了交集，容易为越南人所接受，实现了从传统政治文化向现代政治文化的转型。集体主义导向的政治文化支持公益型政府，有助于提高政府的合法性。

在菲律宾，传统社会由家族所主导，美国引入的现代自由民主政治建立在个人主义基础之上，这种现代个人主义与传统家族主义相遇，实现了某种程度的交集，形成菲律宾现代家族政治文化。在前殖民地时期，菲律宾传统社会中，亲缘关系具有重大影响，虽然经过西班牙殖民统治的改革，但前殖民社会的根基延续下来。菲律宾传统社会的亲缘关系由父母家族体系构成，因为男性与女性有着同等的财产继承权，在夫妻关系中，双方的家族都具有同等的地位和影响力。① 菲律宾传统的社会关系以庇护关系为特征，"庇护关系是指两个不同地位和权力的人交换好处，通常涉及庇护人提供好

---

① David Wurfel, *Filipino Politics: Development and Decay*, Ithaca: Cornell University Press, 1988, p. 3.

处给依附者，以换取后者的忠诚和政治支持"①。菲律宾传统社会中的庇护关系也是这样，庇护者必须向其追随者或受庇护者提供物质条件，维持群体的稳定与公平；而后者必须忠诚于前者。菲律宾传统社会的庇护主义历经殖民统治与独立建国，依然具有强大的影响力，甚至得到了加强。西班牙殖民统治时期形成了土地高度集中的大田庄制，大量无地的农民只有租种土地才得以生存，并在租种土地的过程中形成了极端的依赖和敬仰心理，把地主视为自己的恩人和保护人，保护人制度和主从关系由此得到强化。由于西班牙实行政教合一的统治制度，因此，庇护关系呈现世俗与宗教交融的特点。以大家族和教父母为纽带，形成了盘根错节的社会关系网络，扩散于社会的各个角落和国家行政官僚管理系统。② 对于村民文化下的菲律宾人来说，地方领导者是联系大众与国家精英的纽带；对于非村民文化下的菲律宾人来说，庇护关系依然重要。③ 而这两种群体在当今社会又往往是重叠的：根据阿尔蒙德的政治文化理论，在现代社会，一个公民同时扮演多种政治角色，作为参与者、服从者，同时亦在不同时间置身不同的政治文化环境，参与者文化、村民文化、公民文化。④ 作为地方领导和全国精英，也扮演庇护者的角色，二者之间也往往形成庇护关系。

在庇护关系中，家族是核心。家族政治长盛不衰，庇护关系盘根错节。在菲律宾政治发展中，一些家族衰落了，一些家族强大了。家族始终是支配性的政治势力。美国虽然引入民主选举政治制度，但是无法在菲律宾复制美国政治模式，因为菲律宾本土价值观"通过政党与选举进入政治过程，使官僚机构和其他正式机构不可能仿效西方

---

① [美] 弗朗西斯·福山：《政治秩序与政治衰败：从工业革命到民主全球化》，毛俊杰译，广西师范大学出版社 2015 年版，第 76 页。

② 黄云静等：《发展与稳定：反思东南亚国家现代化》，时事出版社 2011 年版，第 316 页。

③ David Wurfel, *Filipino Politics: Development and Decay*, Ithaca: Cornell University Press, 1988, pp. 38 – 39.

④ [美] 加布里埃尔·A. 阿尔蒙德、西巴尼·维巴：《公民文化》，徐湘林译，东方出版社 2008 年版，第 16 页。

模式"①。菲律宾从中央政府到地方政府的领导人都只是不同群体的庇护者，与受庇护者之间存在着利益联系，这种利益是私利而非公利。所以菲律宾公权机构无法界定公共利益的最深层次的根源在此。"家族主义（patrimonialism）如未遭遇强大的抵制，就会一再重现。组织起来的团体——通常是有钱有势的——久而久之，得以盘根错节，并开始向国家要求特权。"②

（二）制度的路径依赖：土地制度与政治制度

前面论及，越南和菲律宾社会公平和政府能力差异集中体现在处理土地制度问题和农业发展方面的差异。之所以出现这种差异，与两国历史上的土地制度和政治制度有关，即制度的路径依赖在某种程度上决定今天越南和菲律宾的成败。"国家并不受困于自己的过去，但在许多情况下，数百年乃至数千年前发生的事，政治的性质发挥着重大影响。如何想弄懂当代制度的运作，很有必要查看它们的起源以及帮助它们成形的意外和偶然。"③ "今天最成功的非西方国家，正是那些与西方接触之前已拥有完整本土制度的地方。"④

首先来看土地制度的路径依赖及其影响。越南历史上存在公田制度，这种土地制度与后来共产党通过土地改革建立的土地公有制度存在着共通性，有助于两种制度的转换。越南革新开放后再进行土地改革，在原有土地公有制度的基础上把土地使用权交给农民家庭或组织机构，既调动了农民的积极性，也维持了土地制度的稳定，更重要的是土地公有制度可以确保政府能够根据公共利益的需要对土地资源进行调整，有助于政府施政，实现政策目标。越南农业生产发展良好，与土地制度有很大关系。而菲律宾在西班牙殖民统治时期形成了大地产制度，殖民政府常把大片土地赠给有功的军官、官吏、天主教修道

---

① David Wurfel, *Filipino Politics: Development and Decay*, Ithaca: Cornell University, 1988, p. 11.

② ［美］弗朗西斯·福山：《政治秩序的起源：从前人类时代到法国大革命》，毛俊杰译，广西师范大学出版社 2014 年版，第 22 页。

③ 同上书，第 2 页。

④ ［美］弗朗西斯·福山：《政治秩序与政治衰败：从工业革命到民主全球化》，毛俊杰译，广西师范大学出版社 2015 年版，第 27 页。

院和支持政府的地方士绅。久而久之，便形成了土地高度集中的大田庄制。尤其是教会在政治、经济、社会中占主导地位。教会非常富有，是大地产所有者。西班牙殖民统治时期实行重商主义政策，菲律宾农业卷入世界经济市场，大地产者获取丰富的利润，更强化了其势力。大地产者当权，是西班牙殖民统治的遗产，至今仍然对菲律宾有着广泛的影响。① 地主寡头在美国殖民统治时期通过民主选举制度掌控政治权力，大地产制度得到了强化。独立以来，菲律宾政府在 20 世纪 60 年代为了对付共产党，曾经试图进行土地改革，争取农民的支持。但是，由于大地主的反对，土地改革失败。再民主化后，科拉松·阿基诺等政府领导人曾经推动土地改革，但进展缓慢，可以说没有真正撼动大地产制度。由于政府无法掌握土地资源，推动农业发展异常困难，因为大地产者出于经济利益考虑，把大部分土地用于种植经济作物，粮食生产受到影响。而且农民没有土地，受到大地产者剥削，其经济地位很难得到改善。

其次来看政治制度的路径依赖及其影响。越南在近代殖民者到来之前已经建立起高度集权的中央政府和官僚体制。古代越南曾经在中国中央王朝统治之下长达上千年，深受中国儒家文化和封建制度的影响；公元 960 年独立于中国，仿效中国的政治制度，建立起中央集权制度，而且把中国古代选拔官僚的制度——科举考试制度亦引进越南，从公元 11 世纪起开科取士，建立起完善的官僚体制。法国在越南建立殖民统治之后，实行"分而治之"政策，中部仍然由越南末代王朝阮朝统治，传统的政治制度得以延续。第二次世界大战后，越南共产党建立起民族独立国家，实行社会主义民主集中制，传统中央集权制度在某种程度上继续延续。权力集中于中央，形成强政府、强国家，有助于中央政府施政。而菲律宾在西班牙殖民者到来之前，作为今天菲律宾政治经济中心的吕宋岛尚处于原始社会末期，部落联盟是其制度特征，没有形成中央集权制度。西班牙殖民统治时期，建

---

① David Wurfel, *Filipino Politics: Development and Decay*, Ithaca: Cornell University Press, 1988, p. 4.

立了政教合一制度，但是权力掌握在教会和大地产者手中，西班牙总督领导的殖民政府未能形成中央集权政府。西班牙在菲律宾的殖民统治只建立了表面上的权威结构，但总督领导的政府的权威主要局限于首都马尼拉，未能扩展至首都以外。地方上的统治主要依靠天主教会和地方首领。导致这种局面形成的原因，可能是由于西班牙殖民政府官员少，而不得不倚重天主教会，最终导致天主教会势力坐大，甚至反过来抗衡总督政府。① 另外，在西班牙殖民统治时期，亦未能建立专业官僚体制。当时西班牙实行重商主义政策，西班牙在菲律宾的总督及其他政府官员可以经商，这一方面影响了政府官僚体系的专业性，无法以专业素质履行其职能；另一方面也开启了菲律宾政府公私不分、以权谋私的坏传统。"西班牙殖民统治另一重要遗产是，西班牙允许总督与官员经商，造成公共利益与官员私利没有明确的界限，这种混乱的情形在菲律宾至今仍然存在。"②

美国殖民统治时间虽然比西班牙统治时间要短得多，但由于菲律宾的政治制度在形式上全盘移植美国政治制度，加上菲律宾独立后，美国通过军事同盟关系与菲律宾保持特殊的双边关系，经常干预菲律宾内政，因此，在某种程度上来看，美国留给菲律宾的政治遗产比西班牙还要多。在美国殖民统治时期，引入美国的政治制度，1901 年出现了现代政党，1907 年菲律宾举行首次议会选举。1916 年，美国国会通过第二个《菲律宾组织法案》，又称《琼斯法案》，亦称《菲律宾自治法案》，要求在菲律宾建立美国式政治制度，建立由选举产生的两年院制国会。1934 年，美国决定给予菲律宾自治，由民选的制宪委员会制定菲律宾宪法。1936 年 7 月 4 日，菲律宾自治政府成立，由菲律宾人出任正副总统，但菲律宾的国防和外交大权仍然掌握在美国人手中。1946 年 7 月 4 日，美国同意菲律宾独立，独立后的菲律宾继续沿用 1935 年宪法，仿效美国建立起

① Erik Martinez Kuhonta, *The Institutional Imperative*: *The Politics of Equitable Development in Southeast Asia*, C. A.: Stanford University Press, 2011, p. 202.

② David Wurfel, *Filipino Politics*: *Development and Decay*, Ithaca: Cornell University Press, 1988, p. 6.

总统制、两院制、两党制。美国引入的民主选举制度只是为大地产寡头提供了进入政府的途径,并没有真正发挥民主本有的价值和意义。而且早期的选举并非普选制度,只有 1.4% 的人口有选举权,排除了草根阶层的竞争。"选举制度强化了地方和私人利益,反对中央和公共利益。"① 因为菲律宾传统的庇护文化通过政党制度对菲律宾政治产生影响,政党通常是大地产者的选举工具,通过建立政党,参与选举,进入各级议会和行政机构。地方选举成就地方精英,全国选举成就全国性精英。通过选举机制,各级精英利用其掌控的各级政府攫取资源。在全国性选举中,某些地方势力通过选举掌控国家权力,再利用国家权力攫取资源,服务于地方家族利益,同时亦受到其他地方家族势力的挑战,难以形成中央集权制度。因此,"每个层面的选举就成为对国家资源的掠夺而非国家对边缘的渗透"②。这种现象延续到独立后,菲律宾的政治精英大部分依然是由大地产者组成。与此相联系的美国殖民统治另一重要遗产是去中央集权,强化地方势力,导致地方势力坐大,无法建立强有力的中央官僚体制。③ 美国占领菲律宾后,很快推行"自治"和"菲化"政策,把大部分行政职位交给菲律宾人,这些菲律宾人受到传统家族庇护主义思想影响,并不具备现代官僚的理性和专业素质。行政机构中的美国职业文官数量少,而且认为自己只是暂时服务于菲律宾自治政府,是过渡政府的人物,因此在菲律宾自治政府中不能发挥积极作用。这导致菲律宾在独立之前未能形成中央集权的政治制度和现代官僚体制。这些殖民统治遗产对独立后菲律宾影响甚大。有学者认为,美国在菲律宾推动的政治发展是以一种不幸的历史次序展开,在菲律宾现代国家尚未完成建构,在中央政府权威尚未建立之前,美国就在菲律宾推行了民主选举制度,土地精英通过选举

① Erik Martinez Kuhonta, *The Institutional Imperative*; *The Politics of Equitable Development in Southeast Asia*, C. A. : Stanford University Press, 2011, p. 202.

② Ibid. , p. 204.

③ Eva-Lotta E. Hedman, John T. Sidel, *Philippine Politics and Society in the Twentieth Century*; *Colonial legacies*, *Post Colonial Trajectories*, New York: Routledge, 2000, pp. 38 – 40.

职位得到强化，并扼制了弱国家。这种民主选举制度强化了地方和私人利益，并以此支配、界定和扭曲了公共利益，这是菲律宾国家能力低下的主要根源。因此，"在某种程度上，可以说，菲律宾作为亚洲第一个民主国家妨碍了它的制度建设与社会改革"①。亨廷顿认为，民主对政治稳定而言不一定是好事。他主张政治秩序优先于民主。"社会动员和政治动荡之间的关系是直接的。……在缺少强有力和灵活的政治制度的情况下，这种参与的增加便意味着动乱和暴力"，"现代性带来稳定，现代化引起动乱"②。菲律宾现代发展的困境印证了亨廷顿的观点。

可见，菲律宾的政治制度缺陷与政府能力低下，与历史上的政治制度，特别是西班牙殖民统治和美国殖民统治的政治遗产有很大关系。美国当初把本国的政治制度移植到菲律宾，本意是要在菲律宾建立亚洲的"民主橱窗"，但令人感到讽刺的是，"美国的殖民遗产强化了私人权力的积累，个人关系，尤其是家族关系成为政治关系的联盟、决策的支点"③。

小 结

国家能力影响了越南和菲律宾在促进公社公平问题上的成败得失。从公共利益的界定与代表来看，菲律宾的政党由个人和家族支配，代表私人利益，不代表公共利益，更不代表穷人利益。家族和精英掌控了决策和资源分配。在民主体制下，菲律宾的穷人群体拥有广泛的自由表达权利，可以向政府表达自己的利益诉求，可以自由组织起来反抗政府。但是，穷人的诉求往往得不到政府的回应，穷人的反抗也不能构成对政府的压力。而在越南，穷人群体拥有的自由表达权

---

① Erik Martinez Kuhonta, *The Institutional Imperative*: *The Politics of Equitable Development in Southeast Asia*, C. A.: Stanford University Press, 2011, pp. 216 – 217.

② ［美］塞缪尔·亨廷顿：《变革社会中的政治秩序》，王冠华等译，生活·读书·新知三联书店1989年版，第44页。

③ Erik Martinez Kuhonta, *The Institutional Imperative*: *The Politics of Equitable Development in Southeast Asia*, C. A.: Stanford University Press, 2011, p. 207.

利和反抗权利不如菲律宾，但是他们的诉求通过共产党各级组织，尤其是农村基层组织传递给政府，并得到政府的回应。越南共产党所界定的公共利益包含了穷人的利益，穷人的利益诉求亦成为政府的政策议题。从公共利益的保障来看，菲律宾的国家能力不足以保障公共利益。很多政党组织不完善，存续时间有限，政党忠诚度不高，无力推动社会改革，即使偶尔出台社会改革方案，也往往效果不佳，或者半途而废。

可见，制度化代表机制对处理下层阶层利益是关键。对当局来说，聆听，寻求改变，坚持改革议题，这需要组织化的结构，能够渗透进社会并向政府传递社会的关注。"越南有着最有效之一的组织结构，而菲律宾则有着最弱之一的组织结构。"① 越南之所以成功，是因为有着一个高度制度化的政党——越南共产党，宪法规定它是国家和社会事务的唯一领导力量，高度制度化的政党组建高度制度化的政府机构（官僚机构），采取一系列强有力的措施推动革新开放，实现经济快速增长，同时实现均衡发展。相反，在菲律宾，政党制度化水平低，其官僚机构受到利益集团绑架，导致中央政府低效无能，长期经济增长受阻，对民众的利益更是漠不关心。

越南和菲律宾的经验教训表明，"强有力的制度——特别是制度化的政党和干涉主义国家——这是公平发展的关键"②。展望未来，菲律宾的公平发展，最终有赖于制度建设，包括国家和政党的制度建设。

目前，菲律宾民众普遍对新上任的总统杜特尔特寄予厚望。杜特尔特之所以在 2016 年总统选举中胜出，与他的强势风格有很大的关系。在犯罪者的天堂菲律宾，有一个治安良好、以安全著称的地方，那就是杜特尔特铁腕治理下的菲律宾南部棉兰老岛最大城市达沃市，他担任市长达 25 年。在他治理下，该市犯罪率大幅度下

---

① Erik Martinez Kuhonta, *The Institutional Imperative: The Politics of Equitable Development in Southeast Asia*, C. A. : Stanford University Press, 2011, p. 237.

② Ibid. , p. 6.

降，是菲律宾最安全的城市之一。他在 2016 年竞选总统时坚称，将以铁腕手段打击全国范围的犯罪活动。正是他在达沃市的治理政绩以及他对打击犯罪、提供公共安全的承诺，加上其他迎合选民心理的选举主张，使他赢得了选民的支持，从而顺利当选。杜特尔特能否带领菲律宾走出政治、经济和社会发展的困境，我们不妨拭目以待。

结　语

　　发展问题是所有发展中国家必须直面的重大问题，也是当代社会科学绕不开的重大课题。少数发展中国家如东亚"四小龙"成功步入新兴工业化国家行列；多数国家掉入"发展陷阱"，甚至陷入"反发展"的困境。影响发展中国家现代化成功与失败的主要因素是国家和政府，因为后发展国家的现代化是国家意志与政府行为。因此，现代国家的构建和政府能力的发展至关重要。

　　国家和政府在现代化中的作用主要体现在发展观（发展伦理、发展价值观）的形塑、决策（制定发展战略、发展计划、政策措施等）和执行等方面。

　　"每项发展政策都包含一个含蓄的道德战略。"[1] 一国之发展道路、发展战略、发展计划背后蕴含着决策者的发展观，故发展观是一国发展之起点。发展观涉及价值判断，要回答什么样的发展是有价值的？具体涉及为何发展、为谁发展的问题；要回答这是谁的价值？即发展价值的主体是谁？发展是为了某些群体的利益，还是惠及大多数人？为了眼前的利益还是着眼长远发展？

　　在决策方面，作为后发展国家，政府需要制订发展战略、发展计划。一般来说，有什么样的发展观就有什么样的发展战略和发展计划。但是，发展战略、发展计划不仅受到发展观影响，也受到制定者

---

　　① ［美］德尼·古莱：《残酷的选择：发展理念与伦理价值》，高铦、高戈译，社会科学文献出版社 2008 年版，第 113 页。

的专业水平和战略判断力影响。仅有良好的利益国民的愿望还不够，必须根据国内外形势制定既面对现实、又有前瞻性，而且具有可操作性的战略规划。因此，如果说，发展观决定了为谁发展的问题，那么发展战略和发展计划则是解决如何发展的问题，这是一个国家现代化成败的关键环节。发展战略的分类，以价值取向划分，可以分为效率优先战略和公平优先战略，以及二者兼顾的战略；还可分为平衡战略和不平衡战略；细分还可再分为各地区之间、经济与社会之间、各产业之间的平衡与不平衡发展战略。大多数发展中国家在现代化起步阶段都会采取效率优先和不平衡发展战略。之所以采取效率优先战略，一是因为决策者信奉这样一种经济学理论："蛋糕"做大了，公平自然可以实现。库兹涅茨收入分配曲线表明，一个国家的收入分配从一开始时的低水平不平等到经济开始高速发展时出现收入差距拉大。此后，随着经济持续高速发展，收入分配的不平等逐渐回落到低水平，呈现倒 U 曲线动态变化轨迹。发展中国家采取效率优先发展战略的另一个原因是在现代化起步阶段，资源有限，急于求成，故片面追求效率。

公平发展观对于公平发展是必要的前提，但并非充分的条件。效率优先发展战略和非均衡发展战略并非一定不好，公平发展战略和均衡发展战略也不一定能带来公平和均衡的效果。如果一个政府秉持公平发展观，只是把效率优先和非均衡发展作为一种手段、一个过程，而且不忘初心，措施得当，那么最终有可能实现公平和均衡的发展。但是如果措施不当，失去掌控，则未必能够实现初衷。因为发展中国家在经济发展上不同程度采取自由主义模式，而市场经济必然受到市场规律影响，市场力量的作用通常趋向于增加而不是减少发展差异，人为的干预未必能够有效对抗市场的力量，这就是许多发展中国家现代化过程发展差异越来越大，甚至出现失衡现象的根本原因。所以，即使一个政府秉持公平发展观，实施公平和均衡发展战略，若无法有效干预市场经济的负面影响，则最终亦未必能够实现理想目标。

一个国家的发展观并非一成不变，发展中国家原初的发展观多取决于精英的价值观，精英的价值观深刻影响一国之发展观。但是，随着政治参与的扩大，政治沟通渠道的畅通，大众诉求亦可以传达到决策阶层，改变其观念，重塑发展观；或者形成压力，迫使政府决策阶层不得不把公众利益纳入决策考量。

越南和泰国的地区不平衡发展充分印证了上述结论。越南是一个社会主义国家，泰国是一个资本主义国家，两国都在现代化进程中采取了地区不平衡发展的发展战略，两国均取得了经济持续高速增长的效果。但是，在经济迅速发展后，地区发展差异的趋势却大相径庭：越南由不平衡渐趋于平衡，泰国则从低度的不平衡趋于高度不平衡。人们试图寻找这种发展效果差异的源头，而两国发展观的差异恰好可以提供一个理解这种差异的解释。越南和泰国在现代化进程中对地区发展差异持不同理念，越南政府秉持公平发展理念，因而始终把公平和均衡发展置于政策议程，采取不平衡地区发展战略不忘公平发展的初心，在以市场经济模式推动各区域经济发展的同时，持续保持对地区发展差异的动态干预，确保差异不至于失控、失衡，不断推进地区均衡发展。反观泰国，对地区发展差异问题并没有像越南那么重视，在美国经济顾问的影响下，采取效率优先发展战略，把经济社会发展完全交由市场力量调节，最终导致严重失衡的经济增长，地区发展失衡与城乡发展失衡高度重合，更是加深了失衡的严重性。在亚洲金融危机之后，泰国政府意识到效率优先战略的弊端，试图进行纠正，改善社会公平状态。但是泰国政府采取的战略和措施却不切实际，两种发展模式分居两个极端：他信的经济社会改革方案十分激进，试图通过劫富济贫，在短期内偿还历史的欠债，提高农民的福利。他信的方案理所当然遭到了既得利益集团的抵制，造成了贫富阶层严重的阶级冲突。另一种社会改革方案——"充足经济"的主张，是一种务虚多于务实的社会改革方案，试图通过改革人们的价值观念、淡化物质欲望来缓和社会的对立情绪和仇富心理。但是，价值观念的改变是一个长期的过程，而且当全世界的主流价值观都建立在物质基础之上时，"充足经济"的非主流价值取向不容易为人们接受。因此，泰国两种经济社会改革方案实施的效果都不尽如人意，反而引发更激烈的社会冲突，至今仍未平息。

国家和政府在后发型现代化中处于重要地位，国家能力强弱是决定社会稳定和现代化发展成败的关键。因此，现代国家的构建值得关注。现代国家构建包含了国家认同形成、政治制度建设和公民权益保障等方面的内涵和任务。现代国家构建既是政治现代化的重要组成部分，也对现代化国家其他方面的构建产生重大的影响。纵向权力配置不仅影响国家认同、影响制度建设，也关系到公民权益保障。纵向权力配置的核心是中央和地方关系。如何形成和谐的中央地方关系，使中央有权威，地方有活力，这是一项非常艰难的任务。马来西亚和印尼，一个实施联邦制度，一个实行单一制度，为了寻找中央和地方关系的舒适度，各自朝着不同方向调整纵向权力配置。马来西亚的联邦制度不断走向中央集权，把权力集中于联邦政府，形成非典型的联邦制度。印尼从高度中央集权的单一制度到不断向地方放权，形成目前高度自治的地方制度，被称为"准联邦制度"。单一制度与联邦制度孰优孰劣？马来西亚和印尼的实践表明，二者各有优劣，关键在于是否适合当时当地的实际情形和需要。而且，两国朝着不同方向调整纵向权力配置亦说明，单一制度和联邦制度并非彼此对立、不可逾越的两种国家结构形式，而是应该根据形势的变化作出调适，建立协调的中央和地方关系。

中央有权威，地方有活力，这是现代国家中央和地方关系的理想状态。目前马来西亚拥有一个强大稳定的联邦政府，但地方活力相对逊色；而印尼的中央权力正在下放，地方活力正在逐步提升，但又面临新的问题，由于地方权力过大，中央政府监控困难，印尼的中央和地方关系仍然需要进一步协调。

发展战略和发展计划目标的实现取决于政府的执行能力，特别是中央政府的执行能力，这种行动能力被政治学者视为国家能力的重要体现。国家能力强，则政府执行能力强，国家能力弱，则政府执行能力弱。在这方面，越南和菲律宾形成鲜明的对比。越南从1986年开始实行革新开放，不仅取得举世瞩目的经济发展成就，而且在发展中现实了相对的社会公平，成为发展中国家成功发展的典型案例。而菲律宾自从1946年独立以来，现代化发展历程可谓一波三折，掉入发展的陷阱，是发展中国家发展失败的典型案例。1986年，菲律宾人民发动"二月革命"，推翻马科斯独裁统治，从此进入再民主化时期。这个时间与越南革新开放开始的时间一致，当然菲律宾的发展起点高于越南。从1946年独立后，菲律宾基本于处于和平的环境，虽有局部冲突，但可以正常从事经济发展；而越南却长期处于战争环境，无法正常发展经济。所以，在1986年，菲律宾虽然陷入发展陷阱，但已经步入中低收入国家行列，而越南当时是世界上最不发达的国家之一。然而，同样经历30年发展，越南在发展与社会公平方面的成就超越了菲律宾，而且有些超越不是量的超越，而是根本性的、质的超越。虽然越南某些统计数据或指标可能略低于菲律宾，但其发展势头和潜力强于菲律宾。导致两国在发展和社会公平成就差异的主要原因之一是国家能力的差异。如果说越南和泰国均有着较强的政府行动能力，只是由于发展观的差异，导致对地区发展差异的回应各不相同；那么，越南和菲律宾不仅存在发展观的差异，更存在国家能力差异，导致两国在过去30年间在发展和社会公平方面所取得的成就存在较大差距。

发展观是可以重塑的。如果一个国家能力足够强，制度完善，那么民众的诉求可以传达到决策阶层，形成压力，从而使公众利益纳入政府政策议题。即政府决策的公平性可能出于决策者的价值观影响，也可能是大众压力所致。菲律宾的发展观先天欠缺公共价值基因，而制度方面的缺陷又导致大众诉求无法形成足够的压力。因此，社会公平问题无法纳入政府长期的政策议题。从殖民地时期起，菲律宾政府长期由家族势力和地方寡头所把持，公共利益和私人利益不分，政府主要服务于特定的利益集团，决策者以这些利益集团的利益为决策依据，政府先天的缺陷导致无法形成公平价值取向。菲律宾现代民主政治亦深受家族文化困扰，政党只是寡头的政党，家族的政党，不具备公共利益的代表功能，更不代表下层民众的利益。选举制度只是把特定的家族精英掌控的政党送上政治权位。在所谓自由民主政治下，菲律宾普通民众倒是拥有广泛的言论自由权利，他们可以自由表达利益诉求，问题在于，他们的表达遭到精英的忽视，根本无法形成对政府的压力，无法使自己的利益诉求纳入政府政策议题。而在越南，共产党的意识形态先天性具有公平价值取向的基因，虽然民众的自由表达权利可能比不上菲律宾，但是越南共产党分布全国各地、各领域的纵横交错的社会联系网络，完善的政党机制和政府管理制度，使民众的诉求能够通过特定的渠道传递到决策阶层，并得到政府的回应。可见，公共利益尤其是穷人的利益是否能够成为政府的政策议题，既取决于决策者的发展观，又取决于决策者所感受到的压力。

因此，制度化是强政府能力的标志，没有制度化的表达渠道，民众尤其是下层民众的诉求无法到达决策者层面，即使到达，亦无法形成足够的压力，或者无法形成持续的压力，无法纳入政府政策议题。而政策议题的落实，亦有赖于制度化的机制去推动、贯彻和落实。"为了启动经济增长，强大的政治制度往往是必需的；恰恰是它的缺席，将失败或脆弱的国家了冲突、暴力和贫困的恶性循环。"① 越南有着高度制度化的政党，其社会基础包含下层民众的各个社会阶层。菲律宾的政党只为选举而存在，只是精英的俱乐部。越南政府是共产党领导的政府，具有自主性；菲律宾政府是家族把持的政府，为利益集团所绑架。越南有着较强的国家能力，中央政府具有较强的行动能力，既能够反映下层民众的利益，使公平成为政府长期的政策议题，亦有能力贯彻落实这些政策议题。菲律宾则存在较多的障碍，公平议题难以成为政策议题，即使成为政策议题，亦难以贯彻落实。一方面，菲律宾的政府为特定的家族利益集团所绑架，与其利益不符甚至互相抵触的政策议题难以贯彻实施；另一方面，政府制度的不完善，腐败等原因，执行能力差，导致效率低下。再民主化以来，菲律宾历届政府亦曾关注或实行某些社会改革，但效果不佳，未能达到预期目的，有些改革甚至是半途而废。"菲律宾长期的政治发展轨迹已经使

---

① ［美］弗朗西斯·福山：《政治秩序与政治衰败：从工业革命到民主全球化》，毛俊杰译，广西师范大学出版社 2015 年版，第 44 页。

增长、公平和制度建设变得令人沮丧。"① 社会公平不可能完全依靠市场调节来实现，需要国家的干预，国家干预的成效取决于干预的时机和力度，而这些都与国家能力密切相关。"软弱的政府和糟糕的制度是冲突和贫穷的根本原因。许多失败或脆弱的国家掉入低层次的陷阱：它们衰弱的制度无法控制暴力，由此造成贫困，进一步削弱政府的施政能力。"②

综上所述，政府权威高低和国家能力强弱是决定发展中国家现代化成败的关键因素。"脆弱或失败国家所缺乏的制度中，首先而又最重要的是行政上的能干政府。国家在受到法律或民主的限制之前，必须先要存在。这意味着，首先就要建立中央集权的行政部门和官僚体系。"③ 因此，发展中国家的当务之急是强化现代国家构建，核心是建设强政府和强国家。

① Erik Martinez Kuhonta, *The Institutional Imperative：The Politics of Equitable Development in Southeast Asia*, C. A.：Stanford University Press，2011，pp. 216 – 217.

② ［美］弗朗西斯·福山：《政治秩序与政治衰败：从工业革命到民主全球化》，毛俊杰译，广西师范大学出版社 2015 年版，第 43 页。

③ 同上书，第 45 页。

参考文献

一　中文文献

（一）词典、报告

［英］戴维·米勒（David Miller）主编（英文）：《布莱克维尔政治思想百科全书（新修订版)》，邓正来主编（中文），中国政法大学出版社 2011 年版。

［英］韦农·波格丹诺（Vermon Bogdanor）主编（英文）：《布莱克维尔政治制度百科全书》（新修订版），邓正来主编（中文），中国政治大学出版社 2011 年版。

《东南亚历史词典》编辑委员会：《东南亚历史词典》，上海辞书出版社 1995 年版。

世界环境与发展委员会编著：《我们共同的未来》，湖南教育出版社 2009 年版。

（二）专著

［美］阿列克斯·英克尔斯、戴维·H. 史密斯：《从传统人到现代人：六个发展中国家中的个人变化》，顾昕译，中国人民大学出版社 1992 年版。

［英］阿瑟·刘易斯：《经济增长理论》，周师铭等译，商务印书馆 1996 年版。

［美］阿瑟·奥肯：《平等与效率：重大抉择》，王奔洲等译，华夏出

版社 2010 年版。

[英] A．P．瑟尔瓦尔：《增长与发展》，中国人民大学出版社 1992
年版。

[英] 安东尼·吉登斯：《民族—国家与暴力》，胡宗泽、赵力涛译，
生活·读书·新知三联书店 1998 年版。

[英] 边沁：《道德与立法原理导论》，时殷弘译，商务印书馆 2000
年版。

[美] C.E. 布莱克：《现代化的动力》，段小光译，四川人民出版社
1988 年版。

[美] 德尼·古莱：《残酷的选择：发展理念与伦理价值》，高铦、高
戈译，社会科学文献出版社 2008 年版。

[美] 费景汉、古斯塔夫·拉尼斯：《增长与发展》，洪银兴、郑江淮
等译，商务印书馆 2014 年版。

[美] 弗朗西斯·福山：《政治秩序的起源：从前人类时代到法国大
革命》，毛俊杰译，广西师范大学出版社 2014 年版。

[美] 弗朗西斯·福山：《政治秩序与政治衰败：从工业革命到民主
全球化》，毛俊杰译，广西师范大学出版社 2015 年版。

龚浩群：《信徒与公民：泰国曲乡的政治民族志》，北京大学出版社
2009 年版。

郭明等：《越南经济》，广西人民出版社 1986 年版。

[马来西亚] 辜瑞荣编：《内安法令（ISA）四十年》，朝花企业出版
社 1999 年版。

[美] 汉密尔顿·杰伊·麦迪逊：《联邦党人文集》，程逢如等译，商
务印书馆 2004 年版。

[马来西亚] 何国忠：《马来西亚华人：身份认同、文化与族群政
治》，马来西亚华社研究中心 2002 年版。

黄云静等：《发展与稳定：反思东南亚国家现代化》，时事出版社
2011 年版。

[美] 加布里埃尔·A. 阿尔蒙德、西德尼·维巴：《公民文化·五个
国家的政治态度和民主制》，徐湘译，东方出版社 2008 年版。

［德］卡尔·马克思：《马克思恩格斯全集》（第42卷），人民出版社
　　1979年版。

［德］卡尔·马克思：《马克思恩格斯文集》（第1卷），人民出版社
　　2009出版。

［美］莱斯利·里普森：《政治学的重大问题——政治学导论》（第
　　10版），刘晓译，华夏出版社2001年版。

［美］林德布洛姆：《决策过程》，竺乾威等译，上海译文出版社
　　1988年版。

［马来西亚］林水檺、何启良、何国忠、赖观福合编：《马来西亚华
　　人史新编》（第二册），马来西亚中华会堂总会1998年版。

［法］卢梭：《社会契约论》，何兆武译，商务印书馆1980年版。

［美］鲁恂·W. 派伊：《政治发展的面面观》，任晓、王元译，天津
　　人民出版社2009年版。

［英］洛克：《政府论》（下篇），叶启芳、瞿菊农译，商务印书馆
　　1996年版。

［德］马克斯·韦伯：《经济与社会》（上、下卷），林荣远译，商务
　　印书馆1997年版。

［美］迈克尔·G. 罗斯金等：《政治科学》，林震译，中国人民大学
　　出版社2014年版。

［古希腊］亚里士多德：《政治学》，吴寿彭译，商务印书馆1965
　　年版。

［澳大利亚］梅·加·李克莱弗斯：《印尼历史》，周南京译，商务印
　　书馆1993年版。

［瑞典］缪尔达尔：《亚洲的戏剧：对一些国家贫困问题的研究》，谭
　　力文、张卫东译，北京经济学院出版社1992年版。

庞元正、丁冬红：《发展理论论纲》，中共中央党校出版社2000
　　年版。

［美］乔尔·米格代尔：《强社会与弱国家——第三世界的国家社会
　　关系及国家能力》，张长东等译，江苏人民出版社2009年版。

［法］让－马克·夸克：《合法性与政治》，佟心平等译，中央编译出

版社 2002 年版。

［美］塞缪尔·P. 亨廷顿：《变革社会中的政治秩序》，王冠华等译，生活·读书·新知三联书店 1989 年版。

［美］塞缪尔·P. 亨廷顿等：《现代化：理论与历史经验的再探讨》，上海译文出版社 1993 年版。

［印尼］苏加诺：《苏加诺演讲集》，世界知识社编辑，世界知识出版社 1956 年版。

［越］陶文集主编：《越南经济 45 年（1945—1990）》，许志生等译，广西人民出版社 1992 年版。

王绍光、胡鞍钢：《中国国家能力报告》，辽宁人民出版社 1993 年版。

［美］沃尔特·罗斯托：《经济成长的阶段——非共产党宣言》，国际关系研究所编辑室译，商务印书馆 1962 年版。

肖滨主编：《政治学导论》，中山大学出版社 2009 年版。

［美］约瑟夫·熊彼特：《经济发展理论》，商务印书馆 1990 年版。

［美］约瑟夫·斯蒂格里兹：《政府经济学》，春秋出版社 1988 年版。

［澳］约翰·芬斯顿主编：《东南亚政府与政治》，张锡镇等译，北京大学出版社 2007 年版。

［澳］约翰·大卫·莱格：《苏加诺政治传记》，上海外国语学院英语系翻译组译，上海人民出版社 1977 年版。

［越］越南中央党史研究委员会编：《越南劳动党的四十五年活动》，越南外文出版社 1976 年版。

［美］詹姆斯·C. 斯科特：《国家的视角：那些试图改善人类状况的项目是如何失败的》（修订版），王晓毅译，社会科学文献出版社 2012 年版。

张洁：《民族分离与国家认同：关于印尼亚齐民族问题的个案研究》，社会科学文献出版社 2012 年版。

张千帆：《宪法学导论》（第二版），法律出版社 2008 年版。

朱光磊：《现代政府理论》，高等教育出版社 2006 年版。

周方冶：《王权·威权·金权》，社会科学文献出版社 2011 年版。

（三）论文

［菲］阿塞尼奥·M. 贝利沙坎：《菲律宾经济发展战略中的农业》，《南洋问题译丛》1990 年第 1 期。

戴万平：《印尼中央与地方关系发展与展望》，《亚太研究论坛》第 27 期，2005 年 3 月出版。

崔运武、胡恒富：《论菲律宾政党政治的特点及其与政治文化的关系》，《南洋问题研究》1998 年第 2 期。

［加］丹尼尔·威恩斯托克：《走向规范性的联邦制理论》，《国际社会科学杂志》（中文版）2002 年第 1 期。

高志刚：《区域经济差异理论述评及研究新进展》，《经济师》2002 年第 2 期。

郭强：《马克思"现代国家"概念的三维辩正》，《长白学刊》2011 年第 5 期。

何雄浪、李国平：《国外区域经济差异理论的发展及其评析》，《学术论坛》2004 年第 1 期。

［马来西亚］H. 奥斯多·兰尼：《直觉发达的马来西亚梦想与挑战》，《南洋资料译丛》1993 年第 3 期。

胡艳君、莫桂青：《区域经济差异理论综述》，《生产力研究》2008 年第 5 期。

黄云静：《马来西亚联邦体制特点及其成因》，《东南亚研究》1996 年第 5 期。

黄云静：《全国统一后越南政府消除南北发展差异的措施及其效果》，《南洋问题研究》2010 年第 1 期。

［美］贾拉尔·阿拉姆基尔：《公式与机遇：马来西亚的经济发展》，《南洋资料译丛》1995 年 3—4 期。

［日］井上治：《走向分裂的印尼》，司韦译，《南洋资料译丛》2002 年第 2 期。

李峰：《他信经济学及其对后他信时代泰国经济政策的影响》，《南洋问题研究》2009 年第 4 期。

李剑：《转变中的"强"国家——国家能力的理论逻辑及其演进》，《国外理论动态》2014 年第 6 期。

林尚立：《现代国家认同建构的政治逻辑》，《中国社会科学》2013 年第 8 期。

龙遍红、何胜：《越南特色的国会选举》，《当代世界》2007 年第 8 期。

刘瑜：《民主化后国家能力的变化——对"第三波"民主化国家/地区的类型学分析（1974—2014)》，《学海》2016 年第 2 期。

米良：《论马来西亚宪政制度的特点》，《学术探索》2009 年第 6 期。

彭慧：《东南亚的庇护政党制刍议：以菲律宾、泰国及印度尼西亚为例》，《东南亚研究》2013 年第 6 期。

唐桓：《越南的上人问题及其影响》，《世界民族》2005 年第 2 期。

童之伟：《单一制、联邦制的理论评价和实践选择》，《法学研究》1996 年第 4 期。

王威海：《西方现代国家建构的理论逻辑与历史经验：从契约国家理论到国家建构理论》，《人文杂志》2012 年第 5 期。

[马来西亚] 吴益婷：《来西亚联邦政治与沙拉越地方文教权》，《南洋问题研究》2015 年第 3 期。

肖滨：《从联邦化的双向进路与两面运作看西方联邦制》，《中山大学学报》（社会科学版）2005 年第 4 期。

徐建玲、陈期婷：《菲律宾土地改革和粮食安全研究》，《东南亚研究》2014 年第 6 期。

许利平：《印尼的地方自治：实践与挑战》，《东南亚研究》2010 年第 5 期。

徐勇：《"回归国家"与现代国家的建构》，《东南学术》2006 年第 4 期。

宣晓伟：《现代国家中央与地方关系的基本特征》，《中国发展观察》2014 年第 9 期。

杨鲁慧：《论科学发展观的理论渊源及发展》，《马克思主义研究》2004 年第 5 期。

杨秋宝：《宏观区域经济发展战略 50 年：从平衡发展到非均衡协调发展的转换》，《中共中央党校学报》2000 年第 2 期。

叶麒麟：《现代国家建构的多维度考量》，《理论研究》2009 第 Z1 期。

余少祥：《什么是公共利益——西方法哲学中公共利益概念解析》，《江淮论坛》2010 年第 2 期。

张千帆：《"公共利益"的构成——对行政法的目标以及"平衡"的意义之探讨》，《比较法研究》2005 年第 5 期。

周方冶：《全球化进程中泰国的发展道路选择——"充足经济"哲学的理论、实践与借鉴》，《东南亚研究》2008 年第 6 期。

周方冶：《泰国政治持续动荡的结构性原因与发展前景》，《亚非纵横》2014 第 1 期。

周方冶：《20 世纪中后期以来泰国发展模式变革的进程、路径与前景》，《东南亚研究》2015 年第 5 期。

张千帆：《主权与分权——中央与地方关系的基本理论》，《国家检察官学院学报》2011 年第 2 期。

周穗明：《西方绿色思潮与后物质主义价值观》，《岭南学刊》2002 年第 5 期。

"转轨时期中越财政比较"课题组：《越南财政分权改革研究》，《广西财经学院学报》2007 年第 5 期。

二 英文文献

1. Constitution, law, Report, Development Plan, Speech

World Bank, *World Development Report* 1997, Oxford: Oxford University Press, 1997.

United Nations Development Programme, *Human Development Report* 2003, Oxford: Oxford University Press, 2003.

United Nations Development Programme, *Human Development Report* 2005, Oxford: Oxford University Press, 2005.

United Nations Development Programme, *Human Development Report* 2009, *The United Nations Development Programme*, 2009, http: // hdr. undp. org/sites/default/files/reports/269/hdr _ 2009 _ en _ complete. pdf.

World Bank, *World Development Indicators* 2006, http: //documents. worldbank. org/curated/en/918311468316164759/World-development-indicators, 2006.

Worldbank , "Inequality in Vietnam: A Special Focus of the Taking Stock Report," http: //www. worldbank. org/en/news/feature/2014/07/08/inequality-in-vietnam-a-special-focus-of-the-taking-stock-report-July, 2014.

United Nations Development Program (UNDP) , *Thailand Human Development Report* 2007: *Sufficiency Economy and Human Development* (Bangkok: UNDP = ZT, 2007.

The 1945 *Constitution of the Republic of Indonesia*, http: //www. embassyofindonesia. org/wordpress/wp-content/uploads/2014/03/Indonesian-Constitution. pdf.

Government Regulation. 107/2000, http: //storage. jak-stik. ac. id/Produk Hukum/Perdagangan/gr107. pdf.

Government Regulation. 84/2001, http: //storage. jak-stik. ac. id/Produk Hukum/DalamNegri/84. pdf.

Law No. 21 *of* 2001, *On Special Autonomy for the Papua Province*, http://www. refworld. org/docid/46af542e2. html.

Law of the Republic of Indonesia Number 33 *of* 2004 , http: //www. kemenkeu. go. id/en/Peraturan/law-republic-indonesia-number-33-2004.

Federal Constitution of Malaysia (Incorporating all amendments up to P. U. (A) 164/2009). http: //unmis. unmissions. org/Portals/UNMIS/Constitution-making% 20Symposium/Federal% 20Constitution% 20of% 20Malaysia. pdf.

Law of the Republic of Indonesia No. 23 *of* 2014, http: //www. indolaw.

org/UU/Law% 20No. % 2023% 20of% 202014% 20on% 20Local%
20Government. pdf.

Office of the National Economic and Social Development Board, *Sufficiency Economy Implications and Applications*, Sufficiency Economy Movement Sub-committee Office of the National Economic and Social Development Board, First Publication : September 2007.

Thailand National Economic and Social Development, National development Plans (Since 1961), http: //www. nesdb. go. th/nesdb _ en/ main. php? filename = develop_ issue.

Statistics Indonesia, *Statistical Yearbook of Indonesia* 2015, BPS-Statistics Indonesia, 2015.

2. **Books**

Anthony Birch, *Federalism, Finance and Social Legislation in Canada, Australia and the United States*, Oxford: Clarendon Press, 1957.

Antoinette R. Raquiza, *State Structure, Policy Formation, and Economic Development in Southeast Asia: The Political Economy of Thailand and the Philippines*, New York: Routledge, 2013.

Arghros Parenwell, *Thailand: Uneven Development*, Vermont: Avebury Ashgate Publishing Limited, 1996.

Audery R. Khin, ed. , *Regional Dynamics of the Indonesian Revolution: Unity from Diversity*, Honolulu: University of Hawaii Press, 1985.

B. H. Shafruddin, *The Federal Factor in the Government and Politics of Peninsular Malaysia*, New York : Oxford University Press, 1987.

Benedict R. O'G. Anderson, *Language and Power: Exploring Political Cultures in Indonesia*, Ithaca: Cornell University Press, 1990.

Cheah Boon Kheng, *Malaysia: the Making of a Nation*, Singapore: Institute of Southeast Asian Studies, 2002.

Chris Dixon, *The Thai Economy: Uneven Development and Internationalisation*, London: Routledge, 1999.

Chris J. Dixon and David Drakakis-Smith, eds., *Uneven Development in South East Asia*, England: Ashgate Publishing Limited, 1997.

Christine Drake, *National Integration in Indonesia patterns and policies*, University of Hawaii Press, 1989.

Coen J. G. Holtzappel & Ramstedt Martin, *Decentralization and Regional Autonomy in Indonesia: Implementation and Challenges*, Singapore: ISEAS Publishing, 2009.

Colin Mac Andrews, ed., *Central Government and Local Development in Indonesia*, Singapore: Oxford University Press, 1986.

Damien Kingsbury and Harry Aveling, eds., *Autonomy and Disintegration in Indonesia*, New York: Routledge, 2002.

David Wurfel, *Filipino Politics: Development and Decay*, Ithaca: Cornell University Press, 1988.

David Brown, *The State and Ethnic Politics in Southeast Asia*, London: Routledge, 1994.

David Jenkins, *Suharto and His Generals: Indonesian Military Politics 1975 – 1983*, Ithaca: Cornell University Southeast Asia Program Publications, 1984.

Diane Mauzy, *BarisanNasional: Coalition Government in Malaysia*, Kuala Lumpur: Marican& Sons, 1983.

Donald K. Emmerson ed., *Indonesia Beyond Suharto*, London: M. E. Sharp, 1999.

Edward Aspinall and Greg Fealy, eds., *Local Power and Politics in Indonesia: Decentralization & Democratization*, Singapore: ISEAS-Yusof Ishak Institute, 2003.

Erik Martinez Kuhonta, *The Institutional Imperative: The Politics of Equitable Development in Southeast Asia*, C. A.: Stanford University Press, 2012.

Fred R. Von Der Mehden, *South-East Asia* 1930 – 1970: *The Legacy of Colonialism and Nationalism*, London: Thames and Hudson Ltd., 1974.

Gareth Porter, *Vietnam: the Politics of Bureaucratic Socialism*, Ithaca: Cornell University Press, 1993.

Gerard Clarke, *The Politics of NGOs in Southeast Asia: Participation and Protest in the Philippines*, New York: Routledge, 1998.

George McTurnan Kahin, *Nationalism and Revolution in Indonesia*, Ithaca: Cornell University Press, 1952.

Harold Crouch, *The Army and Politics in Indonesia*, Ithaca: Cornell University Press, 1978.

Harry Aveling, ed. , *The Development of Indonesian Society: From the Coming of Islam to the Present Day*, St. Lucia: University of Queensland Press, 1979.

Henk Schulte Nordholt & Gerry van Klinken, eds. , *Renegotiating Boundaries: Local Politics in post-Suharto Indonesia*, Leiden: KITLV Press, 2007.

Ide Anak Agung Gde Agung, *From the Formation of the State of East Indonesia Towards the Establishment of the United States of Indonesia*, Jakarta: Yayasan Obor Indonesia, 1995.

Jacques Bertrand, *Nationalism and Ethnic Conflict in Indonesia*, U. K. : Cambridge University Press, 2004.

James K. Boyce, *The Philippines: Political Economy of Growth and Impoverishment in the Marcos Era*, Hawaii: University of Hawaii Press, 1993.

James Putzel, *A Captive Land: The Politics of Agrarian Reform in the Philippines*, New York: Monthly Review Press, 2012.

Jean Bodin, *Six Books of the Commonwealth*, M. J. Tooley trans. , Oxford: Basil Blackwell, no Date Listed.

John David Legge, *Problems of Regional Autonomy In Contemporary Indonesia*, Literary Licensing, LLC2012.

John L. S. Girling, *Thailand: Society and Politics*, Ithaca: Cornell University Press, 1981.

Jonathan Rigg, *Southeast Asia: The Human Landscape of Modernization and*

Development, New York: Routledge 1997.

Jr. Augusto Legasto, *A Nation's Blueprint to True Prosperity: Antidote to Financial Meltdowns*, Legasto Ents, Inc. Philippines, 2009.

Kenneth Wheare, *Federal Government*. London: Oxford University Press, 1967.

Leo Suryadinata ed. , *Nationalism and Globalization: East and West*, Singapore: Institute of Southeast Asian Studies, 1999.

Leo Suryadinata, *Interpreting Indonesian Politics*, Singapore: Times Academic Press, 1998.

Leo Suryadinata, *Military Ascendancy and Political Culture: A Study of Indonesia's Golka*r, Ohio University Press, 1989.

Maribeth Erb, Priyambudi Sulistiyanto and Carole Faucher, eds. , *Regionalism in Post-Suharto Indonesia*, New York: Routledge Curzon, 2005.

Machael J. G Parnwell ed. , *Uneven Development in Thailand*, England: Ashgate Publishing Ltd. , 1996.

Minh Son Le, Tarlok Singh, Duc-Tho Nguyen, *Trade Liberalisation and Poverty: Vietnam Now and Beyond*, New York: Routledge, 2016.

Peter Dauvergne ed. , *Weak and Strong States in Asia-Pacific Societies*, Allen&Unwin Australia Pty Ltd. , 1998.

Philip Taylor, *Social Inequality in Vietnam and the Challenges to Reform*, Singapore: Institute of Southeast Asian Studies, 2004.

Raymond K. H. Chan and Kwan Kwok Leung, *Development in Southeast Asia: Review and Prospects*, England: Ashgate Pub Ltd. , 2002.

Regina Lim, *Federal-State Relations in Sabah, Malaysia: The Berjaya Administration,1976 - 1985* , Singapore: Institute of Southeast Asian Studies, 2008.

Robert J. Muscat, *The Fifth Tiger: Study of Thai Development Policy*, M. E. Sharpe, 1994.

Richard F. Doner, *The Politics of Uneven Development: Thailand's, Economic Growth in Comparative Perspective*, New York: Cambridge University Press, 2009.

Rodolfo Severino and Lorraine Salazar, eds. , *Whither the Philippines in the 21st Century?* Singapore: Institute of Southeast Asian Studies, 2007.

Roman Dubsky, *Technocracy and Development in the Philippines*, Quezon: University Philippines Press, 1993.

Ronald J. Watts, *Administration in Federal Systems*, London: Hutchinson Educ, 1970.

Simon Butt, Tim Lindsey, *The Constitution of Indonesia: A Contextual Analysis*, Hart Publishing, 2012.

Syed Farid Alatas, *Democracy and Authoritarianism in Indonesia and Malaysia : the Rise of the Post-colonial State*, New York : St. Martin's Press, 1997.

William H. Riker, *Federalism: Origin, Operation, Significance.* Boston: Little Brown, 1975.

World bank, *A World Bank Policy Research Report : The East Asian Miracle: Economic Growth and Public Policy*, New York: Oxford University Press, 1993.

3. Articles

Aree Naipinit, Thongphon Promsaka Na Sakolnakorn & Patarapong Kroeksakul, "Sufficiency Economy for Social and Environmental Sustainability: A Case Study of Four Villages in Rural Thailand," *Asian Social Science*, Vol. 10, No. 2 (2014): 102 – 111.

Emirza Adi Syailendra, "Under Suharto's Shadow: Jokowi and the Indonesian Military," *Foreign Affairs*, August 12, 2015.

Francis E. Hutchinson, "Malaysia's Federal System: Overt and Covert Centralisation," *Journal of Contemporary Asia*, Vol. 44, No. 3 (2014): 422 – 442.

Gabriele Ferrazzi, "Use the 'F' Word: Federalism in Indonesia's Decentralization Discourse," *The Journal of Federalism*, Vol. 30, No. 2

(2000): 63 – 85.

Harold Crouch, "Indonesia: an Uncertain Outlook," *Southeast Asian Affairs*, 1994: 121 – 146.

Hendrik Spruyt, "The Origins, Development, and Possible Decline of the Modern State," *Annual Review of Political Science*, Vol. 5 (2002): 127 – 149.

Jacques Bertrand, "Indonesia's quasi-federalist approach: Accommodation Amid Strong Integrationist Tendencies", *International Journal of Constitutional Law*, Vol. 5, Issue 4 (2007): 576 – 605.

Le Hong Hiep, "Performance-based Legitimacy: The Case of the Communist Party of Vietnam and Doi Moi", *Contemporary Southeast Asia*, Vol. 34, No. 2 (2012): 145 – 172.

Melanie Beresford, Bruce McFarlane, "Regional Inequality and Regionalism in Vietnam and China", *Journal of Contemporary Asia*, Vol. 25, No. 1 (1995): 50 – 72.

Michael L. Gray, "Creating Civil Society? The Emergence of NGOs in Vietnam", *Development and Change*, Vol. 30 (1999): 693 – 713.

Nathan Gilbert Quimpo, "The Philippines: Political Parties and Corruption", *Southeast Asian Affairs* (2007): 277 – 294.

P. N. Rosenstein-rodan, "Problems of industrialization in eastern and southern-eastern Europe", *The Economic Journal*, Vol. 53, No. 210/211 (Jun. -Sep. , 1943): 202 – 211.

Sulak Sivaraksa, "Buddhism in Crisis", *Far Eastern Economic Review*, 9 May (1996): 31.

Yukio Ikemoto, Kitti Limskul, "Income Inequality and Regional Disparity in Thailand, 1962 – 81", *The Developing Economies*, Vol. 25, No. 3 (1987): 249 – 269.

四 越南文文献

（一）宪法、法令、法规、统计数据

《越南社会主义共和国宪法（1992 年）》，越南国家政治出版社 1992
年版。（*Hiến pháp nước Cộng hòa xã hội chủ nghĩa Việt Nam*，Hà Nội：
NXB chính trị quốc gia，1992.）

《越南社会主义共和国宪法》（2013）（*Hiến pháp nước Cộng hòa xã hội
chủ nghĩa Việt Nam*），http：//www. chinhphu. vn/portal/page/portal/
chinhphu/NuocCHXHCNVietNam/ThongTinTongHop/hienphapnam2013

《越南共产党党章》（*Đu lệ Đảng*（do Đại hội đại biểu toàn quốc lần thứ
XI của Đảng thông qua），http：//dangcongsan. vn/tu-lieu-van-kien/
van-kien-dang/dieu-le-dang/doc-192420152191356. html

《越南共产党文件全集》（1—54 卷）（*Văn kiện Đảng toàn tập*，tập1 –
54），http：//dangcongsan. vn/tu-lieu-van-kien/van-kien-dang/van-
kien-dang-toan-tap. html

《越南共产党历次代表大会文件》（第 1 届—第 12 届）（*Văn kiện Đại
hội*，Khóa I-Khóa XII），http：//dangcongsan. vn/tu-lieu-van-kien/
van-kien-dang/van-kien-dai-hoi. html

《党的十一大文件研究参考材料》，越南国家政治出版社 2011 年版。
（*Tài liệu Tham Khảo Phục vụ Nghiên cứu Văn kiện Đại Hội Đại biểu
Toàn Quốc Lần Thứ XI của Đaing*，NXB chính trị quốc gia，2011）

《十二届国会九次会议若干重要决议和报告》，越南国家政治出版社
2011 年版。（*Nghị quyết và một số báo cáo quan trọng tái ky hợp Thứ
chín Quốc hội Khóa XII*，NXB chính trị quốc gia，2011）

越南中央政府 747 号决定（số 747/1997/QĐ-TTg）

越南中央政府 1018/1997 决定（1018/1997/QĐ-TTg và Quyết định số
44/1998/QĐ-TTg）

越南中央政府：《至 2010 年 3 个国家重点经济区总体经济规划》（v
Quy hoạch tổng thể phát triển kinh tế-xã hội ba vùng kinh t trọng điểm

quốc gia đến năm 2010)

越南中央政府 145，146，148 号决定（số 145，146，148/2004/QĐ-TTg）

越南中央政府 159 号决定（số 159/2007/QĐ-TTg）

越南中央政府 2009 年 492 号（quyết định số 492/QĐ-TTg ngày 16/04/2009）

越南中央政府第 126 号决定（số：126/2009/QĐ-TTg）

越南中央政府第 61 号决定（số：61/2008/QĐ-TTg）

越南中央政府第 18 号决定（số：18/2009/QĐ-TTg）

越南中央政府第 34 号决定（số：34/2009/QĐ-TTg）

越南中央政府第 568 号决定（số：568/2010/QĐ-TTg）

越南中央政府第 568 号决定（số：568/2010/QĐ-TTg）

越南国家统计总局：《越南人口与经济社会统计材料（1975—2001）》，越南统计出版社 2002 年版。（Tổng Cục thống kê, *Số liệu thống kê dân số và kinh tế xã hội Việt Nam*1975 – 2001, Hà Nội：Nhà xuất bản Thống Kê，2002）

越南国家统计总局：《1991—2000 年越南经济社会概况》，越南统计出版社 2001 年版。（Tổng Cục thống kê, *Tình hình kinh tế-xã hội Việt Nam 1991 – 2000*, Hà Nội：Nhà xuất bản Thống Kê，2001）

越南统计学会：《越南 63 省市经济社会统计材料》，越南统计出版社 2009 年出版。（*Số liệu thống kê Vị 63 tịnh , thành phố kinh tế-xã hội Việt Nam*, Hà Nội：Nhà Xuất Bản Thống Kê，2009）

（二）专著

陈春坚：《越南经济社会发展战略与展望》，越南国家政治出版社 2010 年版。（Trần xuân Kiên, *Triển Vọng Và Chiến lược phát triển kinh tế-xã hội Việt Nam*, Hà Nội：Nhà Xuất Bản Chính Trị Quốc Gia，2010）

胡志明：《胡志明全集》（1—12 卷），国家政治出版社 1995—1996 年版。（*Toàn Tập Hồ Chí Minh*, Tập1 – 12, Hà Nội：Nhà xuất bản chính trị quốc gia，1995 – 1996）

清河、水秋主编：《越南二十年革新概览》，越南劳动社会出版社
2007 年版。（Thanh Hà，Thu Thủy，*Toàn Cảnh Việt Nam 20 Năm Đất
Nược Đổi Mới*，Hà Nội：Nhà xuất bản Lao Động-Xã hội，2007）

阮文庆：《越南沿着社会主义方向革新发展二十年》，劳动出版社
2006 年版。（Nguyễn Văn Khánh，*Việt Nam 20 Năm Đổi Mới Và Phát
Triển Theo Định Hướng Xã hội Chủ Nghĩa*，Hà Nội：Nhà Xuất Bản Lao
Động，2006.）

武文莲：《1954—1975 年越南南方资本主义的发展》，胡志明市出版
社 1996 年版。（Võ Văn Sen，*Sứ phát triển chủ nghĩa tư bản ở miền
Nam Việt Nam*，1954 – 1975，TP. Hồ Chí Minh：Nhà Xuất Bản TP.
Hồ Chí Minh，1996）

五 网络资源

联合国开发计划署 http：//www. undp. org/

世界银行 http：//www. worldbank. org/

东盟秘书处网站 http：//www. aseansec. org/

越南共产党官网 http：//www. dangcongsan. vn/

越南中央政府 http：//www. chinhphu. vn/

越南国家统计总局 http：//www. gso. gov. vn/

越南计划投资部 http：//www. mpi. gov. vn/

泰王国政府 http：//www. thaigov. go. th/

泰国统计局 http：//web. nso. go. th/

泰国国民经济与社会发展委员会 http：//www. nesdb. go. th/

泰国充足经济小组 http：//www. sufficiencyeconomy. org

菲律宾中央政府 http：//www. gov. ph/

菲律宾国家统计局 http：//www. psa. gov. ph/

菲律宾人口委员会 http：//www. psa. gov. ph/

菲律宾跨国犯罪防治中心 http：//www. pctc. gov. ph/

菲律宾国家警察局 http：//www. pnp. gov. ph/

菲律宾国会 http：//www. congress. gov. ph/

印尼中央政府 http：//www. indonesia. go. id/

印尼统计局 http：//www. bps. go. id/

印尼国会 http：//www. dpr. go. id/

印尼地方代表理事会 http：//www. dpd. go. id/

雅加达邮报 http：//www. thejakartapost. com/

马来西亚联邦政府 http：//www. malaysia. gov. my/

马来西亚统计局 http：//www. statistics. gov. my/

马来西亚联邦国会 http：//www. parlimen. gov. my/

后　记

　　本书是我主持的教育部课题"发展与稳定——东南亚国家的经验教训"的最终成果，也是我近年来对东南亚国家发展问题思考和探索的一个阶段性总结。

　　研究发展问题的论著汗牛充栋，但发展问题依然困扰许多发展中国家。我尝试从新的角度看问题，从初稿到成稿，一直在思考、修改。如果时间允许，也许我会一直修改下去，可能永远无法完稿。但是，此刻，截稿时间到了，我的思考和写作必须暂时告一段落。

　　本书的主题涉及政治、经济和社会多个领域，要驾驭实非易事，在此我只是抛砖引玉，就教于各位同行，并希冀今后可以就有关问题作更进一步的探讨。

　　本书由黄云静和张胜华合作完成，其中导言、第一章、第二章第三、四节、第三章和结语由黄云静负责，第二章第一节由张胜华撰写、第二章第二节由张胜华、黄云静合作撰写。此外，张胜华利用在伦敦大学亚非学院学习之便，为本书收集和翻译了部分资料。

　　感谢我的博士导师——北京大学梁志明教授和师母何杰老师；感谢我的硕士导师——中山大学温广益教授和师母李勤英老师。他们多年来一直关注我的工作，关心我的生活。一日为师，终身为父。师恩难忘，师恩难报，这本书权且作为我对几位师长的工作汇报吧。

　　感谢学生们，多年来，我为学生开设《东南亚政治、经济与外交》课程，也指导学生写作有关东南亚的课程论文、学年论文和学位论文。在教学过程中，学生们提出的许多问题常常促使我思考，推动我深究。所谓教学相长，深以为然。

　　感恩生命中一切有缘人，有缘才相聚，无缘不相逢。感恩生命中的一切际遇，每一种际遇都是我修行的增上缘。以出世的心，做入世的事，如此甚好。

黄云静

2016 年之夏广州